OS SEGREDOS VEGANOS DE ISA

Isa Chandra Moskowitz

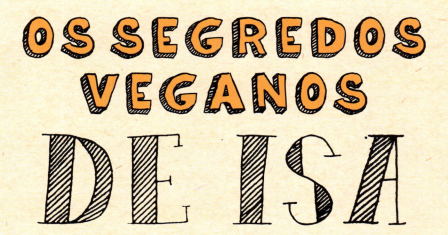

OS SEGREDOS VEGANOS DE ISA

Mais de 150 receitas rápidas e fáceis para o dia a dia

FOTOS DE VANESSA REES

Tradução de Carla Melibeu

COPYRIGHT © 2013 Isa Moskowitz
COPYRIGHT DAS FOTOS © 2013 Vanessa Rees
COPYRIGHT DA TRADUÇÃO © 2017 Alaúde Editorial Ltda.

Título original: *Isa Does It – Amazingly Easy, Wildly Delicious Vegan Recipes for Every Day of the Week*. Publicado mediante acordo com a Little, Brown and Company, New York, NY. Todos os direitos reservados. Nenhuma parte desta edição pode ser utilizada ou reproduzida – em qualquer meio ou forma, seja mecânico ou eletrônico –, nem apropriada ou estocada em sistema de banco de dados sem a expressa autorização da editora.

O texto deste livro foi fixado conforme o acordo ortográfico vigente no Brasil desde 1º de janeiro de 2009.

Preparação: Mariana Zanini
Revisão: Claudia Vilas Gomes, Rosi Ribeiro Melo
Projeto gráfico: Laura Palese
Adaptação de capa e de projeto gráfico: Rodrigo Frazão
Impressão e acabamento: Ipsis Gráfica e Editora S/A

1ª edição, 2017 (1 reimpressão)
Impresso no Brasil

Dados Internacionais de Catalogação na Publicação (CIP)
(Câmara Brasileira do Livro, SP, Brasil)

Moskowitz, Isa Chandra
   Os segredos veganos de Isa : mais de 150 receitas rápidas e fáceis para o dia a dia / Isa Chandra Moskowitz ; fotos de Vanessa Rees ; tradução de Carla Melibeu. –– São Paulo : Alaúde Editorial, 2017.

   Título original: Isa does it : amazingly easy, wildly delicious vegan recipes for every day of the week.
   ISBN: 978-85-7881-431-1

   1. Culinária (Receitas) 2. Culinária vegana I. Rees, Vanessa. II. Título.

17-04826   CDD-641.5636

Índices para catálogo sistemático:
1. Receitas veganas : Culinária 641.5636

2018
Alaúde Editorial Ltda.
Avenida Paulista, 1337, conjunto 11
São Paulo, SP, 01311-200
Tel.: (11) 5572-9474
www.alaude.com.br

INTRODUÇÃO: QUAL O SEGREDO DE ISA?

Refeições veganas caseiras e fáceis! 10
Revelando os segredos de Isa 12
Equipe-se: ferramentas e utensílios indispensáveis na cozinha 14
Abasteça-se! Complete a sua despensa 18
Açougue vegano 24
7 dicas para cozinhar bem e com facilidade 30
Substitua! Minhas modificações preferidas para os alérgenos mais comuns 32

1 SOPAS 34
2 SALADAS 64
3 PARA COMER COM AS MÃOS 88
4 MASSAS E RISOTOS 122
5 ENSOPADOS, CHILIS E CURRIES 152
6 REFOGADOS E SALTEADOS 178
7 PARA COMER NA TIGELA 198
8 ALMOÇO DE DOMINGO 222
9 ALGUMAS PROTEÍNAS BÁSICAS 242
10 CAFÉ DA MANHÃ, BRUNCH E DELÍCIAS MATINAIS 250
11 SOBREMESAS 278

AGRADECIMENTOS 308   ÍNDICE 310   CONVERSÃO DE MEDIDAS 319

OS SEGREDOS VEGANOS DE ISA

introdução
QUAL O SEGREDO DE ISA?
Refeições veganas caseiras e fáceis!

SEJAM BEM-VINDOS! Este livro tem uma missão: animar você a ir para a cozinha em qualquer dia da semana e fazer refeições gostosas com ingredientes frescos.

Nem todo mundo tem o dom nato da cozinha. Diria até que, nestes tempos de comida fácil, quase ninguém mais nasce com esse talento, exceto os blogueiros de culinária e participantes de reality shows.

Mas não estou propondo aqui nenhuma guerra à comida fácil, não! Eu bem sei o valor de se ter uma lasanha congelada em casa. Talvez você até cozinhe, mas não tanto quanto gostaria. Talvez seja cozinheiro versado, mas novato na culinária vegana. Ou talvez já conheça bem a culinária vegana, mas esteja querendo dar uma renovada no repertório. Trago aqui receitas, dicas, estratégias e até um pouco de filosofia, tudo para tornar seus momentos na cozinha mais produtivos, fáceis e, espero, superdivertidos! Claro que a diversão não é requisito. Várias vezes já fiz comida bastante contrariada, mas reconheço que cozinhar deve ser, na maioria das vezes, pelo menos um pouco agradável.

MINHA TRAJETÓRIA CULINÁRIA

Vocês não sabem como invejo os autores de culinária! Há sempre um que aprendeu a adorar torta de maçã ajudando a avó a fazer o doce; outro que ensina a pasta de curry que a mãe fazia com ingredientes da própria horta; e aquele que acordava com o aroma inebriante da rabanada feita pelo papai.

Nada disso! Na minha casa, era comida semipronta de caixinha e purê de batata instantâneo mesmo. Claro que às vezes a comida era caseira, mas, no geral, a culinária era algo tão distante para a Isa adolescente quanto a astrofísica. A probabilidade de eu fazer uma lasanha era a mesma de eu votar em Ronald Reagan, conseguir ensinar minha mãe a programar o videocassete ou fazer a descoberta do Bóson de Higgs. Ou seja, praticamente zero.

E foi quando me tornei vegetariana.

Algumas semanas e pizzas só com queijo depois, já estava na hora de ampliar as minhas possibilidades. Felizmente, minha irmã e minha mãe também embarcaram nessa comigo. Um belo dia mamãe chegou em casa trazendo uma pequena pilha de livros de receitas vegetarianas. Foi o início da aventura.

Imagino que a valentia seja parte inerente da juventude. Assim como não pensei duas vezes antes de andar de metrô escorada entre dois vagões ou de ir nadando para bem longe da praia, nunca me preocupei com o tempo de preparo das receitas ou com a quantidade de ingredientes e pratos necessários. Foi nesse clima que mergulhei de cabeça nos livros de culinária – como o *Tofu Cookery* [Cozinhando com tofu], de Louise Hagler. O que é bem curioso, porque, apesar de toda a minha intrepidez, eu morria de medo de tofu.

Mas uma coisa boa daquela época é que ninguém partia do princípio de que o tofu fosse algo repreensível. Livros com nomes como *Sério que era tofu? Seu mentiroso!* e *Não acredito que você me serviu tofu!* ainda não haviam aparecido nas livrarias. Pelo contrário: o livro de Louise Hagler, por exemplo, tratava o tofu como um ingrediente delicioso, maravilhoso e, mais importante, adorado. E ele se tornou isso tudo para mim — assim como já acontecia há centenas de anos no Japão e na China.

Foi assim que começou meu amor pela culinária: em 1989, numa pequena cozinha em Sheepshead Bay, no Brooklyn, em Nova York, com lâmpadas fluorescentes e piso de linóleo, na companhia da minha mãe e da minha irmã – e também do meu irmão, que implicava com vegetarianos, mas acabou admitindo gostar da nossa comida. Minha melhor amiga aparecia, a gente pegava as panelas, as frigideiras, ligava a música bem alto, acendia o fogo e fazia a nossa comidinha. Para quase qualquer ocasião. Lembro-me da nossa mesa gigantesca de Dia de Ação de Graças, com dez pratos, todos com tofu em diferentes preparações, e morangos já bem fora de época. Um bufê de Natal com pratos chineses e rolinhos primavera tão gordurosos que precisavam de muitas camadas de papel-toalha para absorver o óleo. Nem tudo dava certo, mas em geral dava. Fato é que, mesmo que não desse, a gente se divertia.

Oi! Eu sou a Isa. Talvez você já tenha alguns livros de minha autoria, talvez este aqui seja o seu primeiro. Antes de começarmos para valer, acho importante falar sobre o meu nome. E não estou falando dos meus sobrenomes, que mal sei pronunciar. Estou falando do prenome. É Isa mesmo, e não, não é apelido.

Não sei por que minha mãe escolheu esse nome. Veja, por exemplo, como ela batizou meus irmãos: Michelle e Aaron. Minha irmã nem teve a honra de receber um nome do meio, como eu. Por isso, inventávamos todo tipo de apelido, como Esponja, Molenga e Colher.

Mas enfim, se você não tinha captado o título do livro, agora já sabe!

Esse é o marco da minha vida em que a cozinha perdeu aquele cheiro de comida pronta de micro-ondas e passou a ser o coração da casa. A gente abria a porta da frente, deixando para trás o ar frio e o barulho do trem, e entrava no perfume e no aconchego do alho, do azeite e da canela, tudo junto e misturado.

Claro que nem tudo eram rosas naquele mar de leite de amêndoa.

E cheguei à vida adulta. Meu tempo livre passou a ser cada vez mais precioso. Trabalhava o dia todo, quase sempre em mais de um emprego, e era muito paquerada. Está bem, essa parte das paqueras é cascata, mas, sim, vivia sempre ocupada, e às vezes não dava para priorizar a cozinha. Principalmente numa cidade onde, com um telefonema, recebe-se um delicioso e fumegante pad thai na porta de casa antes mesmo de desligar o telefone!

Ainda assim continuei cozinhando. Fiz muita comida em cozinhas pequenas, sem ter os melhores equipamentos, mas buscando me nutrir, economizar e fazer algo de bom para mim mesma. Criei as receitas deste livro pensando nesse período da minha vida.

E agora, mesmo sendo autora de livros de culinária, ou principalmente por causa disso, nem sempre estou disposta a criar banquetes extravagantes, petiscos nem jantares com cinco pratos. Quero o jantar na mesa, mas também não quero sofrer para cozinhar. Se você também pensa assim, espero que este livro ajude a atingir esse objetivo. Com facilidade.

Beijos, ISA

Revelando os
SEGREDOS DE ISA

COMPRAS FÁCEIS DE MERCADO

Nem sempre o ato de cozinhar em si é o impedimento para fazer a própria refeição; às vezes até fazer compras e planejar o cardápio já desanima. Por isso, procuro usar ingredientes da despensa e frutas e hortaliças que sejam, ou possam facilmente se tornar, itens básicos da geladeira. A proposta deste livro não é ensinar ninguém a fazer experiências com gastronomia molecular, nem usar legumes de sementes herdadas desde a era bizantina. Vamos usar o que temos à mão. A maioria dos ingredientes de despensa pode ser facilmente comprada nos supermercados e empórios, sem a necessidade de procurá-los em lojas especializadas.

RECEITAS RÁPIDAS

Este é autoexplicativo! Várias receitas do livro ficam prontas em 30 minutos, ou até em menos tempo.

PAUSAS

Sim, algumas receitas têm tempo de cozimento bem demorado, mas não torça o nariz para elas, não! Garanto que o tempo de preparo em si será bem mais curto. A verdade é que alguns alimentos demoram mesmo para cozinhar. Neste livro, pensei em várias receitas com bastante tempo de pausa. Nem sempre a velocidade é o mais importante: às vezes a parte "fácil" é quando a comida está assando, ou cozinhando lentamente em fogo brando, e você fica com tempo de sobra para fazer o que lhe der na telha.

PLANEJAMENTO

Este é um detalhe importantíssimo para pensar nas refeições noturnas da semana. E não estou falando de um planejamento extenso, não. Na verdade, são coisas simples e rápidas (levam menos de um minuto) que você pode fazer para economizar horas de serviço na cozinha. Deixar a castanha de caju, as leguminosas e os grãos de molho ou cozinhar e congelar os grãos são truques que ajudam a agilizar o trabalho.

CRIAÇÃO DE TÉCNICAS

Todo mundo tem uma habilidade ou sabe fazer alguma coisa bem e rápido. Ninguém pega um violão pela primeira vez e já sai tocando. Até mesmo aquelas atividades que fazemos no automático – por exemplo, andar de bicicleta – em algum momento tiveram de ser aprendidas. Cozinhar é a mesma coisa. Leva-se menos de um minuto para picar uma cebola. E, quanto mais se pratica, mais fácil fica. Cebolas à parte, ao redigir as receitas, tratei-as como se fossem miniaulas de culinária. Minha ideia é que, quanto mais você usar as receitas e as técnicas apresentadas, mais vai se aprimorar na arte da cozinha caseira. E olha que não estou falando de flambados nem de suflês! Quando você dominar algumas técnicas diárias de pré-preparo e preparo, por exemplo, sabendo fazer refogados e assados, vai pilotar o fogão com maestria.

MENOS LOUÇA

Se você for como eu, tem ossos fortes, péssimo gosto para filmes e ojeriza a lavar a louça. Eu te entendo! Eu me esforcei ao máximo para bolar receitas que rendam o mínimo possível de louça suja. Cozinhar já é trabalho suficiente. Ninguém merece passar uma hora a mais limpando a cozinha, certo?

CAPRICHE!

Na culinária caseira, talvez o mais difícil seja fazer comida gostosa. Não quero saber de veganos passando vontade! Se você vai preparar a comida do jantar durante a semana, o esforço deve valer a pena em termos nutricionais e gastronômicos. Veja abaixo minhas dicas para fazer pratos veganos maravilhosos:

Tostar

Todos temos um quê de homem (ou mulher) das cavernas. Aquela parte de nós que diz "fogo... bom!". E deixar de consumir carne não significa abrir mão de delícias com sabor defumado. Para conseguir o efeito de tostado em suas receitas, priorize os equipamentos. Usar frigideiras de ferro fundido, grelhar e assar são maneiras de conseguir esse efeito. Seja uma receita com seitan caseiro ou com a inocente couve-de-bruxelas, o efeito de tostado confere aos ingredientes um sabor surpreendente que agrada aos nossos sentidos mais primitivos.

Cremosidade

Quando aderi ao veganismo, uma das coisas de que mais senti falta foi de ingredientes verdadeiramente cremosos, que ao contato com a língua estimulassem todos os sentidos. Depois de algumas tentativas fracassadas – tipo cremes de espinafre com leite de soja que mais pareciam uma sopa –, decidi que deveria mudar os métodos. Acho que já dominei o jeito certo de fazer. A cremosidade fica por conta da castanha de caju, que depois de batida fica parecida com o creme de leite tradicional. O leite de coco também é uma opção óbvia, e um simples purê de legumes dá conta do recado. E, sim, os anos 1980 também tiveram os seus acertos: o purê de tofu é ótimo substituto cremoso para molhos e sour cream, por exemplo.

Complexidade

Ah, a simples complexidade! Para entender o conceito, pense na situação em que você prova algo delicioso e pensa: "Mas como eles conseguiram fazer isso?" É comum nos sentirmos assim quando comemos um prato de qualidade profissional, e é um dos motivos por que voltamos sempre aos mesmos lugares. Por exemplo, a pizzaria cujo molho é sensacional, ou o restaurante tailandês com aquele tempero especial.

Produzir sabores complexos em casa pode até ser complicado, mas há alguns pulos do gato. Experimente contrastar sabores, por exemplo, misturando ingredientes doces e ácidos. Outra forma é abusar de ervas e especiarias como louro e anis-estrelado: o sabor que eles conferem a ensopados e molhos parece obra de feitiçaria. Outros ingredientes com altas dosagens de umami, como a pasta de missô e a levedura nutricional, são excelentes opções na culinária vegana. Cebola caramelizada, redução de vinho branco e o tempero na medida certa são elementos que ajudam a tornar o prato mais complexo. As receitas deste livro tiram proveito dessas técnicas simples para obter sabores complexos.

EQUIPE-SE:
FERRAMENTAS e UTENSÍLIOS
indispensáveis na cozinha

Não é preciso gastar muito (nem se casar só para ganhar presentes) para ter uma cozinha que dê conta de quase tudo. As receitas deste livro pedem poucos itens, nenhum deles muito caro. E você pode ir montando seu arsenal aos poucos.

COISAS PARA LIGAR NA TOMADA

Liquidificador

Para fazer molhos cremosos, o liquidificador é indispensável. Mas você não precisa de um que seja caríssimo, já que é possível comprar um bom aparelho sem gastar uma fortuna. Pesquise na internet as opções com melhor custo-benefício. Se o seu liquidificador for do modelo mais potente, então, meus parabéns, Rainha da Cocada! Você vai conseguir bater todos os molhos de castanha de caju sem precisar deixar as castanhas de molho.

Mixer de mão

Não sei como vivi tanto tempo sem um mixer! Em vez de tirar a sopa da panela para o liquidificador e vice-versa, a "varinha mágica" do mixer faz todo o serviço. O resultado é uma sopa bem cremosa, do jeito que você quer, em menos de um minuto!

Processador

É possível fazer 95% das receitas do livro sem ele, mas a verdade é que um bom processador, com lâmina para processar e picar, pode ser uma mão na roda.

FERRAMENTAS TRADICIONAIS

Tábua de madeira

Uma boa tábua de madeira, daquelas pesadonas. Daquelas que podem derrubar um assaltante. Uma tábua de madeira de gente grande! Esqueça as tábuas de plástico e de silicone, e nem pense em usar tábua de vidro. Invista numa tábua para a vida toda. Dê preferência a um modelo com borrachinhas embaixo: elas garantem que a tábua fique bem firme durante o trabalho de corte. Quanto mais gasta e usada a tábua ficar, melhor. É assim que se vira um bom cozinheiro.

Faca

Qual tipo de faca você usa? Será que é faca boa mesmo? Porque usar faca de serra em cima de papel-toalha (viu, meu namorado?) não adianta, não serve. Compre uma faca de chef. Se você ainda não tem como fazer esse investimento (as mais caras duram a vida toda), pesquise opções e compre a melhor que o seu bolso permitir.

Minha sugestão é que você vá a uma loja de utensílios de cozinha, veja as opções que prefere e pesquise na internet as avaliações de outros compradores. Não se deixe levar por aparência e modismos, a menos que seja a melhor faca. Aja como se estivesse comprando um carro, escolhendo a escola dos seus filhos ou o moletom do seu cachorro. Sim, é superimportante! Quando tiver sua faca dos sonhos, leve-a para ser amolada por um profissional duas vezes ao ano. Nada de tentar amolar a faca sozinho, nem de pedir para o primo. Repito: aja como se estivesse tomando conta do carro ou da bicicleta. *Sim, é superimportante!*

Espátula fina de metal

Uso a espátula fina de metal em váááárias receitas. Tanto que você vai acabar pensando: "Ih, lá vem ela de novo com esse papo de espátula de metal!". Ou, pior ainda, vai ignorar meu conselho. Mas ouça: aquelas espátulas grandes de plástico só servem mesmo se você estiver fingindo que joga tênis. Se você usar uma espátula comum para virar alimentos que precisem dourar, a não ser que use uma quantidade absurda de óleo, a única façanha que conseguirá é separar, digamos, a massa do bolinho da casquinha dourada. As espátulas finas de metal conseguem passar bem embaixo dos alimentos. Assim, preserva-se a casquinha dourada (ou o empanado) e, claro, o sabor. Embora a espátula seja um utensílio importantíssimo, nem sempre recebe o devido valor. Você pode comprar em brechós, e de quebra ter uma espátula com cabo retrô. As novas também não saem caro. Mas posso adiantar uma coisa: o cabo das espátulas novas não é tão fofo quanto o das mais velhinhas.

Espátula diagonal de madeira

Essa espátula é uma boa opção para mexer sopas e ensopados. Por acaso tigelas e panelas redondas têm cantos? Porque não sei como se chama a parte da sopeira em que a lateral se encontra com o fundo. A espátula diagonal de madeira consegue alcançar os cantinhos mais difíceis, um truque que garante o cozimento uniforme de suas preparações. Além disso, se esquecer essa espátula na panela enquanto cozinha algo, não há o risco de ela derreter nem causar queimaduras. Ei, madeira, obrigada!

Amassador de batata (pequeno e grande)
Um amassador grande de batata serve para isso mesmo que o nome diz: amassar batata! Compre um amassador pequeno também. Em várias receitas veganas é preciso amassar ingredientes pequenos, como leguminosas. Ah, sim, e abacate.

Pegador
O pegador é útil para mexer verduras refogadas. Ah, serve também para alcançar objetos nas prateleiras mais altas, ou para se tornar uma marionete engraçada que diz "Fora da minha cozinha!" toda vez que alguém for amolar você.

Descascador
Neste livro o que não faltam são fotos com descascadores retrô. Saiba que esses modelos, além de renderem lindas fotos, fazem maravilhas para as mãos. Para evitar bolhas, recomendo um bom descascador, com um cabo grande e confortável, daqueles que parecem um míssil teleguiado. Se for de uma cor bem chamativa, melhor ainda.

Outros utensílios que deveriam fazer parte do seu arsenal:
Colher de servir, escumadeira, concha, ralador e pegador de macarrão.

TIGELAS E PANELAS

Frigideira grande de ferro fundido
Não teço loas para nenhum outro tipo de panela. Mas subo ao palco para tentar convencer você a usar panelas de ferro fundido. Por quê? Bom, em primeiro lugar, porque são acessíveis. Em segundo, porque duram quase que para sempre. Sinceramente? Mesmo que precisasse comprar panelas novas todo ano, continuaria recomendando as de ferro fundido. A comida fica bem melhor. Uma panela de ferro fundido bem curada é naturalmente antiaderente, exigindo menos óleo. Aliás, nesse tipo de panela, às vezes uma quantidade menor de óleo garante um douradinho melhor. No ferro fundido, o cozimento é mais homogêneo. Outra vantagem desse material é ele poder ser usado tanto na boca do fogão quanto no forno, sendo excelente para pratos assados.

As panelas de ferro fundido dão mais trabalho, mas não esquente com isso. Lave-as sempre com uma escova. Seque-as totalmente usando um pano de prato limpo. Jamais use papel-toalha, pois pode deixar uma película na panela. Uma dica para mantê-las sempre boas é esfregar um pouco de óleo na superfície. Aplique uma fina camada de azeite ou óleo de linhaça nas mãos e passe na panela, sem esquecer o fundo e o cabo. E se algum dia a panela enferrujar, lave-a para retirar a ferrugem. Se essa medida não funcionar, leve a panela ao forno a 180 °C por 1 hora para desenferrujá-la.

Panela alta de aço inoxidável (4 litros)
Todas as receitas de sopa e ensopados deste livro podem ser preparadas numa panela alta com capacidade para 4 litros. Não precisa apelar para o caldeirão! Purê de batata, massas e quantidades grandes de grãos também podem ser feitas nesse tipo de panela.

Panela (2 litros)
Para molhos e quantidades menores de grãos.

Tampas

Um fato que me chama a atenção é que nem todo mundo usa tampas ajustadas para as suas panelas. Gente, toda panela precisa de uma tampa.

Panela a vapor

Minha panela a vapor é da comum, para uso no fogão, mas você pode utilizar a panela a vapor elétrica. Use o método que lhe for mais conveniente para cozinhar a couve no vapor.

Bistequeira de ferro fundido

Para quem gosta de fazer grelhados em casa (e quem não gosta?).

Para usar no forno

Duas assadeiras rasas
Um refratário grande de cerâmica (23 cm x 33 cm)

UTENSÍLIOS PARA BOLOS E DOCES

A maioria das receitas de sobremesa deste livro exige apenas uma tigela! Ótimo, não? Imagina, não precisa agradecer... Você não vai precisar de muita coisa para essas receitas, mas listo aqui alguns itens indispensáveis:

- TIGELA (TALVEZ AQUELA COM ALÇA)
- UM BOM GARFO — ISSO MESMO, UM GARFO — QUE NÃO ENVERGUE COM O USO
- COPOS MEDIDORES DE AÇO INOXIDÁVEL E COM ALÇAS FORTES PARA INGREDIENTES SECOS
- FÔRMA PARA BOLO INGLÊS (10 CM X 20 CM)
- FÔRMA PARA MUFFINS
- FÔRMA QUADRADA DE METAL (20 CM X 20 CM)
- FÔRMA PARA PUDIM SIMPLES OU CANELADA
- COLHER DE MADEIRA GRANDE PARA BATER MASSAS
- COLHERES MEDIDORAS QUE CAIBAM NOS VIDROS DE TEMPERO
- ASSADEIRAS
- PENEIRA
- COLHER DE SORVETE PARA TRANSFERIR A MASSA DE MUFFIN PARA AS FÔRMAS
- GRADES DE RESFRIAMENTO

Introdução 17

ABASTEÇA-SE!
Complete a sua DESPENSA

Se alguém me pedisse a melhor dica culinária, responderia: "Mantenha a despensa sempre abastecida e jamais deixe faltar alho e cebola". Tendo esses ingredientes à mão, sempre dá para fazer uma comidinha decente. Não precisa sair correndo para comprar tudo hoje, mas, conforme for preparando algumas das receitas, perceberá ingredientes em comum. E, quando você menos esperar, sua despensa já estará completa!

ERVAS, ESPECIARIAS E MISTURAS QUE USO SEMPRE

Tomilho seco, orégano seco, cominho em pó, páprica doce, pimenta calabresa, canela em pó, pimenta-malagueta suave em pó, curry suave em pó, semente de erva-doce, semente de coentro e, claro, pimenta-do-reino preta no moedor.

ERVAS, ESPECIARIAS E MISTURAS QUE USO DE VEZ EM QUANDO

Erva-doce em pó, alecrim seco, sálvia seca, sálvia em pó, anis-estrelado, louro, cebola em pó, alho granulado, semente de cominho, estragão seco, mostarda em pó, semente de mostarda, páprica defumada, cravo-da-índia em pó, pimenta-da-jamaica em pó, noz-moscada em pó, pimenta ancho moída, tempero de pizza, garam masala e, finalmente, açafrão (quando estou me sentindo rica). Também sou louca por curry em pó, e gosto de ter muitas variedades além do tipo suave, inclusive os curries oriental e jamaicano. Nas receitas que pedem essas variações de curry, sempre proponho alternativas para substituição.

Sobre ervas e especiarias

Aquelas latinhas de tempero dos anos 1970 ficam lindas na prateleira, né? Mas, por favor: não use temperos velhos! Substitua-os a cada 6 meses. Com o tempo eles perdem a potência, podendo deixar suas receitas insossas, ou, pior ainda, com gosto de poeira. Minha sugestão é que você compre ervas e especiarias a granel, na quantidade exata que costuma usá-los. Por exemplo, sempre compro um saco grande de tomilho seco na minha loja preferida porque sei que acaba em questão de meses. Por outro lado, só preciso comprar um pouco de páprica defumada. As necessidades variam para cada pessoa. Já deu para entender, não? Não dê bola para temperos vendidos em potões por uma ninharia: você não vai usar tudo mesmo. Não há vantagem alguma. Comprar ervas e especiarias de boa qualidade na quantidade a ser usada ajuda a economizar — e seus pratos agradecem.

ITENS ESSENCIAIS

- **LEGUMINOSAS (EM CONSERVA E/OU SECAS):** grão-de-bico, feijão-preto, feijão-rajado, feijão-branco, feijão-fradinho, feijão-vermelho, lentilha
- **LEGUMINOSAS DE COZIMENTO RÁPIDO:** lentilha comum, lentilha vermelha, ervilha seca
- **GRÃOS E CEREAIS:** quinoa, arroz integral, basmati integral e/ou branco, arroz selvagem, cuscuz integral, polenta, aveia e espelta em grãos
- **MASSAS E MACARRÃO:** linguine, massas pequenas (risoni ou orecchiette), macarrão de arroz, orzo, fusilli, penne. Dê preferência às versões integrais, mais nutritivas. Se você segue uma alimentação sem glúten, sugiro massas à base de arroz integral.
- **OLEAGINOSAS E SEMENTES:** castanha de caju crua, amendoim torrado, nozes sem casca, amêndoa em lascas, pignoli, semente de girassol, gergelim torrado
- **ENLATADOS:** pimenta chipotle em molho do tipo adobo, polpa de tomate (com manjericão, se encontrar), tomate pelado. Se o bolso permitir, dê preferência a opções com tomates orgânicos e assados.
- **ÓLEOS:** azeite de oliva, óleo de canola, óleo de coco, óleo de gergelim torrado
- **VINAGRES:** balsâmico, vinagre de maçã (para doces), vinagre de vinho tinto, vinagre de arroz
- **CONDIMENTOS PREPARADOS:** mostarda de Dijon, ketchup, maionese vegana
- **MOLHOS:** molho Sriracha, molho de pimenta-malagueta, molho tamari (não contém glúten) ou de soja, molho hoisin, fumaça líquida
- **CONSERVAS:** pimentão vermelho assado, alcaparra, azeitona kalamata (grega), pasta de amêndoa, pasta de amendoim, tahine, caldo concentrado de legumes. Sobre o caldo de legumes: como a proposta do livro é ensinar receitas de jantar para os dias da semana, recomendo o caldo concentrado de legumes por uma questão de praticidade. Use a marca que preferir, líquida ou em pó. Como uso muito caldo de legumes, seria impossível dar conta do meu consumo apenas com a versão caseira. Por isso, prefiro a versão concentrada vendida já pronta.

- **LEITES VEGETAIS:** Como sou exagerada, uso vários tipos diferentes de leite, inclusive leite de coco comum e light. O meu preferido é o leite de amêndoa sem açúcar. Também gosto dos de soja e de arroz. Descubra o seu tipo preferido, mas use sempre a versão sem açúcar, ideal para receitas doces ou salgadas.
- **VINHO:** Deixe os vinhos brancos na geladeira e os tintos em temperatura ambiente. Chardonnay (branco) e merlot (tinto) são os meus preferidos para uso culinário. Tenha sempre mirin (saquê licoroso para uso culinário) na despensa.
- **FARINHA DE ROSCA:** Em todas as minhas receitas uso farinha de rosca seca – panko ou fina. Uso temperada, de pão branco ou integral.

O BÁSICO DE GELADEIRA

Tofu (extrafirme), tempeh, missô claro, curry vermelho em pasta (verifique se não há ingredientes de origem animal, como flocos ou molho de peixe).

Para tudo!

Como já comentei, no meu freezer tenho uma ou outra lasanha congelada. Mas existem diversas opções que podem facilitar e muito o preparo do jantar dos dias de semana. Há arroz e cereais em grãos congelados à venda, mas também é fácil (e bem mais barato) você mesmo cozinhá-los e congelá-los. Cozinhe uma grande quantidade de arroz ou quinoa, deixe esfriar completamente, separe em porções no tamanho desejado e guarde em saquinhos plásticos próprios para congelamento. A durabilidade é de 1 mês. Para consumir, coloque numa tigela e esquente no micro-ondas ou em uma panela, em fogo brando.

O BÁSICO DE FREEZER

Frutas vermelhas, milho, ervilha.

INGREDIENTES PARA DOCES

Farinha de trigo (de preferência orgânica e não branqueada), farinha de trigo integral, aveia em flocos finos, farinha de linhaça, gotas de chocolate meio amargo, cacau em pó sem açúcar, óleo de coco, amido de milho orgânico (para quem evita alimentos transgênicos), bicarbonato de sódio e fermento químico em pó.

ADOÇANTES

Açúcar cristal orgânico ou demerara, açúcar mascavo, xarope de agave (compro as marcas mais em conta), xarope de bordo e, muito de vez em quando, xarope de arroz integral e melado de cana.

INGREDIENTES INCOMUNS

Eu me esforcei muito para evitar ingredientes incomuns nas receitas deste livro. Para consegui-los, você vai ter de ir a lojas especializadas e bons supermercados. Se não tiver acesso a essas lojas, compre pela internet. Quem é vegano até já deve ter esses ingredientes. Se você ainda não é, continue lendo.

ORGANIZE-SE

Não importa se você mora em uma república, uma comunidade hippie ou uma bela casa de um bairro residencial: a despensa deve estar sempre organizada. E isso vindo de mim é uma grande ironia, já que sou a pessoa mais desorganizada do mundo (numa mesma gaveta guardo meia, calça capri e pijama, para você ter uma ideia). O que quero dizer é que você deve organizar a despensa de forma que faça sentido para o seu uso. Por exemplo, deixe os itens que usa mais (e aí, Sriracha?) em posição mais acessível e jogue fora tudo que não tenha usado recentemente (tchau, vinagre de romã!).

Os vidros com os temperos que mais uso ficam em duas bandejas rotatórias dentro do armário. Os menos usados ficam dentro de uma caixa de sapato, também no armário, numa posição fácil de tirar e colocar.

Todos os meus ingredientes para doces ficam juntos no mesmo armário. Deixo meu vinagre de maçã separado dos outros tipos porque sei que o uso principalmente para receitas doces. Assim, dificilmente vou ficar como uma barata tonta procurando o fermento na hora de usar, pois já sei que ele está no armário específico.

Minha despensa pode não ser a mais arrumada do mundo, mas, em geral, consigo mantê-la sob controle. Alguém mais saberia onde está a aveia em flocos? Imagino que não! Mas, contanto que eu consiga achar, está tudo certo.

Farinha de glúten
Esta farinha mágica produz o delicioso seitan, também conhecido como carne de trigo. Quando preparado com ingredientes líquidos e leguminosas, o seitan rende uma enorme gama de pratos veganos maravilhosos.

Levedura nutricional
Ela é ideal para dar consistência cremosa e sabor semelhante ao de queijo e de castanhas ao seitan, molhos e outras delícias.

Farinha de grão-de-bico
É isso mesmo que você imaginou: grão-de-bico desidratado e moído! O ingrediente tem um incrível sabor tostadinho de ovo; uso-o de vez em quando em receitas salgadas. A farinha também aparece bastante no roux e em omeletes de tofu. Nas lojas de produtos indianos, ela também é chamada de farinha besan.

Castanha de caju
Já sei o que você deve estar pensando: "Mas por que ela colocou a castanha de caju na lista de ingredientes incomuns? Claro que eu sei o que é castanha de caju!". Talvez a castanha de caju fosse apenas aquele petisco que você beliscava no carro quando saía sem tomar café da manhã. Mas, neste livro, ela geralmente vai ser usada para fazer creme de castanha de caju. Depois de passar algumas horas de molho e

SEMPRE DE MOLHO

Não quero ninguém intimidado com receitas que pedem castanha de caju deixada de molho. Não há motivo para você ficar sem algo cremoso para o jantar. Se você seguir o meu mantra e deixar uma quantidade de castanha de molho, sempre poderá fazer um molho bem cremoso.

É fácil! Para demolhar a castanha de caju, coloque-a numa tigela e cubra com água um ou dois dedos acima. Ela incha dentro da água. Cubra a tigela com filme de PVC (ou com a tampa, se tiver) e deixe a castanha de caju de molho por, no mínimo, 2 horas, durante a noite ou até 3 dias na geladeira. Escorra antes de usar e descarte a água do molho.

Se a receita pede castanha de caju deixada de molho, sempre procuro começar o preparo pelo creme de castanha. Deixo o liquidificador batendo a castanha de caju por 1 minuto e depois vou fazendo outras tarefas (não fico parada assistindo o liquidificador bater as castanhas por 5 minutos). Aproveito para fazer o pré-preparo dos outros ingredientes, e de vez em quando verifico como estão as castanhas de caju e desligo o liquidificador para aliviar a barra do motor.

Passe o creme nos dedos para sentir se está liso. Não tem problema se ficar um pouco granulado, mas o ideal é que fique o mais liso possível. Se o creme ainda não estiver bom, deixe-o descansar por 1 minuto e ligue novamente o liquidificador. O tempo depende da potência do aparelho. Quem tem um liquidificador bem potente nem precisa deixar a castanha de caju de molho.

Se você se esquecer de demolhar a castanha, ferva-a por 15 minutos e deixe de molho o máximo que puder. Essa medida amolece a castanha!

ser batida no liquidificador com algum líquido, a castanha vira um preparado espesso parecido com o creme de leite fresco. Vamos usar o creme de castanha de caju em molho de tomate cremoso, em macarrão gratinado de forno e em basicamente tudo que peça creme de leite tradicional. Compre a castanha de caju crua. Nem sempre a embalagem indica a palavra "crua"; caso não venha escrito "torrada", é porque é crua. Quem tem alergia a castanha de caju pode usar semente de girassol, que não dá um efeito tão cremoso, mas também funciona!

Cogumelos secos

Os cogumelos secos são ótimas opções para receitas de sopas e ensopados. Os desidratados em pó, principalmente o do tipo porcini, funcionam muito bem como tempero. Eles são bem mais baratos e fáceis de encontrar que cogumelos frescos. Embora não os use tanto nestas receitas, cogumelos como porcini, shiitake e variedades silvestres também fazem algumas participações especiais.

Óleo de coco

Uso-o em receitas de bolos e doces para substituir manteiga e margarina e também em receitas salgadas. Eu sou louca por óleo de coco. Em temperaturas baixas ele solidifica; em temperaturas altas, fica líquido. Preste atenção no que a receita pede. Se a receita pedir óleo de coco derretido, meça a quantidade primeiro e derreta o óleo por alguns segundos no micro-ondas ou no fogão. Se pedir o óleo de coco sólido e o seu estiver líquido, deixe-o um pouco no freezer até que atinja o ponto desejado. Prefiro o óleo de coco prensado a frio ao tipo "virgem", devido ao sabor mais pronunciado de coco. Se o rótulo contiver a informação "prensado a frio", significa que o óleo não passou por tratamento químico.

HORTALIÇAS E FRUTAS: CORPO E ALMA DA CULINÁRIA VEGANA

A lista a seguir não esgota todas as frutas e hortaliças usadas neste livro, mas aposto que, se você tiver esses itens em casa, conseguirá fazer 95% das receitas.

Para ter na fruteira

Tenho sempre estas frutas e hortaliças na fruteira: cebola comum (compro sacos de 2,5 kg), cebola roxa, alho, batata (de vários tipos), batata-doce, beterraba, limão-taiti, limão-siciliano, banana, abacate (passo para a geladeira quando amadurece).

Verduras

Couve de vários tipos, acelga, espinafre baby, rúcula baby, alface-romana, acelga-chinesa (bok choy ou chinguensai), brotos.

Verduras crucíferas

Couve-flor, brócolis, couve-de-bruxelas, repolho (branco e roxo).

Abóboras

As abobrinhas ficam na geladeira. As variedades de inverno, como a abóbora-menina e a japonesa, devem ficar na fruteira.

Outros itens básicos de geladeira

Gengibre fresco, pimentão verde e vermelho, salsão, pepino, cenoura (e minicenouras para os dias de mais preguiça), tomate, cogumelos (cremini, portobello e shiitake).

Hortaliças que uso de vez em quando

Berinjela, vagem, aspargo, alho-poró e milho-verde.

Ervinhas frescas e cia.

Tomilho, coentro, cebolinha, hortelã, manjericão e endro.

E mais...

Algumas flores frescas comestíveis são essenciais para a maioria das receitas. Principalmente as roxas (brincadeirinha!).

AÇOUGUE VEGANO

Não fui eu quem inventou esse termo, mas devo admitir que adoro! Considero importantíssimo não apenas saber manipular corretamente as proteínas veganas, mas também curtir essa tarefa. Cortar cubos perfeitos é, sim, uma técnica a ser dominada. Só que ninguém quer comer cubos o tempo todo, certo? Experimente outros formatos também. Quando você dominar a técnica, poderá criar cortes próprios. Será que alguém ousa um tofu em forma de coração?

Eis algumas dicas para quem está começando:

1. **USE UMA FACA AFIADA DE 20 CM.** A faca de serra forma linhas estranhas (tem quem goste), e as outras não são compridas o suficiente para cortes retos.

2. **CORTE FAZENDO UM SÓ MOVIMENTO.** Não serre nem entalhe o ingrediente.

3. **USE UMA TÁBUA GRANDE.** Assim você terá espaço para movimentar a faca e o ingrediente.

TÉCNICAS DE CORTE DE TOFU

CUBOS

Comecemos pelo corte mais comum: o cubo! Ele é ideal para pratos refogados ou servidos em tigelas.

1. COMECE COLOCANDO O TOFU DE LADO. CORTE-O NO SENTIDO DO COMPRIMENTO.

2. MANTENDO O BLOCO INTACTO, COLOQUE-O DEITADO NA TÁBUA. CORTE-O AO MEIO PARA FORMAR DUAS METADES DO MESMO TAMANHO.

3. CORTE CADA METADE AO MEIO PARA FORMAR QUATRO PEDAÇOS DE TAMANHO IGUAL. OBSERVAÇÃO: se quiser cubos menores, corte cada metade em três partes.

4. MUDE O SENTIDO DA FACA E FAÇA UM CORTE NO SENTIDO DO COMPRIMENTO.

5. FAÇA MAIS DOIS CORTES NO SENTIDO DO COMPRIMENTO ACIMA E ABAIXO DO PRIMEIRO CORTE.

6. MINHA NOSSA, VIU SÓ? VOCÊ FEZ CUBOS!

MINITRIÂNGULOS

Depois de fazer os cubos, corte-os na diagonal para formar minitriângulos. Você pode usá-los nas mesmas preparações em que usaria os cubos.

FATIAS GROSSAS

Este é um corte ideal para grelhar ou assar. O tofu em fatias pode ser usado em sanduíches ou cortado em tiras depois de pronto. O importante é comer!

1. DEITE O TOFU NA TÁBUA E CORTE-O AO MEIO, FORMANDO DUAS METADES DO MESMO TAMANHO.

2. CORTE A METADE EM DUAS PARTES.

3. AGORA CORTE CADA METADE EM DUAS... QUANTAS METADES!

4. REPITA O PROCESSO DO OUTRO LADO. PRONTO, AGORA VOCÊ TEM FATIAS PERFEITAS DO MESMO TAMANHO! OU QUASE.

QUADRADOS E TRIÂNGULOS COMPRIDOS

Às vezes cansa só comer a comida em fatias, não? Mas sabia que você pode cortar as fatias em formatos mais bonitinhos ainda? E eles também ficam ótimos grelhados, aliás.

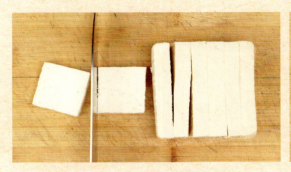

CORTE UMA FATIA NA METADE PARA FORMAR QUADRADOS...

... OU NA DIAGONAL PARA FORMAR TRIÂNGULOS COMPRIDOS.

TÉCNICAS DE CORTE DE TEMPEH

O tempeh tem vários formatos, sendo o retangular o mais comum. Se o seu não for retangular, mas quadrado, corte-o ao meio, como uma concha aberta, e posicione os quadrados um ao lado do outro para ficarem parecidos com retângulos.

FATIAS

Estes retângulos compridos são ótimos para rechear sanduíches ou para serem grelhados e acompanhar saladas.

1. CORTE O TEMPEH BEM NO MEIO, NA LARGURA.

2. CORTE CADA METADE EM DUAS PARA FORMAR QUATRO PARTES.

3. CORTE CADA QUARTO EM TRÊS. PRONTO: AGORA VOCÊ TEM DOZE LINDOS PEDAÇOS DE TEMPEH.

Introdução 27

RETÂNGULOS PEQUENOS

Uma boa dica para acabar com a monotonia é fazer cortes no formato de retângulos pequenos. Uso esse corte na receita de Tempeh giardino (p. 194), mas você pode sempre usar os retângulos menores para substituir cubinhos em qualquer receita.

1. SIGA AS ETAPAS 1 ATÉ 3 PARA FORMAR FATIAS.

2. PEGUE UMA PARTE DAS FATIAS E CORTE NO SENTIDO DO COMPRIMENTO.

3. PRONTO, VOCÊ TEM RETÂNGULOS PEQUENOS!

CUBOS

Os cubos são bem divertidos! Eles são ótimos para refogados e para servir com sopas, massas e saladas.

1. SIGA AS ETAPAS 1 E 2 PARA OBTER FATIAS DE TEMPEH CORTADAS EM QUATRO.

2. CORTE CADA QUARTO AO MEIO.

3. VIRE A FACA DE LADO E CORTE O TEMPEH AO MEIO NO SENTIDO DO COMPRIMENTO.

4. FAÇA DOIS CORTES, UM NA METADE DE CIMA E OUTRO NA DE BAIXO.

5. AGORA VOCÊ TEM OS MELHORES CUBINHOS DE TEMPEH!

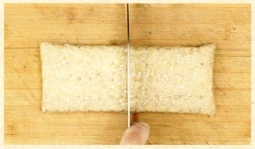

TRIÂNGULOS GRANDES

Uso estes triângulos grandes em pratos principais ou em saladas que quero servir como prato principal.

1. FATIE O TEMPEH NO MEIO, DE UM LADO PARA O OUTRO.
2. CORTE CADA FATIA NA DIAGONAL.
3. VIU? AGORA VOCÊ TEM LINDOS TRIÂNGULOS DE TEMPEH!
4. SE QUISER FATIAS MAIS FINAS, CORTE—AS AO MEIO. CHAMO ESTE CORTE DE "CONCHA DE TEMPEH". POSICIONE UM TRIÂNGULO DE PÉ E CORTE—O AO MEIO, COMO SE ESTIVESSE ABRINDO UMA CONCHA.

7 DICAS para COZINHAR bem e com FACILIDADE

O utensílio mais importante da cozinha é… você! Ei, peraí, não se ofenda: não estou te chamando de "coisa". Se você não é assim tão íntimo da cozinha, saiba que, quanto mais praticar, mais fácil ficará. Aqui vão sete dicas que considero inestimáveis.

---

1. **MISE-EN-PLACE:** Com certeza você já ouviu essa expressão. Ela é francesa e significa "pôr as coisas no lugar". Ou seja, na hora de preparar a comida, deixe todos os ingredientes separados na bancada. Mas a mise-en-place não deve se limitar aos ingredientes: deixe os equipamentos separados também. E não estou falando apenas das panelas e tigelas. Leia a receita e verifique tudo de que vai precisar, inclusive utensílios medidores, escorredores, abridores de lata etc. Esse hábito é uma ótima oportunidade de fazer...

2. **PLANEJAMENTO E ANÁLISE:** Analise a receita! Leia-a inteira para saber o que fazer em seguida. Como um bom escoteiro, esteja sempre alerta!

3. **CONTROLE DO TEMPO:** Quando você analisar a receita, verá que há momentos de pausa. Use-os para fazer o pré-preparo de alguns itens em vez de fazer todo o pré-preparo antes de iniciar a receita. Por exemplo, se a receita pede cebola em rodelas, cogumelos fatiados, alho picadinho e batata cortada em cubinhos, é muito provável que esses ingredientes não entrem na preparação ao mesmo tempo. Enquanto a cebola refoga, você pode fatiar o cogumelo e picar o alho. Enquanto o cogumelo e o alho cozinham, pique a batata. Claro que esse foi apenas um exemplo, mas várias receitas do livro permitem que você faça o pré-preparo de alguns ingredientes enquanto os outros já estão no fogo. Use seu tempo com inteligência!

4. **OBJETOS QUE DEVEM ESTAR À MÃO:** Ter espaço para guardar as coisas é superimportante. Se a tábua fica guardada num lugar ruim de acessar e soterrada de panelas, é claro que você vai usá-la menos. Deixe os itens mais usados — panelas, tigelas e utensílios — em local fácil de acessar. Quando eu chego em casa, pego a tábua e a faca e já deixo na bancada, porque sei que com certeza vou usá-las.

5. **MANTENHA A BANCADA ORGANIZADA:** Deixe sua bancada o mais livre possível. Pode parecer complicado, ainda mais se sua cozinha for pequena, mas essa medida facilita e muito o preparo das refeições. Se ao chegar em casa você ainda tem que esvaziar a bancada da cozinha, retirar pilhas de contas de dois meses atrás, o café da manhã e a bolsa de roupa de ginástica, vai ficar exausto antes mesmo de começar. Eu sigo um mantra: "Se a cozinha está limpa, todo o resto está bem". Mas nem por isso estou dizendo que você deva fazer uma faxina todo dia. A ideia é manter a cozinha um ambiente convidativo. Outra coisa: não perca o controle da pia de louça.

6. **O CONTROLE DO TEMPO É QUASE TUDO:** Use um timer para não se esquecer quando tiver alguma receita assando ou fervendo. Posso lhe contar um segredo? Nunca me adaptei ao timer que faz mais de uma cronometragem, então acabo usando dois separados. Assim fico mais tranquila! Se o seu micro-ondas ou seu fogão tiverem timers, aproveite. Com os timers, não há motivo para ter medo de queimar a comida, nem se obrigar a lembrar o tempo todo da lentilha no fogo. "Não esquece a lentilha! Não esquece a lentilha!" Na quinta vez que você fizer o lembrete mental, nem vai saber mais do que está falando.

7. **FAÇA LISTAS:** Quer dica mais simplória que essa? Não tem. É bom ter uma lista dos ingredientes que acabaram. Já imaginou se planejar todo para fazer uma receita e, na hora H, descobrir que não tem mais molho de soja? A solução que encontrei foi pendurar uma lousa branca no freezer. Na hora de ir ao mercado, uso o celular para fotografá-la e lá vou eu.

SUBSTITUA!

Minhas modificações preferidas para os alérgenos mais comuns

Meu desejo é que todos possam provar as receitas do livro, mas sei que, devido a restrições alimentares, nem todos têm essa possibilidade. Trago uma lista das substituições que mais faço quando preparo comida para meus amigos incríveis, porém alérgicos.

GLÚTEN

O glúten aparece em tudo quanto é lugar! Leia sempre o rótulo para verificar se há ingredientes ocultos. Veja abaixo os ingredientes com glúten mais comuns e a forma de substituí-los.

MOLHO DE SOJA: Use o molho tamari, que não contém glúten. Eu nem uso mais molho de soja: prefiro apenas o tamari.

FARINHA DE ROSCA: Para fazer uma farinha de rosca mais fina e seca, uma boa opção é usar pão de fôrma sem glúten — mas pode sair mais caro. Para uma versão mais acessível, use cereais matinais à base de arroz ou milho. Triture os cereais ou as fatias de pão no liquidificador até formar uma farinha bem fina.

ROUX: Para fazer esse creme que engrossa ensopados, curries e até macarrão gratinado de forno, gosto muito de usar a farinha de grão-de-bico para substituir a de trigo. Além de funcionar perfeitamente, o roux de grão-de-bico dá um sabor tostadinho maravilhoso às receitas!

MASSAS: Essa é fácil, né? Já existem inúmeras opções de massa sem glúten no mercado. Às vezes eu as uso só porque gosto. Meus tipos preferidos são as de quinoa e de arroz.

COOKIES E PÃEZINHOS: Com outras receitas fica complicado, mas para cookies e pãezinhos é bem simples. Uso uma aveia em flocos certificada sem glúten. Triture-a até formar uma farinha e meça a quantidade. Em geral, preciso de mais aveia do que a quantidade de farinha pedida na receita. Por exemplo, para cada xícara de farinha em geral são 1 ou 2 colheres (sopa) de aveia a mais. Para todo o resto, pesquiso na internet as melhores misturas para bolos e pães e sigo as dicas.

OLEAGINOSAS

Existe a alergia a oleaginosas, a alergia a oleaginosas e sementes e a alergia a amendoim (que é uma leguminosa). A vida dos autores de livros de culinária fica complicada quando tentamos atender a todos! Veja algumas das minhas trocas preferidas para atender a quem não pode consumir oleaginosas.

AMENDOIM: Se a pessoa não tiver alergia a oleaginosas, use a castanha de caju. Se tiver, o gergelim é uma boa opção, mesmo que dê uma textura diferente.

MANTEIGA DE AMENDOIM: A manteiga de semente de girassol é um ótimo substituto. No entanto, em receitas que vão ao forno, ela pode deixar a massa verde. Bom, quem sabe não fica interessante? Se a pessoa não tiver alergia a oleaginosas, a manteiga de amêndoa é uma ótima alternativa.

CASTANHA DE CAJU: Em relação a este livro, acredito que a castanha de caju seja o maior empecilho para o alérgico, já que boa parte das receitas leva creme de castanha de caju. Eu sinto muito, de verdade! Algumas das pessoas que testaram as receitas tinham alergia a castanha de caju e obtiveram bons resultados usando a manteiga de semente de girassol como substituto. Em pratos tailandeses e indianos, o leite de coco é um excelente substituto.

SOJA

Espero já ter mostrado aqui uma quantidade de receitas sem soja suficiente para muitos e muitos anos. Mas se a sua ideia é substituir o molho de soja, existem pastas de missô sem soja que podem ser diluídas em água. Faça de um jeito que fique gostoso, espesso, salgado e não muito aguado. Você pode usar em qualquer preparação para substituir o molho de soja, inclusive no seitan!

CAPÍTULO 1

SOPAS

Sopa de letrinhas 36 • Sopa cremosa de ervilha e nabo 39 • Sopa de grão-de-bico, arroz e repolho 40 • Sopa cremosa de batata e alho-poró 41 • Sopa de batata-doce, curry vermelho, arroz e couve 42 • Sopa picante de cogumelo 44 • Sopa pedaçuda de legumes e missô 45 • Harira de berinjela e grão-de-bico 46 • Borscht da babushka 49 • Sopa de arroz selvagem com tiras de seitan grelhado 50 • Chowder vegano 53 • Sopa de batata e funcho assados 54 • Sopa de cogumelo, cevadinha e ervas 55 • Sopa de pesto com nhoque, feijão e verduras 57 • Bisque de abóbora e coco 58 • Sopa de brócolis com "cheddar" 61 • Pão de azeite 62

VAMOS COMEÇAR pelo COMEÇO,

certo? Sopa é um dos primeiros pratos que aprendi a fazer. E devo dizer que é dos mais fáceis. Refogue os temperos para que peguem sabor, junte o caldo, os legumes, as proteínas e pronto: refeição completa numa panela só! A sopa é perfeita para o cozinheiro mais experiente inovar e uma forma tranquila para o novato aprender a cozinhar. Entre no clima zen, pique cebola e experimente todas as texturas e os métodos que se aprendem com o preparo de sopas. O mais importante: é um prato muito difícil de errar. Você só precisa de uma panela, uma colher para mexer, uma concha para servir e a vontade de ter uma bela sopinha borbulhando no fogo. Várias das sopas deste capítulo são refeições completas, como a de arroz selvagem com seitan. Para transformá-las na atração principal, sirva-as com uma bela e crocante baguete. Para os mais ambiciosos, ensino a fazer meu pão preferido para acompanhamento. Sopa e salada formam uma dupla clássica, e a sopa também pode ser uma boa parceira de sanduíches e hambúrgueres. Além de ser fácil de fazer durante a semana, você pode aproveitar o tempo dela no fogo para descansar. Todas as culturas do mundo têm uma sopa típica; a variedade é imensa! Aqui apresento dezesseis receitas, que você pode adotar como suas e criar variações.

SOPA DE LETRINHAS

rendimento: 6 porções · tempo total: 30 minutos · tempo de preparo: 20 minutos

2 colheres (sopa) de azeite
1 cebola pequena bem picada
2 talos de salsão picados fininho
½ colher (chá) de sal, mais uma pitada
2 dentes de alho bem picados
1 xícara de cenoura picada em cubinhos
340 g de batata-inglesa cortada em cubinhos de 2 cm
1 colher (chá) de tomilho seco
¼ de colher (chá) de estragão seco
6 xícaras de caldo de legumes
1 xícara de macarrão de letrinhas
1 colher (chá) de xarope de agave
1 lata de molho de tomate
1 xícara de ervilha congelada

OBSERVAÇÕES:

- Gosto de usar uma variedade de batata com casca bem fina (batata-inglesa) — que me poupa do trabalho de descascar —, mas, se você for usar uma batata com casca mais grossa, descasque-a antes de usar.
- Não deixe de fazer a sopa, mesmo que não encontre o macarrão de letrinhas. Use massas curtas do formato que quiser: conchinhas, rodinhas, orzo ou ave-maria. O que importa é ser uma massa bem curta.
- Para acabar com o gosto de freezer da ervilha congelada, coloque-a num escorredor e enxágue com água morna até retirar o gelo.

Esta é aquela que todos adoram: sopa de letrinhas! O tipo de sopa que Andy Warhol usaria numa pintura. Aquela sopinha que, quando você era criança, usava para soletrar o nome dos seus gatos. Sabia que a minha mãe colocava sopa de letrinhas na omelete? Se bem que não conheço ninguém mais que tenha comido essa iguaria.

Mas então: é uma sopa beeeeeem simples de legumes com base de tomate. A proposta não é reinventar a roda, não. Ela nada mais é que uma sopa de letrinhas que acerta na mosca. Todo mundo precisa de uma receitinha básica como esta.

Preaqueça uma panela com capacidade para 4 litros em fogo médio. Despeje o azeite. Refogue a cebola e o salsão no azeite com uma pitadinha de sal por mais ou menos 5 minutos, até amolecerem. Junte o alho e refogue por cerca de 30 segundos, até soltar o aroma.

Adicione a cenoura, a batata, o tomilho, o estragão, o sal restante e o caldo de legumes. Tampe a panela e espere levantar fervura. Quando ferver, diminua a chama e ferva em fogo brando. Junte o macarrão e deixe cozinhar por cerca de 10 minutos, até os legumes e o macarrão amolecerem.

Acrescente o xarope de agave, o molho de tomate e a ervilha e deixe ferver por cerca de 5 minutos. Retire a panela do fogo. Quanto mais a sopa descansar, mais saborosa ela fica. Recomendo deixá-la descansar por, no mínimo, 10 minutos. Confira o tempero e sirva.

SOPA CREMOSA DE ERVILHA E NABO

rendimento: 6 a 8 porções · tempo total: 1 hora · tempo de preparo: 15 minutos

Esta sopa fica cremosa e sedosa sem levar um pingo de creme (vegano ou não). Além disso, é riquíssima em proteínas, graças à ervilha seca, que derrete no caldo e forma uma sopa espessa e aveludada. O nabo combina com o anis-estrelado, que contém uma substância chamada anetol, responsável pelo sabor de alcaçuz. Mas você não precisa saber de nada disso. Tudo que você precisa saber é que essa especiaria com formato diferente, meio alienígena, meio flor, realça o sabor do nabo, meu tubérculo preferido (não contem isso para a beterraba). Se não tiver xerez, pode usar vinho branco.

- 1 colher (sopa) de azeite
- 1 cebola média bem picada
- 2 talos de salsão picados grosseiramente
- 1 colher (chá) de sal, mais uma pitada
- 3 dentes de alho picados
- 2 colheres (chá) de alecrim seco
- ½ xícara de xerez para uso culinário
- 1½ xícara de ervilha seca
- 450 g de nabo descascado e picado em pedaços de 2 cm
- 8 xícaras de caldo de legumes
- várias pitadas de pimenta-do-reino moída na hora
- 2 anises-estrelados
- folhas de salsão para decorar (opcional)

Preaqueça uma panela com capacidade para 4 litros em fogo médio. Despeje o azeite. Refogue a cebola e o salsão no azeite com uma pitadinha de sal por cerca de 5 minutos, até amolecerem. Junte o alho e o alecrim. Refogue por cerca de 15 segundos. Adicione o xerez. Com uma espátula, vá raspando o fundo da panela para fazer a deglaçagem. Aumente a chama para levantar fervura e deixe o líquido reduzir por cerca de 3 minutos.

Junte a ervilha, o nabo, o caldo de legumes, o sal restante e a pimenta-do-reino. Tampe a panela e deixe levantar fervura. Quando ferver, reduza para fogo médio e deixe cozinhar até a ervilha amolecer, mexendo de vez em quando (o tempo varia de 20 a 45 minutos, dependendo da ervilha utilizada). Depois de 15 minutos de fervura, acrescente o anis-estrelado.

Quando a ervilha estiver mole (mole mesmo, quase um creme), retire o anis-estrelado. Bata a sopa com um mixer de mão até obter um creme liso. Se você não tiver mixer de mão, bata a sopa no liquidificador ou no processador (mas fica a dica: destampe o utensílio de vez em quando para o vapor sair). Se quiser deixar a sopa menos espessa, junte um pouco de água. Confira o tempero e sirva! Se quiser, decore cada tigelinha de sopa com folhas de salsão picadas finamente.

OBSERVAÇÃO:

O tempo de cozimento da ervilha seca depende da idade do produto. Quanto mais velha, mais ela demora a cozinhar. Se a sua ervilha seca não cozinhar no tempo indicado na receita, deixe-a cozinhar mais. Se você já tiver planejado fazer a sopa e quiser acelerar o cozimento, basta deixar a ervilha de molho com algumas horas de antecedência. Escorra-a antes de usar.

SOPA DE GRÃO-DE-BICO,
arroz e repolho

rendimento: 8 porções · tempo total: 40 minutos · tempo de preparo: 15 minutos

1 colher (sopa) de azeite
1 cebola média cortada fino
1 colher (chá) de sal, mais uma pitada
2 dentes de alho bem picados
1 colher (chá) de tomilho seco
pimenta-do-reino moída na hora
½ xícara de arroz jasmim lavado
1½ xícara de cenoura cortada em pedaços de 1 cm
450 g de repolho branco cortado fino
6 xícaras de caldo de legumes
700 g de grão-de-bico em conserva escorrido e lavado (cerca de 3 xícaras do grão cozido)
3 colheres (sopa) de endro fresco picado, mais um pouco para decorar

---

Os sabores do Leste Europeu são de uma sutileza sedutora. Não são pratos carregados de cominho ou que explodem de alho. O tempero é cebola refogada e um pouquinho de endro. Chamo essas sopinhas à base de caldo de "sopas da babushka", ou sopas de vovó. Faça experiências com cada ingrediente: a cenoura é naturalmente doce, o repolho tem textura crocante, o grão-de-bico é suculento e o arroz dá sustância.
São sabores simples, reconfortantes e fáceis de gostar. Adoro as notas florais do arroz jasmim (ou basmati), mas use o tipo que quiser. Só fique atento: o arroz integral leva o dobro do tempo para cozinhar.

Preaqueça uma panela com capacidade para 4 litros em fogo médio. Despeje o azeite. Refogue a cebola no azeite com uma pitadinha de sal por cerca de 5 minutos, até amolecer. Junte o alho, o tomilho, o sal restante e a pimenta-do-reino. Refogue por mais 1 minuto.

Adicione o arroz, a cenoura e o repolho. Cubra com o caldo. Tampe a panela e deixe levantar fervura. Quando isso acontecer, reduza a chama, junte o grão-de-bico e deixe ferver em fogo brando por cerca de 15 minutos, até o arroz cozinhar e a cenoura amolecer.

Junte o endro e confira o tempero. Quanto mais descansar, mais saborosa fica a sopa, mas ela também pode ser servida imediatamente. Decore com folhas de endro.

SOPA CREMOSA DE BATATA E ALHO-PORÓ

rendimento: 8 porções · tempo total: 35 minutos (mais o tempo de molho da castanha de caju)
tempo de preparo: 15 minutos

Os meses cinzentos de inverno pedem uma comidinha caseira e reconfortante. E comidinha caseira não é só calor e sabor (embora sejam características mais que bem-vindas); a textura dos alimentos também conta. No inverno, por exemplo, fico com vontade de comer algo cremoso. Aquele tipo de comida que posso comer aconchegada no sofá, de pijama, e é um carinho a cada colherada. Esta sopa é campeã! A receita em si é superminimalista. Fato é que um clássico como a sopa de batata e alho-poró não requer muitas invencionices. E é um clássico com razão: ela é simplesmente perfeita. O Sanduíche de legumes assados ao romesco (p. 114) forma um excelente acompanhamento.

- 2 colheres (sopa) de azeite
- 1 alho-poró grande (cerca de 400 g), partes branca e verde-claro picadas em rodelas finas
- 1 cebola pequena bem picada
- 1 colher (chá) de sal, mais uma pitada
- ½ xícara de castanha de caju deixada de molho por, no mínimo, 2 horas (veja a seção "Sempre de molho", p. 22)
- 1½ xícara de água filtrada
- 1 kg de batata-inglesa (cerca de 4 unidades), descascada e cortada em pedaços de 2 cm
- várias pitadas de pimenta-do-reino moída na hora
- 1 colher (sopa) de tomilho fresco picadinho, mais um pouco para decorar
- 4 xícaras de caldo de legumes

Preaqueça uma panela com capacidade para 4 litros em fogo médio. Despeje o azeite. Refogue o alho-poró e a cebola no azeite com uma pitadinha de sal por cerca de 10 minutos, até amolecerem.

Enquanto eles refogam, faça o creme de castanha de caju. Escorra a castanha, descarte a água e coloque-a no processador ou liquidificador. Junte a água e bata bastante, até formar um creme liso. Esse processo pode levar de 1 a 5 minutos, dependendo da potência do aparelho. Com uma espátula de borracha, raspe as paredes do processador de vez em quando para retirar tudo.

Agora voltemos à sopa. Junte a batata, a pimenta-do-reino, o sal restante, o tomilho e o caldo. Tampe a panela e deixe levantar fervura. Quando ferver, diminua a chama e ferva em fogo brando. Cozinhe por cerca de 15 minutos, até a batata ficar bem mole.

Enquanto a sopa ainda estiver em fogo brando, amasse a batata (usando um amassador) dentro da panela até formar um creme. Junte o creme de castanha de caju, mexa e deixe esquentar. Ajuste o tempero e sirva.

OBSERVAÇÃO:

É muito comum haver terra escondida dentro do alho-poró, por isso é tão importante lavá-lo depois de cortá-lo. Assim, você retira qualquer vestígio de sujeira que tenha ficado entre as rodelinhas.

SOPA DE BATATA-DOCE, CURRY VERMELHO,
arroz e couve

rendimento: 8 porções · tempo total: 40 minutos · tempo de preparo: 15 minutos

- 1 colher (sopa) de azeite
- 1 cebola pequena bem picada
- 1 colher (chá) de sal, mais uma pitada
- 3 dentes de alho bem picados
- 1 colher (sopa) de gengibre fresco bem picado
- 3/4 de xícara de arroz basmati ou jasmim (lavado)
- 6 xícaras de caldo de legumes
- 2 a 3 colheres (sopa) de pasta de curry vermelho
- 450 g de couve rasgada em pedaços médios
- 1 batata-doce grande descascada e cortada em pedaços de 2 cm a 5 cm
- 400 ml de leite de coco light
- 3 colheres (sopa) de suco de limão-taiti
- 1 colher (sopa) de xarope de agave
- coentro fresco picado, para decorar (opcional)
- molho Sriracha, para servir

OBSERVAÇÕES:

- Como as pastas de curry variam, comece com 2 colheres (sopa) e vá juntando mais, se achar necessário. Não faço esta sopa tão picante, mas sempre a sirvo com uma boa dose de Sriracha.
- Se preferir usar arroz integral, tudo bem! Basta ferver em fogo brando por 20 minutos a mais antes de juntar a pasta de curry, a batata-doce e a couve.

Esta sopa mistura várias texturas. A couve é crocante. O arroz, fofinho, absorve todos os sabores. A batata-doce fica macia, mas não molenga, dando o toque adocicado ideal. Tudo isso com uma base cremosa de coco e o sabor provocante do curry vermelho. Sua casa vai ficar tomada pelo aroma de gengibre. Para que gastar dinheiro com vela perfumada? Uma sopinha perfumada é a melhor aromaterapia. Esta sopa fica perfeita com o Banh mi de shiitake (p. 113).

Preaqueça uma panela com capacidade para 4 litros em fogo médio. Despeje o azeite. Refogue a cebola no azeite com uma pitadinha de sal por cerca de 5 minutos, até amolecer. Junte o alho e o gengibre e refogue por mais 1 minuto.

Junte o arroz, o caldo e o sal restante. Tampe a panela e deixe levantar fervura.

Depois que levantar fervura, diminua a chama e ferva em fogo brando. Adicione 2 colheres (sopa) de pasta de curry vermelho. Junte a couve e a batata-doce. Tampe a panela e deixe ferver em fogo brando por cerca de 15 minutos, até a batata-doce ficar macia.

Junte o leite de coco, o suco de limão e o xarope de agave. Confira o tempero e sirva. Acrescente mais pasta de curry, se achar necessário. Se quiser, sirva com coentro picado e um fiozinho de Sriracha.

SOPA PICANTE DE COGUMELO

rendimento: 6 a 8 porções · tempo total: 50 minutos · tempo de preparo: 15 minutos

- 30 g de cogumelo desidratado (por exemplo, shiitake)
- 2 xícaras de água fervente
- 2 colheres (chá) de óleo de gergelim torrado
- 2 dentes de alho
- 1 colher (sopa) de gengibre fresco bem picado
- 4 xícaras de caldo de legumes
- ¼ de xícara de vinagre de arroz
- 3 colheres (sopa) de molho de soja
- 2 colheres (chá) de molho Sriracha
- 2 colheres (chá) de açúcar
- 220 g de broto de bambu em conserva escorrido
- 140 g de repolho picado fininho (cerca de 3 xícaras)
- 400 g de tofu cortado em cubos de 2 cm a 5 cm
- 1 colher (sopa) de amido de milho orgânico
- ½ xícara de água
- 110 g de cogumelo-de-paris cortado ao meio
- 1 xícara de cebolinha picada
- macarrão de yakissoba (opcional)

Quando me mudei do Brooklyn, nunca mais consegui achar a sopa picante que tomava sempre. Olha, passei vontade, viu? Esta sopa leva cogumelos, um caldo à base de vinagre e bastante repolho. É ótima opção para os dias de semana, com ingredientes razoavelmente fáceis de encontrar na seção de importados do supermercado. Sempre gostei desta sopa mais picante, então, se você for dos meus, use mais um pouco de Sriracha.

A preguiça bateu? Não tem problema: em vez de cortar o repolho fininho, use aquele que já é vendido picado (sem cenoura). Se quiser ser mais autêntico, use acelga chinesa na receita. Claro, você pode sempre usar o bom e velho repolho branco mesmo. Como ele amolece com o cozimento, não tem tanta importância; o que importa é conseguir a textura maravilhosa dos fios que absorvem bem os sabores.

Numa tigela pequena, cubra os cogumelos com água fervente. Tampe a tigela (um pratinho cumpre bem a função) e deixe o cogumelo de molho por 30 minutos para amolecer. Retire o cogumelo da água e pique em pedaços médios. Coe a água do cogumelo e reserve.

Preaqueça uma panela com capacidade para 4 litros em fogo médio. Despeje o óleo de gergelim. Refogue o alho e o gengibre por cerca de 30 segundos, tomando cuidado para que não queimem. Junte o caldo, o cogumelo, a água reservada, o vinagre, o molho de soja, o Sriracha, o açúcar, o broto de bambu e o repolho. Cubra a panela e leve ao fogo até levantar fervura.

Quando ferver, diminua a chama e cozinhe em fogo médio. Junte o tofu, tampe e cozinhe por cerca de 5 minutos.

Enquanto isso, dissolva bem o amido de milho na água, usando um copo medidor. Junte essa mistura e o cogumelo-de-paris picado à sopa. Cozinhe por mais 5 minutos até engrossar.

Confira o tempero e corrija se necessário. Se quiser, sirva com cebolinha picada e macarrão de yakissoba.

SOPA PEDAÇUDA DE LEGUMES E MISSÔ

rendimento: 6 a 8 porções · tempo total: 30 minutos · tempo de preparo: 15 minutos

Se, como dizem, a canja de galinha é a penicilina judaica, esta sopa é a penicilina vegana. Ela traz legumes cozidos num caldo delicioso, salgadinho e nutritivo. Gosto de usar feijão-vermelho, mas feijão-branco ou grão-de-bico também caem bem. E não precisa estar resfriado para tomar esta sopinha, não. Ela cai bem o ano todo!

- 1 colher (sopa) de azeite
- 1 cebola grande bem picada
- uma pitada de sal
- 2 dentes de alho bem picados
- 1 xícara de cenoura cortada em cubinhos de 1 cm
- 2 talos de salsão cortados em pedaços de 1 cm
- 4 xícaras de buquês de couve-flor
- 1 xícara de vagem sem as pontas e cortada em pedaços de 2 cm
- 6 xícaras de caldo de legumes
- várias pitadas de pimenta-do-reino moída na hora
- 1½ xícara (420 g) de feijão-vermelho cozido ou em conserva escorrido e lavado
- ½ xícara de missô claro
- 1 xícara de cebolinha cortada fininha

Preaqueça uma panela com capacidade para 4 litros em fogo médio. Despeje o azeite. Refogue a cebola com uma pitadinha de sal por cerca de 3 minutos, até amolecer. Junte o alho e refogue por cerca de 30 segundos, até soltar o aroma. Acrescente a cenoura e o salsão. Refogue por cerca de 3 minutos. Adicione a couve-flor e a vagem, mais o caldo e a pimenta-do-reino. Tampe a panela e deixe levantar fervura. Quando ferver, diminua a chama e cozinhe em fogo brando por cerca de 10 minutos, com a panela semitampada, para que o vapor possa sair ou até a couve-flor amolecer.

Junte o feijão e o missô. Mexa bem, até dissolver o missô, e prove para conferir o tempero. Misture a cebolinha e sirva.

HARIRA
de berinjela e grão-de-bico

rendimento: 8 a 10 porções · tempo total: cerca de 45 minutos
tempo de preparo: 20 minutos

- 2 colheres (sopa) de azeite
- 1 cebola média cortada fino
- 1 colher (chá) de sal, mais uma pitada
- 4 dentes de alho bem picados
- 2 colheres (sopa) de gengibre fresco bem picado
- ½ colher (chá) de pimenta calabresa
- 8 xícaras de caldo de legumes
- 1 berinjela média (450 g) descascada e cortada em pedaços de 1,5 cm
- ½ xícara de lentilha comum ou verde
- 2 colheres (chá) de páprica doce
- ¼ de colher (chá) de canela em pó
- 1 colher (chá) de açafrão triturado (opcional)
- 2 latas (700 g) de tomate em lata picado
- 1½ xícara (700 g) de grão-de-bico cozido ou em conserva escorrido e lavado
- ¼ de xícara de hortelã fresca picada, mais um pouco para decorar
- ¼ de xícara de coentro fresco picado, mais um pouco para decorar
- 115 g de macarrão cabelo de anjo

A harira é uma sopa marroquina com macarrão servida para quebrar o jejum no período do Ramadã. Aromática e levemente picante, nesta versão ela fica mais consistente graças à berinjela e à lentilha, com participação especial do grão-de-bico. Se eu tivesse inventado esta sopa do nada e alguém sugerisse colocar macarrão nela, ia pensar que estava num reality show de culinária, vítima de uma tentativa de sabotagem, mas o macarrão fica ótimo. Esta sopa é uma refeição completa. Como se pode imaginar, ninguém tem energia para preparar milhões de pratos depois de um dia inteiro de jejum. Esta receita resolve a questão, e numa panela só. A berinjela se desfaz no caldo, deixando a preparação encorpada. Na harira tradicional essa função é cumprida pela carne de cordeiro, mas tivemos que adaptar um pouquinho...

Passei por uma verdadeira crise existencial sem saber se incluía esta receita na seção de sopas ou de ensopados. Decidi por sopa depois de embarcar em uma jornada espiritual, que consistiu basicamente em pesquisar em dezenas de livros de culinária para ver como a receita era classificada. A sopa engrossa muito depois de descansar, ainda mais com a presença do macarrão. Quando for aquecê-la novamente, junte água para afinar. O açafrão, por ser um ingrediente caro, é opcional.

Preaqueça uma panela com capacidade para 4 litros em fogo médio. Despeje o azeite. Refogue a cebola no azeite com uma pitadinha de sal por 3 a 4 minutos, até amolecer. Junte o alho, o gengibre e a pimenta calabresa e refogue por mais 1 minuto.

Faça a deglaçagem do fundo da panela com um pouco do caldo. Adicione a berinjela, a lentilha, a páprica, a canela, o sal restante e o açafrão (se usar) junto com cerca de 4 xícaras do caldo. Se o caldo for adicionado todo de uma vez, a sopa vai demorar mais para levantar fervura e cozinhar a berinjela e a lentilha.

Tampe a panela e deixe levantar fervura, mas diminua um pouco a chama se a sopa ferver com muita força. Com a panela semitampada para que o vapor possa escapar, ferva a sopa por cerca de 20 minutos, mexendo de vez em quando. Boa parte da berinjela se desfaz e se mistura ao caldo, e a lentilha amolece.

Junte o tomate, o grão-de-bico, a hortelã e o coentro e, no mínimo, mais 2 xícaras de caldo de legumes, se você quiser uma sopa menos espessa. Quando a sopa levantar fervura, junte o macarrão quebrado, mexendo delicadamente com uma espátula para separar os fios da massa. Cozinhe até a massa amolecer. Se precisar, junte mais caldo para afinar a sopa. Sirva em tigelas, com ervinhas salpicadas por cima.

BORSCHT DA BABUSHKA

rendimento: 6 a 8 porções · tempo total: cerca de 45 minutos
tempo de preparo: 20 minutos

Eu adoro um borscht clássico. Ele me faz pensar nos meus antepassados russos preparando sopa de beterraba no fogão a lenha. Ou será que isso é só uma cena de *Um violinista no telhado*? Bom, o fato é que não pretendo de forma alguma atualizar essa imagem que guardo na minha cabeça. O borscht é um prato que me acalenta a alma. O meu preferido é pedaçudo, com beterraba (claro!), repolho e batata. Um toque de endro e um pouco de creme de castanha de caju completam esta sopinha divina.

Preaqueça uma panela com capacidade para 4 litros em fogo médio. Despeje o azeite. Refogue a cebola no azeite com uma pitadinha de sal por 5 a 7 minutos, até amolecer. Junte o alho e refogue por cerca de 30 segundos, até ele soltar o aroma.

Adicione a beterraba, a batata, o repolho, o caldo, o sal restante e pimenta-do-reino. Tampe a panela e deixe levantar fervura. Quando ferver, diminua a chama, deixe a panela semitampada e cozinhe em fogo brando por cerca de 35 minutos, até a beterraba amolecer.

Junte o suco de limão e confira o tempero. Sirva com creme de castanha de caju (se usar) e salpicado de endro.

- 1 colher (sopa) de azeite
- 1 cebola média bem picada
- ½ colher (chá) de sal, mais uma pitada
- 3 dentes de alho bem picados
- 450 g de beterraba descascada e cortada em pedaços de 1,5 cm
- 2 batatas-inglesas grandes descascadas e cortadas em pedaços de 1,5 cm
- ½ repolho branco pequeno finamente fatiado
- 6 xícaras de caldo de legumes
- várias pitadas de pimenta-do-reino moída na hora
- 2 colheres (sopa) de suco de limão-siciliano
- creme de castanha de caju (opcional; veja Observação)
- folhas de endro, para decorar

OBSERVAÇÃO:

Veja como fazer um creminho simples de castanha de caju, ótimo para servir com sopas: deixe 1 xícara de castanha de caju de molho em água por, no mínimo, 2 horas. Escorra a castanha (descarte a água), coloque no processador e junte 1½ xícara de água filtrada. Bata até formar um creme liso. Se quiser, junte uma pitada de sal ou um toque de limão ao creme, mas não é de todo necessário, pois a sopa já é bem saborosa. O creme de castanha de caju endurece sob refrigeração. Para afiná-lo, acrescente um pouco de água.

Sopa de arroz selvagem com tiras
de seitan grelhado

rendimento: 4 a 6 porções · tempo total: 40 minutos · tempo de preparo: 20 minutos

Para a sopa:
- 1 colher (sopa) de azeite
- 1 cebola média cortada fina
- ½ colher (chá) de sal, mais uma pitada
- 4 dentes de alho bem picados
- 1 xícara de cenoura descascada e cortada em rodelas finas
- 2 talos de salsão picados fininho
- 1 colher (chá) de tomilho seco
- ½ colher (chá) de estragão seco
- 2 colheres (chá) de páprica doce
- 1 xícara de arroz selvagem lavado
- ½ xícara de lentilha vermelha
- 6 xícaras de caldo de legumes
- 1½ xícara (420 g) de feijão-branco cozido ou em conserva escorrido e lavado

Para o seitan:
- 2 colheres (sopa) de azeite
- 450 g de seitan cortado em tiras

Esta sopa é um portal para o outono. O arroz selvagem, de sabor quente, parecido com o de castanhas, deixa a boca feliz como uma criancinha brincando com as folhas secas. Esta receita é a resposta vegana à canja de galinha com arroz. A lentilha engrossa o caldo e retém todo o maravilhoso sabor da cebola caramelizada. Mas é só uma dica, pois a sopa não é de lentilha. Como o arroz selvagem é caro, fique à vontade para substituir por misturas de vários tipos de arroz. Geralmente essas misturas contêm o arroz integral agulhinha e o selvagem. Enquanto a sopa cozinha em fogo brando, refogue o seitan até dourar. Você pode e deve servir esta sopa no jantar sozinha ou com pão e uma salada verde. Junte mais legumes também. Abobrinha e cenoura cortadas em cubinhos ou couve picada, adicionada ao final do cozimento, são boas opções.

PREPARE A SOPA:

Preaqueça uma panela com capacidade para 4 litros em fogo médio. Despeje o azeite. Refogue a cebola no azeite com uma pitadinha de sal por cerca de 5 minutos, até amolecer. Junte o alho e refogue por cerca de 30 segundos, até ele soltar o aroma. Adicione a cenoura, o salsão, o tomilho, o estragão, a páprica e o sal restante. Mexa bem.

Junte o arroz, a lentilha e o caldo. Tampe a panela e deixe levantar fervura. Quando ferver, diminua um pouco a chama, deixe a panela semitampada e cozinhe em fogo brando por cerca de 25 minutos.

Quando o arroz da sopa amolecer e a lentilha tiver se incorporado ao caldo, junte o feijão-branco. Confira o tempero e junte água ou caldo para ajustar a consistência da sopa.

A sopa fica mais saborosa se descansar alguns minutos, o que permite apurar mais os sabores. Sirva a sopa quente com as tirinhas de seitan por cima.

PREPARE O SEITAN:

Enquanto o arroz e a lentilha cozinham, faltando 10 minutos para a sopa ficar pronta, refogue o seitan. Preaqueça uma frigideira antiaderente grande, de preferência de ferro fundido, em fogo de médio para alto. Depois que a frigideira esquentar, cubra o fundo com um fio de azeite. Coloque o seitan e refogue por cerca de 5 minutos, até dourar. Tampe a frigideira até a hora de usar.

CHOWDER VEGANO

rendimento: 6 a 8 porções · tempo total: 35 minutos (mais o tempo de molho da castanha de caju)
tempo de preparo: 15 minutos

Esta vai para quem adora frutos do mar. O mix de cogumelos entra no lugar dos mariscos, dando uma consistência maravilhosa, e a alga nori proporciona o verdadeiro sabor do mar. Além disso, a sopa é espessa, com vários ingredientes encorpados como batata e cenoura. Sugestão: quebre biscoito salgado e salpique o chowder na hora de servir. É o sabor do Atlântico no seu prato. Para que fique mais autêntico, como os chowders da Nova Inglaterra, fale como um personagem de filme do Stephen King quando estiver servindo o chowder.

Você gosta do sabor forte de peixe? Em relação às demais algas, a nori é razoavelmente suave, mas sua força depende da marca e do frescor. Comece usando uma folha. Prove a sopa depois de ter juntado todos os ingredientes. Se achar que precisa de mais alga, junte mais uma folha picadinha. Misture a nori, apague o fogo e deixe a sopa pegar o sabor da alga por cerca de 10 minutos.

- 1 colher (sopa) de azeite
- 1 cebola grande bem picada
- 2 cenouras médias descascadas e cortadas em meias-luas
- ¾ de colher (chá) de sal, mais uma pitada
- 115 g de shiitake cortado em fatias finas
- 220 g de cogumelo-de-paris cortado em fatias com 1 cm de espessura
- 3 talos de salsão cortados em fatias com 1 cm de espessura
- 2 batatas grandes descascadas e cortadas em pedaços de 2 cm
- pimenta-do-reino moída na hora
- 1 ou 2 folhas de nori bem picadas (veja Observações)
- 3 xícaras de caldo de legumes
- 2 colheres (sopa) de extrato de tomate
- 2 colheres (sopa) de suco de limão-siciliano
- salsinha ou cebolinha picadas, para decorar (opcional)
- biscoitos salgados, para decorar (opcional)
- limão-siciliano cortado em quatro, para servir (opcional)

Para o creme de castanha de caju:
- ½ xícara de castanha de caju deixada de molho por, no mínimo, 2 horas (veja o boxe "Sempre de molho", p. 22)
- 2 xícaras de caldo de legumes
- 4 colheres (chá) de amido de milho orgânico

Preaqueça uma panela com capacidade para 4 litros em fogo médio. Despeje o azeite. Refogue a cebola e a cenoura no azeite com uma pitadinha de sal por cerca de 10 minutos, até amolecer.

Faça o creme de castanha de caju: escorra a castanha. Coloque-a no liquidificador ou processador com o caldo de legumes e o amido. Bata bastante, até formar um creme liso. Esse processo pode levar de 1 a 5 minutos, dependendo da potência do aparelho. Com uma espátula de borracha, raspe as paredes do aparelho de vez em quando para retirar tudo.

Agora, voltemos à sopa. Junte os cogumelos e o salsão. Cozinhe por cerca de 3 minutos, até os cogumelos amolecerem. É importante preservar a consistência deles.

Adicione a batata, o sal restante, a pimenta-do-reino, a alga nori e o caldo de legumes. Tampe a panela e deixe levantar fervura. Depois que levantar fervura, diminua a chama e ferva em fogo brando. Cozinhe de 10 a 15 minutos, ou até a batata amolecer (mas tome cuidado para que a batata não cozinhe demais, caso contrário ela vira um purê).

Junte o creme de castanha de caju e ferva em fogo brando com a panela destampada por cerca de 7 minutos, até a sopa engrossar bem. Acrescente o extrato de tomate e o suco de limão. Prove o tempero. Junte um pouco mais de água se achar a sopa muito espessa. Sirva-a com salsinha e biscoito quebrado salpicados por cima. Um limãozinho também cai bem.

OBSERVAÇÕES:

- Para picar bem a nori, sugiro o método chiffonade, ou seja, enrole a alga e pique! Enrole a nori como um charuto e corte-a em fatias fininhas. Depois, corte essas fatias em pedaços menores ainda.
- Se você gosta de uma sopa mais pedaçuda e o bolso permitir, troque todo o cogumelo-de-paris por shiitake.

SOPA DE BATATA E FUNCHO ASSADOS

rendimento: 6 a 8 porções · tempo total: 45 minutos · tempo de preparo: 15 minutos

- 450 g de batata-inglesa picada em pedaços de 2,5 cm
- azeite, para regar
- 1 colher (chá) de sal
- pimenta-do-reino preta moída na hora
- 2 bulbos de funcho (reserve as folhinhas)
- 1 cebola grande cortada em rodelas de 1,5 cm
- 2 xícaras de caldo de legumes aquecido
- 2 xícaras de leite de soja ou de amêndoa sem açúcar, em temperatura ambiente

Não me canso de falar dos deliciosos benefícios de assar os alimentos. E lá vou eu de novo. A batata assando no forno invade a casa com um cheirinho de aconchego, e as folhas do funcho deixam a preparação com um delicioso sabor anisado, dando um toque diferente. Como os ingredientes são assados, não é preciso se esforçar muito para que a sopa fique deliciosa. Não é preciso refogar nem usar especiarias: o sabor da sopa fica por conta do forno. Depois que os ingredientes assarem, basta batê-los no liquidificador. Revolucionário!

Preaqueça o forno a 220 °C. Forre duas assadeiras grandes e baixas com papel-manteiga. Disponha a batata cortada em uma delas. Regue com um fio de azeite — com 1 colher (sopa) funciona, mas 2 colheres (sopa) ajudam a dourar. Polvilhe com ½ colher (chá) do sal e pitadas caprichadas de pimenta-do-reino. Misture bem a batata com as mãos para cobri-la totalmente com os temperos. Asse por 15 minutos.

Enquanto a batata assa, prepare o funcho e a cebola. Corte o funcho de cima até a base em fatias de 1,5 cm. Coloque-o na outra assadeira forrada com a cebola cortada e siga o mesmo processo da batata: regue e misture com azeite, ½ colher (chá) de sal e pimenta-do-reino.

Depois que a batata tiver assado por 15 minutos, retire a assadeira do forno e, com uma espátula, vire os pedaços. Devolva a assadeira ao forno, na grade de cima, e leve a assadeira com o funcho e a cebola à grade do meio.

Asse os legumes por 10 minutos. Retire a assadeira de funcho e cebola do forno, vire os legumes e leve de volta ao forno para assar de 5 a 10 minutos. Nesse momento, a batata já deve estar macia, e o funcho e a cebola, caramelizados.

Como bater a sopa no processador (ou liquidificador): reserve alguns pedaços e folhas de funcho para decorar a sopa. Coloque no aparelho a batata, o funcho e a cebola. Junte o caldo e o leite vegetal escolhido. Bata no modo pulsar até formar um creme pedaçudo. Não deixe a batata formar um purê. Se necessário, junte água para afinar a sopa.

Como bater a sopa com o mixer de mão: reserve alguns pedaços de funcho para decorar a sopa. Coloque a batata, o funcho, a cebola, o caldo e o leite numa panela com capacidade para 4 litros. Bata os ingredientes com o mixer até formarem um creme pedaçudo. Adicione água se precisar afinar.

Caso necessário, reaqueça a sopa em fogo brando. Confira o tempero. Sirva a sopa em tigelinhas, salpicada com o funcho assado reservado e as folhas.

SOPA DE COGUMELO, CEVADINHA E ERVAS

rendimento: 6 a 8 porções · tempo total: 40 minutos · tempo de preparo: 15 minutos

A sopa de cogumelo e cevadinha não precisa ser uma gororoba triste e enlatada que a maioria dos pais americanos toma no inverno. Na verdade, ela também é ótima opção para a primavera, com os sabores vibrantes das ervas e legumes frescos dessa época.

Criei esta sopa usando as ervas frescas da minha horta, mas tenho plena consciência de que nem todos podem usar as ervas frescas da minha horta, né? Se você for usar apenas uma erva, recomendo o endro. Sirva com outras, se preferir.

- 1 colher (sopa) de azeite
- 1 cebola média cortada fino
- ½ colher (chá) de sal, mais uma pitada
- 220 g de cogumelo-de-paris cortado em fatias com 1 cm de espessura
- 1 abobrinha média cortada em meias-luas de 1 cm
- 4 dentes de alho bem picados
- 1 talo de salsão picado fininho
- 1 tomate médio picado em cubos
- ¾ de xícara de cevadinha
- 6 xícaras de caldo de legumes
- várias pitadas de pimenta-do-reino moída na hora

Para o mix de ervas:
- 3 colheres (sopa) de endro fresco picado
- 3 colheres (sopa) de coentro fresco picado
- 3 colheres (sopa) de manjericão fresco picado
- 2 colheres (sopa) de tomilho fresco picado

Preaqueça uma panela com capacidade para 4 litros em fogo médio. Despeje o azeite. Refogue a cebola no azeite com uma pitadinha de sal por cerca de 5 minutos, até amolecer. Junte o cogumelo e a abobrinha. Refogue por cerca de 5 minutos, até amolecerem e perderem um pouco da água. Junte o alho e refogue por mais 1 minuto.

Adicione o salsão, o tomate, a cevadinha, o caldo, o sal restante e pimenta-do-reino. Tampe a panela e deixe levantar fervura. Quando ferver, diminua a chama. Junte o mix de ervas e deixe ferver em fogo brando por cerca de 10 minutos. Confira o tempero e sirva. Para obter resultados melhores, deixe a sopa descansar destampada por, no mínimo, 10 minutos — assim os sabores vão ficar mais apurados.

SOPA DE PESTO COM NHOQUE, FEIJÃO e verduras

rendimento: 4 porções · tempo total: 35 minutos · tempo de preparo: 20 minutos

Você já me viu fazendo propaganda sobre as formas de conseguir cremosidade em receitas veganas. Em geral a consistência cremosa se deve a ingredientes gordurosos como castanha de caju, tahine e coco. Nesta receita, uso um método quase sem gordura que, embora não proporcione a cremosidade semelhante ao delicioso creme de castanha de caju, também funciona superbem. Faça um purê batendo couve-flor com outros legumes e bastante manjericão até formar um creme liso. Aliás, esta é uma excelente opção de sopa-creme para uma entrada, já com o reforço do nhoque, feijão-branco e verduras refogadas, vira uma refeição completa.

- 2 colheres (sopa) de azeite
- 3 dentes de alho bem picados
- 1 couve-flor pequena (cerca de 450 g), limpa e cortada em buquês
- 4 xícaras de caldo de legumes
- ½ colher (chá) de tomilho seco
- ½ colher (chá) de sal
- várias pitadas de pimenta-do-reino moída na hora
- 1 colher (sopa) de araruta ou amido de milho orgânico
- 1 xícara de folhas soltas de manjericão, mais um pouco para decorar
- 220 g de nhoque congelado parcialmente descongelado (deixe-o na pia por cerca de 30 minutos)
- 1 maço pequeno de escarola sem os talos e com as folhas rasgadas em pedaços médios
- 1½ xícara (420 g) de feijão-branco cozido ou em conserva escorrido e lavado
- pignoli tostados, para decorar (opcional)

Preaqueça uma panela com capacidade para 4 litros em fogo médio. Despeje o azeite. Refogue o alho por cerca de 1 minuto, tomando cuidado para que não queime. Junte a couve-flor, 3 xícaras de caldo (sim, apenas 3 xícaras! A última entra logo a seguir), tomilho, sal e pimenta-do-reino. Tampe a panela e deixe levantar fervura, mexendo de vez em quando, por cerca de 10 minutos, ou até a couve-flor ficar macia.

Em um copo medidor, misture rapidamente o caldo restante com a araruta (ou amido de milho) até dissolver bem. Diminua um pouco a chama para que a sopa ferva em fogo brando. Junte o caldo e deixe ferver destampado por mais 5 minutos, mexendo sempre, até engrossar levemente. Acrescente o manjericão e retire do fogo. Com um mixer de mão, bata a sopa até formar um creme liso. Se você não tiver mixer de mão, bata a sopa no liquidificador ou no processador. Mas fica a dica: destampe o aparelho de vez em quando para o vapor sair. Confira o tempero e sirva.

Leve a panela de sopa de novo ao fogo em chama média e junte o nhoque. Tampe e cozinhe por cerca de 3 minutos. Junte a escarola e o feijão. Cozinhe por cerca de 5 minutos, até a verdura murchar e o feijão esquentar. Ao mexer a sopa, tome cuidado para não quebrar o nhoque nem o feijão. Sirva com manjericão e pignoli salpicado, se quiser.

BISQUE DE ABÓBORA E COCO

rendimento: 6 a 8 porções · tempo total: 1h15 · tempo de preparo: 20 minutos

- 1 abóbora-menina grande (cerca de 2 kg)
- óleo vegetal, para pincelar
- 1 colher (sopa) de óleo de coco
- 1 cebola média bem picada em cubos
- ½ colher (chá) de sal, mais uma pitada
- 3 dentes de alho bem picados
- 1 colher (sopa) de gengibre fresco bem picado
- ½ colher (chá) de pimenta calabresa
- ½ xícara de vinho branco seco
- 3 xícaras de caldo de legumes
- 1 xícara de leite de coco tradicional ou light, mais um pouco para decorar (opcional)
- 2 colheres (sopa) de xarope de bordo
- 2 colheres (sopa) de suco de limão-taiti

Para servir:
- pimenta calabresa
- cebolinha

GANHE TEMPO:
Você pode assar a abóbora um dia antes. No dia de servir, a sopa vai ficar pronta em 20 minutos.

Naquelas noites frias de inverno, não pode faltar uma sopinha de abóbora com gengibre. E esta é particularmente fácil, já que a abóbora é assada. Dessa forma, você fica com tempo de sobra para fazer o que quiser enquanto o forno faz o trabalho. O leite de coco, o xarope de bordo e uma espremida de suco de limão-taiti dão a esta sopa um toque quentinho que aquece até o dedão mais frio. A quantidade de xarope talvez tenha que ser ajustada; tudo depende da doçura da abóbora. Prove a sopa depois de batida para fazer os ajustes necessários.

Preaqueça o forno a 220 °C. Forre uma assadeira grande e baixa com papel-manteiga.

Com uma faca grande de chef, separe a parte redonda da abóbora da parte comprida. Corte a parte redonda ao meio e retire as sementes. Corte a parte comprida ao meio, no sentido do comprimento. Pincele o óleo no papel-manteiga e arrume os pedaços de abóbora na assadeira com a parte cortada para baixo. Asse a abóbora por cerca de 45 minutos, ou até ela ficar bem macia. Nesta etapa você pode deixar a abóbora esfriar e levá-la à geladeira para usar no dia seguinte, ou dar prosseguimento à receita.

Preaqueça uma panela com capacidade para 4 litros em fogo médio. Despeje o óleo de coco. Refogue a cebola com uma pitadinha de sal por cerca de 7 minutos, até amolecer. Junte o alho e o gengibre e refogue por cerca de 30 segundos, até soltarem seu aroma.

Adicione a pimenta calabresa e o sal restante. Faça a deglaçagem do fundo da panela com o vinho branco. Use uma espátula de madeira para soltar os pedacinhos grudados. Retire a casca da abóbora e coloque a polpa assada na panela junto com o caldo. Se ficar um pouco de casca, não tem problema. Junte o leite de coco, o xarope de bordo e o suco de limão. Aqueça a sopa.

Com um mixer de mão, bata a sopa até formar um creme liso. Se você não tiver mixer de mão, bata a sopa no liquidificador ou no processador. Mas fica a dica: destampe o aparelho de vez em quando para o vapor sair, caso contrário há risco de queimaduras. Se quiser, junte um pouco de água. Confira o tempero e sirva! Se quiser, decore cada porção com um fio de leite de coco. Salpique pimenta calabresa e cebolinha picada antes de servir.

SOPA DE BRÓCOLIS COM "CHEDDAR"

rendimento: 6 porções · tempo total: 30 minutos (mais o tempo de molho da castanha de caju) · tempo de preparo: 15 minutos

Não dá para fazer um capítulo de sopas sem incluir este clássico americano. Nele, a castanha de caju e o missô juntam forças para formar uma sopa espessa, deliciosa, azedinha e "queijuda". Claro, brócolis não faltam. Não se preocupe em picar tudo perfeitamente: os ingredientes são batidos no final mesmo. Sirva com um belo pedaço de pão. É pura delícia caseira!

Para a sopa:
- 1 colher (sopa) de azeite
- 1 cebola pequena bem picada
- ½ colher (chá) de sal, mais uma pitada
- 3 dentes de alho bem picados
- 4 xícaras de brócolis (talos e buquês) picados
- ½ xícara de cenoura descascada e picada
- ½ colher (chá) de cúrcuma em pó
- 3 xícaras de caldo de legumes
- opcionais: tomate, cebola roxa e brotos picados, para decorar
- 2 colheres (sopa) de suco de limão-siciliano
- pimenta-do-reino moída na hora

Para o creme de castanha de caju:
- 1 xícara de castanha de caju deixada de molho por, no mínimo, 2 horas (veja o boxe "Sempre de molho", p. 22)
- 2 xícaras de caldo de legumes
- 3 colheres (sopa) de missô claro
- 2 colheres (sopa) de levedura nutricional

PREPARE A SOPA:

Preaqueça uma panela com capacidade para 4 litros em fogo médio. Despeje o azeite. Refogue a cebola no azeite com uma pitadinha de sal por mais ou menos 3 minutos, até amolecer. Junte o alho e refogue por cerca de 30 segundos.

Adicione os brócolis, a cenoura, a cúrcuma, o sal restante e o caldo. Tampe a panela e deixe levantar fervura. Depois que levantar fervura, diminua a chama e ferva em fogo brando. Cozinhe por cerca de 10 minutos, até a cenoura amolecer.

Quando a cenoura amolecer, junte a mistura de castanha de caju à sopa. Com um mixer de mão, bata a sopa até formar um creme, deixando pedaços pequenos de brócolis e cenoura visíveis. Mantenha a panela em fogo brando, semitampada, por cerca de 10 minutos, até a sopa engrossar. Mexa de vez em quando.

Depois que a sopa engrossar, junte o suco de limão e a pimenta-do-reino. Confira o tempero e sirva. A sopa engrossa mais ainda depois de esfriar. Caso sobre, afine a sopa com água.

PREPARE O CREME DE CASTANHA:

Enquanto os outros ingredientes refogam, vamos fazer o creme de castanha de caju. Escorra a castanha e coloque-a no processador ou no liquidificador com o caldo, o missô e a levedura nutricional. Bata bastante até formar um creme liso. Esse processo pode levar de 1 a 5 minutos, dependendo da potência do aparelho. Com uma espátula de borracha, raspe as paredes do aparelho de vez em quando, para retirar tudo.

PÃO DE AZEITE

rendimento: um pão de 40 cm · tempo total: 3 horas · tempo de preparo: 15 minutos

- ¾ de xícara de água morna
- 1 colher (sopa) de açúcar
- 1 saquinho de fermento biológico seco, ou 2¼ colheres (chá)
- ¼ de xícara de azeite extra virgem, mais um pouco para untar a tigela e regar
- 2¼ a 2½ xícaras de farinha de trigo
- 1 colher (chá) de sal

Existe aroma mais reconfortante que o de pão que acabou de sair do forno? Acredito que seja um fato cientificamente comprovado. Este pão é o meu preferido para acompanhar sopas. E não é nenhuma receita passada de geração em geração, não tem historinha nenhuma: achei-a há alguns anos num site de culinária mesmo, e fui adaptando até conseguir o meu pão perfeito para tomar com sopas.

Adoro esta receita por vários motivos; em primeiro lugar, por ser fácil. Como há alguns anos eu comecei a sentir uma dor na mão esquerda, evito qualquer coisa que me obrigue a sovar com as mãos. Essa massa funciona perfeitamente na batedeira, com o batedor de gancho. Além disso, os ingredientes são supersimples e estão presentes na casa de qualquer pessoa que goste de pão caseiro fresco. O azeite garante um aroma sutilmente adocicado que deixa o pão ainda mais cheiroso e saboroso.

Mas gosto mesmo é da textura, parecida com a de pão de minuto. Adoro uma casquinha mais macia, mas com sopa gosto mesmo é de um pão crocante. Levemente torrado, este pão vira um excelente croûton. Adoro regar o pão com um fiozinho de azeite e servir por cima da minha sopa.

Se você não tiver uma batedeira, pode sovar a massa à mão. São 10 minutos a mais de preparo.

Na tigela da batedeira com o batedor de gancho acoplado, misture a água e o açúcar. Polvilhe o fermento e deixe descansar por 5 minutos.

Junte o azeite, 1 xícara de farinha e o sal. Bata em velocidade baixa até incorporar bem os ingredientes. Aumente a velocidade para média e bata por mais 3 minutos.

Adicione mais ½ xícara de farinha e bata bem, começando na velocidade baixa e aumentando até chegar à velocidade média. Junte mais ½ xícara de farinha e bata de novo, aumentando gradualmente a velocidade da batedeira até a média. Sove a massa nessa velocidade por cerca de 5 minutos. Às vezes é necessário meter a mão na massa, quando ela começa a se acumular no gancho. A massa vai ficar lisa, elástica e levemente pegajosa. Nessa etapa, vá juntando a farinha às colheradas, sovando na velocidade média até a massa ficar lisa e não mais pegajosa. Quando a massa começar a ficar com um aspecto seco, pare de adicionar farinha. Essa quantidade extra pode variar de ¼ a ½ xícara.

Enquanto isso, unte uma tigela grande com um fio de azeite. A massa dobra de tamanho, então use uma tigela grande. Molde a massa no formato de uma bola e coloque-a na tigela, mexendo-a para envolver com azeite. Cubra a tigela com filme de PVC e deixe a massa descansar em local quente por cerca de 1 hora, ou até dobrar de tamanho.

Retire a massa cuidadosamente da tigela e leve-a para uma superfície limpa e seca. Nunca preciso enfarinhar a superfície, mas, se você achar que a massa está muito pegajosa ou quente, é bom polvilhar farinha, sim. Com cuidado, molde a massa num formato oval comprido. Abra-a e forme uma baguete de 35 cm x 10 cm.

Transfira a massa para uma assadeira levemente untada. Faça 3 talhos diagonais na massa, regue com um fio de azeite e deixe crescer por cerca de 15 minutos. Enquanto isso, preaqueça o forno a 190 °C.

Leve ao forno e asse por 25 minutos. Baixe a temperatura para 180 °C e asse por mais 10 a 15 minutos. Verifique o fundo do pão com um pegador. Se achar que escureceu demais, passe o pão imediatamente para a grade do forno e termine de assá-lo.

Às vezes é difícil saber se o pão assou direito. Ele deve ficar dourado por fora. Retire do forno e deixe descansar por 10 minutos antes de cortá-lo. Se o miolo não tiver assado direito, não tem problema. Lembre-se disso e não erre na próxima tentativa. Às vezes, acertar uma receita nova de pão é uma questão de tentativa e erro. Enrole as sobras (se sobrar!) com filme de PVC.

OBSERVAÇÕES:

- Embora eu admita ser uma amadora na arte do pão caseiro, tenho algumas dicas para quem quer fazer pão em casa!
- Primeiro: a temperatura é crucial para acordar o fermento. Os equipamentos e utensílios usados devem estar em temperatura mais para morna. Quando está muito frio na minha cozinha, aqueço a tigela da batedeira no forno ou passando em água quente. Faço o mesmo com a tigela na qual a massa descansa. Eu uso uma tigela de vidro para essa função, então a aqueço no micro-ondas por 30 segundos. Ah, mas não é para esquentar demais! Basta amornar!
- Coloco a massa para crescer onde estiver mais quente. Se eu estiver fazendo outras receitas e o forno estiver ligado, é só deixar a tigela em cima do fogão. Mas, às vezes, deixo a massa crescer no meu quarto, onde bate mais sol. A vantagem? Meu quarto fica com cheirinho de pão!
- Para moldar o pão, não tenho o costume de socar a massa e sová-la novamente depois de crescer. Passo a massa delicadamente para uma superfície limpa e a moldo num formato oval comprido. Depois, rolo a massa para a frente e para trás (simulando o movimento de um rolo de macarrão), de forma a manter as pontas arredondadas, até atingir o formato desejado.
- Acho que esta receita é ótima para quem está começando a se aventurar nos pães caseiros! Se você começar a fazer com mais frequência, enquanto prepara outras receitas, pode deixar o pão descansando enquanto se ocupa de outras tarefas. Depois de um tempo, você pega o jeito. O mais importante é começar: experimente uma vez e não se deixe intimidar. Quando você menos esperar, vai estar craque em fazer seus próprios pães!

CAPÍTULO 2

SALADAS

Salpicão de gergelim e seitan ao alho 66 • Salada Caesar vegana com quinoa 69 • Salada grega 71 • Salada de batata e grão-de-bico defumado 72 • Salada morna de beterraba assada com molho doce de mostarda 75 • Salada tailandesa de macarrão 76 • Salada de farro, funcho e laranja 78 • Salada da fazenda com vinagrete diferente 81 • Tabule fajuto 82 • Salada de couve com abóbora e lentilha 85 • Salada agridoce de arroz com ervas 86

NÃO TORÇA O NARIZ PARA SALADA!

Não basta o que a coitada já passou com gente tentando misturar até gelatina e marshmallow na sua preparação? Toda década teve um método particular de destruir o conceito da salada, maravilhoso por natureza: ingredientes frescos preparados de forma simples com um delicioso molho. É na salada que você pode fazer os ingredientes se destacarem. Se possível, use hortaliças produzidas na região onde você mora: com hortifrútis frescos, não tem erro. Folhas verdes (e vermelhas! E roxas!), os tomates mais suculentos que você achar, ervas frescas e aquele pepino da feira podem fazer toda a diferença. Incluí no capítulo receitas independentes de molhos que você pode usar com as verduras que tiver à mão. Mas saiba que a salada moderna não se limita à alface, não (ou este seria um capítulo bem chato). Misturadas a leguminosas e grãos, seitan ou tempeh, massas e oleaginosas, muitas das saladas que apresento podem, sim, funcionar como prato único. As mais leves são boas opções para acompanhar uma sopinha com pão. Que tal criarmos a década da salada para o jantar?

SALPICÃO DE GERGELIM

e seitan ao alho

rendimento: 4 porções · tempo total: 20 minutos · tempo de preparo: 20 minutos

Descobriu um repolho roxo dando sopa na geladeira? Quem nunca? Esta é a receita de salpicão mais fácil e gostosa que conheço e funciona superbem como opção de almoço. Ela leva repolho crocante e edamame ao molho de missô com gergelim. Para coroar, seitan ao alho salpicado com gergelim e ciboulette. Adapte como quiser: junte cenoura e pepino ralados, abacate etc. — os já clássicos personagens das saladas.

Para a salada:
- 6 xícaras de repolho roxo picado (450 g)
- 1 xícara de edamame debulhado (se for congelado, descongele antes de usar)
- 1 receita de Molho de missô e gergelim (veja a receita abaixo)

Para o seitan:
- 1 colher (sopa) de óleo de gergelim torrado
- 450 g de seitan cortado em tiras finas
- uma pitada de sal
- várias pitadas de pimenta-do-reino moída na hora
- 3 dentes de alho bem picados

Para decorar:
- ½ xícara de ciboulette picada
- 8 colheres (chá) de gergelim torrado
- ½ xícara de coentro fresco picado (opcional)

OBSERVAÇÃO:

Para fazer uma versão sem glúten, substitua o seitan pelo Tofu ao gergelim (p. 247).

PREPARE A SALADA:

Numa tigela grande, misture bem o repolho, o edamame e o molho (reserve algumas colheres de molho para regar o seitan). Deixe o repolho marinando enquanto prepara o seitan.

PREPARE O SEITAN:

Preaqueça uma frigideira grande de aço fundido em fogo médio. Junte 2 colheres (chá) do óleo. Refogue o seitan no óleo, temperando-o com sal e pimenta-do-reino, por 5 minutos, até ficar ligeiramente dourado. Passe o seitan para o lado da frigideira e adicione o alho. Regue com o restante do óleo de gergelim. Mexendo sempre, refogue o alho por cerca de 15 segundos e depois misture com o seitan.

Distribua a salada nas tigelas de servir. Acomode as tiras de seitan por cima e regue com o molho restante. Salpique ciboulette, gergelim e coentro, se usar, e sirva!

Molho de missô e gergelim
rende ¾ de xícara

Este molho é azedinho, salgadinho e com sabor marcante de gengibre — como se não bastasse, ainda tem um toque picante. Além de excelente no salpicão, cai bem em saladas de acompanhamento para pratos de massa, como o Yakissoba à moda de Omaha com repolho roxo e milho (p. 184).

Para o molho:
- 3 colheres (sopa) de vinagre de arroz
- 2 colheres (sopa) de missô claro
- 2 colheres (sopa) de água
- 1 colher (sopa) de óleo de gergelim torrado
- 2 colheres (chá) de xarope de agave
- 1 colher (chá) de molho Sriracha
- 2 colheres (chá) de gengibre bem picado

Coloque todos os ingredientes num liquidificador pequeno e bata até formarem um molho liso e homogêneo. Guarde em recipiente bem fechado na geladeira até a hora de utilizá-lo. Use em até 5 dias.

SALADA CAESAR VEGANA COM QUINOA

rendimento: 8 porções · tempo total: 45 minutos (mais o tempo de molho da castanha de caju) · tempo de preparo: 20 minutos

---

"Põe quinoa" já quase se tornou o meu lema. Por que não? Tudo precisa de quinoa! Até a salada Caesar. Esta é uma verdadeira refeição, e o melhor: rende bastante. Adoro quando sobra! Ela fica ótima no dia seguinte, e continua supersaborosa até 3 dias depois. Se preferir, faça metade da receita. Sou apaixonada pelo molho: cremoso, salgadinho, azedinho e com sabor marcante de alho. Dá vontade de beber! Os pedacinhos de tempeh, com paladar defumado e salgadinho, unem todos os sabores. Nesta receita, recomendo fortemente que você siga as dicas para dar conta de todas as etapas; caso contrário, talvez não dê tempo de fazer quando chegar do trabalho.

PREPARE O TEMPEH:

Misture a água, o molho tamari, o vinagre, a fumaça líquida e o tomilho. Deixe o tempeh marinar nessa mistura por, no mínimo, 30 minutos. Mexa de vez em quando.

Para refogar o tempeh, preaqueça uma frigideira antiaderente grande, de preferência de ferro fundido, em fogo de médio para alto. Despeje o azeite. Refogue o tempeh por 10 minutos, até dourar bem. Vá juntando algumas colheradas da marinada ao refogado para deixá-lo mais saboroso.

PARA MONTAR A SALADA:

Use uma tigela bem grande. Junte as folhas e a quinoa e misture bem. Em seguida, despeje o molho. Sirva com o tempeh e o abacate por cima.

Para a marinada e o tempeh:
½ xícara de água
¼ de xícara de molho tamari ou de soja
2 colheres (sopa) de vinagre de vinho tinto
2 colheres (chá) de fumaça líquida
½ colher (chá) de tomilho seco (esfregue-o com os dedos)
220 g de tempeh cortado em cubos de 1,5 cm

Para o restante da salada:
2 colheres (chá) de azeite
220 g de alface-romana picada
110 g de rúcula baby (ou comum) picada
6 xícaras de quinoa cozida (já fria)
1 receita de Molho de salada Caesar (p. 70)
1 avocado (ou ½ abacate pequeno) descascado, sem o caroço e cortado em cubos de 1,5 cm

GANHE TEMPO:

- Cozinhe a quinoa de véspera.
- Deixe a castanha de caju de molho o dia todo. Assim, ao chegar em casa, você já poderá usá-la para fazer o molho.
- Você também pode deixar o tempeh marinando durante o dia; nesse caso, use 1 colher (chá) a menos de molho de soja.
- Faça o alho assado com antecedência.

VARIAÇÃO:

Use o grão-de-bico da Salada de batata e grão-de-bico defumado (p. 72) para substituir o tempeh. Se você gostar e o bolso permitir, use pignoli também!

Saladas 69

Molho de salada Caesar
rendimento: 1½ xícara

Para o molho:
- ½ xícara de castanha de caju deixada de molho por, no mínimo, 2 horas (veja o boxe "Sempre de molho", p. 22)
- 1 cabeça de alho assada, preparada de véspera (cerca de 10 dentes)
- 2 dentes de alho
- ¼ de xícara de alcaparra com um pouco da água da conserva
- 2 colheres (sopa) de levedura nutricional
- 2 colheres (sopa) de óleo de semente de uva ou azeite de oliva
- ½ colher (chá) de sal
- várias pitadas de pimenta-do-reino moída na hora
- ¾ de xícara de água
- ¼ de xícara de suco de limão-siciliano

Se não quiser reproduzir fielmente a receita da Salada Caesar vegana com quinoa, use este molho como base para outra salada à sua escolha. Para uma Caesar mais tradicional, misture este molho com alface-romana e croûtons. Com o Tempeh ao alho e tomilho (p. 244), a salada se torna uma refeição mais completa.

Escorra a castanha de caju. Coloque-a no processador ou no liquidificador com os demais ingredientes do molho e bata até formar uma mistura lisa. Esse processo pode levar de 1 a 5 minutos, dependendo da potência do aparelho. Com uma espátula de borracha, raspe as paredes do aparelho de vez em quando para retirar tudo. Guarde em recipiente bem fechado na geladeira até a hora de usar. Use em até 5 dias.

SALADA DE GRÃOS: ENTRE NESTA FRIA!

As saladas de grãos são as melhores. Acho que consumo mais grãos em forma de salada do que em pratos quentes. Eles absorvem melhor os sabores depois de frios, e a textura e o sabor ficam mais pronunciados. Sim, admito que é bem chato cozinhá-los e então esperar esfriarem antes de comer. Parece que demora uma eternidade! Por isso, ficam as dicas para ninguém se aborrecer no preparo de grãos para pratos frios.

1. **CLARO, VOCÊ SEMPRE PODE COZINHAR OS GRÃOS UM DIA ANTES E LEVAR À GELADEIRA.** Dessa forma você ganha tempo de pré-preparo, ou seja, não vai precisar esperar os grãos esfriarem enquanto o estômago ronca de fome. Coloque os grãos cozidos para esfriar em temperatura ambiente numa peneira, e depois leve-os à geladeira em pote bem fechado.

2. **SE DE REPENTE BATER AQUELA VONTADE DE COMER UMA SALADINHA (ACREDITE: ACONTECE!) E VOCÊ QUISER QUE O GRÃO COZIDO ESFRIE LOGO, FAÇA O SEGUINTE:** Cozinhe os grãos como de costume e escorra-os numa peneira fina (para não deixar passar nada). Passe-os em água fria para que esfriem um pouco. Espalhe-os até ficarem no formato da peneira. Leve ao freezer por 10 minutos, mexendo de vez em quando, e voilà: grãos já devidamente resfriados!

SALADA GRECA

rendimento: 6 porções · tempo total: 30 minutos (mais o tempo de molho para o feta de castanha de caju) · tempo de preparo: 15 minutos

Esta salada leva tudo de bom: alface-romana bem crocante, pepino, tomate e azeitonas kalamata. E, claro, o que não pode faltar numa salada grega: queijo feta. Neste caso, ele é substituído pela castanha de caju marinada em vinagre, limão e temperos, garantindo o toque cremoso e delicioso da receita. Faça a castanha de caju com um dia de antecedência para garantir o máximo de sabor!

A ideia de usar a castanha de caju é do meu amigo Jess, dono de um restaurante em Omaha chamado Block 16. Embora passe longe de ser vegano, o Block 16 leva muito a sério a comida que serve, e todos os dias oferece opções veganas. Eles sabem que para uma salada ser vegana não basta retirar os ingredientes não veganos da salada comum do cardápio. Se pensarmos assim, vegano só come alface e tomate. Jess misturou castanhas de caju aferventadas com suco de limão--siciliano, orégano e outras gostosuras do Mediterrâneo. O resultado? Uma iguaria parecida com o feta, perfeita para esta salada. Peguei a ideia dele e fui além: uso a castanha de caju temperadinha também como molho, me poupando de mais trabalho. O resultado fica tão bom que recomendo um pão para absorver toda a gostosura do molhinho. Para uma experiência bem autêntica, sirva a salada numa bela tigela transparente.

Para o feta de castanha de caju:

- 1 xícara de castanha de caju
- 2 colheres (sopa) de azeite extra virgem
- ¼ de xícara de suco de limão-siciliano
- 2 colheres (sopa) de vinagre de vinho tinto
- 2 colheres (chá) de orégano seco
- 1 dente de alho bem picado
- uma pitada de sal
- pimenta-do-reino moída na hora

Para a salada:

- 400 g de alface-romana (2 unidades) picada
- 2 xícaras de tomate picado em cubinhos
- 2 xícaras de pepino picado em cubinhos
- 1 xícara de azeitonas kalamata sem caroço e cortadas ao meio
- ½ xícara de cebola roxa picada em cubinhos

PARA UMA REFEIÇÃO COMPLETA:

Servida com um hambúrguer de falafel, esta salada vira um prato principal!

PREPARE O FETA DE CASTANHA:

Numa panelinha pequena, cubra a castanha de caju com água. Tampe e leve ao fogo até levantar fervura. Destampe e deixe ferver por 30 minutos.

Escorra a castanha e coloque numa tigela. Com um garfo ou amassador de batata, amasse-a levemente. A ideia é que ela fique quebradinha em pedaços, e não amassada como ricota. Misture com o restante dos ingredientes. Guarde na geladeira em recipiente bem fechado.

PARA MONTAR A SALADA:

Numa tigela grande, misture a alface, o tomate, o pepino, a azeitona e a cebola roxa. Junte o feta de castanha e misture bem. Confira o tempero e sirva.

SALADA DE BATATA
e grão-de-bico defumado
rendimento: 6 porções · tempo total: 30 minutos · tempo de preparo: 20 minutos

- 550 g de batata asterix cortada em pedaços de 2 cm
- 2 colheres (chá) de azeite
- 1½ xícara (700 g) de grão-de-bico cozido ou em conserva escorrido e lavado
- 2 colheres (sopa) de molho tamari ou de soja
- 1 colher (chá) de fumaça líquida
- ½ xícara de cebola roxa cortada fininho
- ½ xícara de pepino cortado em meias-luas
- 300 g de alface-romana picada
- um punhado de rúcula (opcional)
- uma receita de Molho ranch de abacate (veja a receita abaixo)
- 2 colheres (sopa) de levedura nutricional

GANHE TEMPO:
Para agilizar o preparo, deixe as batatas cozidas de véspera. Vai cozinhar legumes no vapor? Junte a batata no final do cozimento. No dia seguinte, sua salada ficará pronta num instante.

OBSERVAÇÃO:
Para administrar bem o tempo, se você não tiver cozinhado as batatas de véspera, recomendo que as cozinhe primeiro e misture o molho em seguida. Fica pronto bem rápido.

Para o molho:
- 2 dentes de alho descascados
- 1 abacate maduro descascado e sem o caroço
- 1 xícara de caldo de legumes
- 2 colheres (sopa) de suco de limão-siciliano
- 1 colher (sopa) de azeite
- 1 colher (sopa) de cebola em pó
- 1 colher (chá) de páprica doce
- ¾ de colher (chá) de sal
- ¼ de xícara de endro fresco picado

Esta salada é um perigo! O molho, por exemplo, oferece risco de afogamento. Há risco também de você só querer comer esta salada durante semanas. O grão-de-bico, salgadinho e defumado, une forças com a batata cozida no vapor, a alface-romana bem crocante e a rúcula, tudo envolto num molho ranch de abacate com endro. Esta salada é tão versátil que funciona bem até como um almoço. E seus sabores se adequam a qualquer cultura culinária: italiana, mexicana, indiana etc. Um molho cremoso de sabor fresco vem bem a calhar num prato mais puxado para o picante.

PREPARE A SALADA:

Deixe a panela de vapor a postos, coloque a batata e cozinhe por 10 minutos, ou até ficar macia. Para esfriar a batata instantaneamente, mergulhe-a numa tigela com água e gelo assim que tirá-la da panela. Ou então coloque-a numa peneira, espere parar de soltar vapor e leve à geladeira.

Prepare o grão-de-bico. Preaqueça uma panela grande em fogo médio. Despeje o azeite. Refogue o grão-de-bico no azeite por 5 minutos, até dourar levemente. Apague o fogo. Regue com o tamari e a fumaça líquida. Misture bem para cobrir o grão-de-bico com o tempero. Confira o tempero e faça os ajustes necessários. Deixe esfriar na panela.

Quando a batata e o grão-de-bico tiverem esfriado, junte a cebola, o pepino e a alface numa tigela grande com 1 xícara de molho e a levedura nutricional. Use um pegador (ou as mãos) para misturar tudo muito bem. Junte a batata e o grão-de-bico e sirva.

Molho ranch de abacate
rende 1½ xícara

Coloque o alho no liquidificador e bata no modo pulsar, até picar bem. Junte o abacate, o caldo, o suco de limão, o azeite, a cebola em pó, a páprica e o sal e bata bastante até obter um creme liso. Com uma espátula de borracha, raspe as laterais do copo para os ingredientes ficarem todos bem batidos. Acrescente o endro e vá batendo, no modo pulsar, até o molho adquirir uma cor verde brilhante, ainda com pedacinhos de endro. Confira o tempero. O sal do molho se dilui com os ingredientes da salada, por isso recomendo que o molho fique um pouquinho mais puxado para o salgado. Guarde em recipiente bem fechado na geladeira até a hora de usar.

SALADA MORNA DE BETERRABA ASSADA
com molho doce de mostarda

rendimento: 4 porções · tempo total: 1h15 · tempo de preparo: 15 minutos

Sei que é difícil se sentir inspirado a fazer salada no inverno. Alface não é exatamente a melhor opção para aquecer e acalentar a alma depois que essa mesma alma quase congelou de frio na rua. Mas calma aí: não peça pizza! Eu tenho a solução! Use um molho morno e bem gostoso na salada. E, para ficar melhor ainda, esse molho leva apenas dois ingredientes (está bem: três, se incluirmos a água, mas não precisa ser implicante!). E ele dá liga fácil também. As beterrabas, que exigem pouquíssimo pré-preparo, assam no forno enquanto você tosta as nozes-pecãs. Aqui usei a amarela, mas você pode usar a vermelha também. Esta saladinha, rica em sabores de todos os tipos, fica pronta bem rápido.

4 beterrabas pequenas descascadas
1 xícara de nozes-pecãs inteiras
170 g de rúcula ou espinafre baby
uma receita de Molho doce de mostarda (veja receita abaixo)
1 cebola roxa média cortada em meias-luas finas

VARIAÇÃO:
Você pode substituir as nozes-pecãs pelos croûtons de tempeh da Salada Caesar vegana com quinoa (p. 69).

Preaqueça o forno a 220 °C.

Enrole as beterrabas em papel-alumínio e asse-as por 1 hora. Retire do forno e do papel-alumínio. Espere esfriarem antes de picá-las. Enquanto isso, preaqueça uma panela em fogo médio e toste as nozes-pecãs por 5 a 7 minutos, até dourarem de leve.

Coloque a verdura numa tigela bem grande. Regue com o molho e misture com um pegador. As folhas vão murchar um pouco.

Transfira a salada para os pratos. Disponha a beterraba assada por cima das folhas. Espalhe as nozes e as rodelas de cebola. Sirva imediatamente.

Molho doce de mostarda
rende ⅓ de xícara

Este molho também fica ótimo com batata frita e tofu empanado.

Numa tigela, misture a mostarda e o xarope de bordo. Na hora de servir, esquente o molho no micro-ondas por 30 segundos (ou misture e aqueça numa panela em fogo baixo). Se achar que está muito espesso, afine-o com 1 colher (sopa) de água.

Para o molho:
¼ de xícara de mostarda em grãos
2 colheres (sopa) de xarope de bordo

SALADA TAILANDESA
de macarrão
rendimento: 4 porções · tempo total: 30 minutos · tempo de preparo: 20 minutos

- 220 g de talharim de arroz
- 1 xícara de rabanete em rodelas finas
- 1 xícara de pepino em rodelas finas
- uma receita de Molho oriental de amendoim (veja a receita abaixo)
- 8 xícaras de folhas de salada crocantes

Para decorar:
- 4 colheres (chá) de gergelim tostado ou preto
- coentro fresco

As noites de verão ficam mais completas com uma bela saladinha de macarrão. Com sabor marcante de amendoim, gergelim e pimenta, esta salada também tem um toque crocante graças ao pepino e ao rabanete. Para deixar a refeição ainda mais completa, sirva-a acompanhada de Tofu ao gergelim (p. 247) cortado em fatias finas ainda quente. A combinação de um prato frio com um acompanhamento quentinho é sempre gostosa e divertida.

Prepare o talharim conforme as instruções da embalagem. É importantíssimo não deixar passar do ponto! Use um timer para garantir. Quando amolecer, escorra-o imediatamente e passe-o em água fria.

Agora monte a salada: numa tigela bem grande, misture o macarrão, o rabanete e o pepino com a maior parte do molho, reservando um pouco para regar ao final.

Forre os pratos com as folhas e disponha a salada de macarrão por cima. Salpique gergelim e coentro picado, regue com o restante do molho e sirva.

Molho oriental de amendoim
rende 1 xícara

Para o molho:
- ½ xícara de manteiga de amendoim integral
- 2 dentes de alho descascados
- ⅓ de xícara de água
- 3 colheres (sopa) de vinagre de arroz
- 2 colheres (sopa) de molho tamari ou de soja
- 1 colher (sopa) de xarope de agave
- 1 colher (sopa) de molho Sriracha
- 1 colher (chá) de gergelim torrado
- ½ colher (chá) de sal, ou a gosto

Este molho é superversátil: fica excelente em saladas, claro, mas também é ótimo servido morno. Se você quiser algo para incrementar o arroz ou os legumes cozidos, este molho é o que há!

Bata todos os ingredientes no liquidificador ou processador, até formar um molho liso. Guarde em recipiente bem fechado na geladeira até a hora de usar. Use em até 5 dias.

Salada de Farro, Funcho e Laranja

rendimento: 6 porções · tempo total: 1h30 · tempo de preparo: 20 minutos

- 2 bulbos de funcho (reserve as folhas para decorar)
- 1 colher (sopa) de azeite
- uma pitada de sal
- 1 xícara de espelta em grãos cozida e fria (veja "Salada de grãos: entre nesta fria!", p. 70)
- 2 xícaras de rúcula baby
- uma receita de Vinagrete de laranja (veja a receita abaixo)
- 1½ xícara de laranja em gomos
- ½ xícara de nozes tostadas

OBSERVAÇÕES:

- Para administrar bem o tempo, siga estas etapas: 1.) Preaqueça o forno. 2.) Limpe e corte o funcho. 3.) Toste as nozes. 4.) Faça o vinagrete. 5.) Limpe, descasque e corte as laranjas em gomos. 6.) Monte a salada. 7.) Bom apetite!
- Como cortar lindos gomos de laranja iguais aos das revistas de culinária? Corte uma tampa rasa em cima e outra embaixo da fruta. Pouse-a em pé na tábua. Descasque a laranja de cima para baixo usando uma faca bem afiada e seguindo sua curva natural. Não tem problema se ficar um pouco da parte branca, mas tente cortar o mais rente possível da polpa. Se a laranja for grande (tipo baía), corte-a ao meio, na "cintura". Se ela for pequena, deixe-a inteira. Agora corte os gomos de cima para baixo, evitando a membrana branca onde puder. Olá, gominhos lindos de laranja!

Para o vinagrete:
- ¼ de xícara de suco de laranja
- 2 colheres (sopa) de vinagre de vinho tinto
- 2 colheres (sopa) de azeite extra virgem
- ¼ de colher (chá) de sal

Esta salada causa um efeito curioso: vai fazer você pedir ao garçom que encha sua taça de vinho, até se dar conta de que não está numa trattoria! A realidade é que você está comendo salada na cozinha sob o olhar atento do seu gato. Relaxe!

O funcho assado, em toda a sua glória de alcaçuz, forma uma dupla clássica com frutas cítricas. Prove e comprove. A espelta em grãos, também conhecida como farro, é um dos meus grãos para salada preferidos. Ela tem uma consistência bem firme, e se um dia a mastigação há de ser considerada uma atividade divertida, a hora é agora. A rúcula confere um sabor picante, e as nozes torradas arrematam o prato, criando um banquete de texturas que você vai adorar.

A receita requer poucos ingredientes — o que acho ótimo —, mas cada um dá um certo trabalho. Não estou falando de um esforço extenuante, mas não vou negar que dão trabalho, sim. Mas não se deixe intimidar: a montagem da salada é bem fácil, e com esta receita você vai aprender habilidades para a vida toda, como assar funcho e cortar gomos de laranja.

Preaqueça o forno a 220 °C. Forre uma assadeira grande e baixa com papel-manteiga.

Corte o funcho de cima até a base em fatias de 1,5 cm. Disponha-o na assadeira forrada. Regue com azeite, junte um pouco de sal e espalhe bem, formando uma camada só. Asse por 15 minutos. Vire o funcho e asse por mais 5 a 10 minutos; a essa altura ele já deverá estar mole e levemente caramelizado. Retire do forno e deixe esfriar. Você pode cortar o funcho (depois que esfriar) em tiras menores.

Arrume a espelta, o funcho e a rúcula numa tigela grande. Junte o vinagrete e mexa bem para misturar. Disponha os gomos de laranja. Espalhe as nozes por cima e sirva.

Vinagrete de laranja
rende ½ xícara

Este vinagrete é uma maravilha de simples! Experimente-o numa salada de folhas baby, cebola roxa e azeitona.

Misture todos os ingredientes num copinho. Guarde em recipiente bem fechado na geladeira até a hora de usar. Use em até 5 dias.

COMO COZINHAR COMO UM GRÃO-MESTRE

A seguir, ensino meu método de cozimento de espelta, ou de qualquer grão de textura mais consistente. Em vez de usar uma determinada quantidade de água que os grãos vão acabar absorvendo, sigo o método de cozimento de massas, usando bastante água. Como a espelta tem uma consistência mais firme, não quebra nem passa do ponto de cozimento. Além disso, esse método oferece resultados mais regulares, já que com o uso de pouca água há o risco de queimar os grãos caso a temperatura não esteja certa.

Deixe a espelta de molho em água da noite para o dia, ou durante o dia todo. O importante é que o molho complete 12 horas. Dessa maneira, os grãos cozinham mais rápido.

Escorra e coloque a espelta numa panela com capacidade para 2 litros. Encha a panela até ¾ da altura com água e junte uma pitada grande de sal.

Tampe e leve ao fogo até levantar fervura. Assim que a água começar a ferver, mantenha a panela tampada, mas abaixe o fogo para que a fervura fique mais fraca. Se os grãos já tiverem ficado de molho, vão cozinhar em cerca de 20 minutos. Sem o molho, eles cozinham em 45 minutos. O grão bem cozido deve apresentar textura flexível, mas não deve continuar tão firme a ponto de quebrar um dente.

Ao término do cozimento, escorra os grãos na peneira e deixe que esfriem totalmente.

SALADA DA FAZENDA
COM VINAGRETE DIFERENTE

rendimento: 4 porções · tempo total: 30 minutos · tempo de preparo: 15 minutos

Esta salada lembra um pouco a Niçoise, mas não remete à França, não! Pense mais numa feira de orgânicos com um monte de gente descolada. Adoro o contraste das batatinhas cremosas com a crocância verdejante da ervilha-torta. O vinagrete de ciboulette também traz aquele delicioso sabor fresco de cebola, sendo perfeito para temperar a rúcula, naturalmente picante. Para ficar melhor ainda, espalhe os cogumelos ainda mornos sobre a salada. É uma festa na fazenda! Se quiser juntar uma fonte de proteína, o Tempeh ao alho e tomilho (p. 244) é uma ótima opção. Grão-de-bico também.

- 450 g de batata-bolinha
- ¼ de colher (chá) de sal
- 220 g de cogumelo eryngui cortado em fatias finas
- 2 colheres (chá) de azeite
- 6 xícaras de rúcula baby
- 2 xícaras de ervilha-torta sem as pontas cortada na diagonal
- uma receita de Vinagrete diferente (veja receita abaixo)

Primeiro, cozinhe as batatinhas. Coloque-as numa panela com capacidade para 2 litros, cubra com água e junte sal. Deixe levantar fervura, abaixe o fogo e deixe ferver em fogo baixo por cerca de 10 minutos, até as batatas ficarem macias. Transfira-as da panela direto para uma tigela com água e gelo, ou passe-as em água fria.

Enquanto isso, preaqueça uma frigideira antiaderente grande, de preferência de ferro fundido, em fogo de médio para alto. Refogue os cogumelos no azeite com o sal por cerca de 7 minutos, até dourar de leve.

Numa tigela grande, misture a rúcula, a ervilha-torta e as batatinhas. Junte metade do vinagrete e misture bem. Sirva a salada em tigelinhas, com os cogumelos espalhados por cima. Regue com o restante do vinagrete.

Vinagrete diferente
rende ⅔ de xícara

Molhinho verde delicioso, perfeito para saladas (é claro), legumes grelhados e batata assada!

Bata todos os ingredientes no liquidificador ou processador, até formar um molho liso. Guarde em recipiente bem fechado na geladeira até a hora de usar. Use em até 5 dias.

Para o vinagrete:
- ½ xícara de ciboulette picada
- 1 dente de alho descascado
- 2 colheres (sopa) de azeite
- 3 colheres (sopa) de suco de limão--siciliano
- 3 colheres (sopa) de água
- 1 colher (sopa) de mostarda de Dijon
- 1 colher (chá) de xarope de agave
- ½ colher (chá) de sal
- várias pitadas de pimenta-do-reino moída na hora

TABULE FAJUTO

rendimento: 6 porções · tempo total: 30 minutos · tempo de preparo: 15 minutos

Para o cuscuz:

1 xícara de cuscuz marroquino integral
1 colher (sopa) de azeite
¼ de colher (chá) de sal
1 xícara de água fervente

Para o restante da salada:

1½ xícara (700 g) de grão-de-bico cozido ou em conserva escorrido e lavado
1 xícara de tomate cortado em cubinhos
1 xícara de pepino cortado em cubinhos
1 xícara de salsinha bem picada
½ xícara de ciboulette picada bem fininha
3 colheres (sopa) de alcaparras escorridas
2 colheres (chá) de alho bem picado
3 colheres (sopa) de suco de limão-siciliano
2 colheres (sopa) de azeite
¼ de colher (chá) de sal
pimenta-do-reino moída na hora

Admito que não sou lá grande fã de tabule, embora goste do conceito. Grãos, ervas e legumes misturados com um molho de limão? Tô dentro! Mas só se for do meu jeito. Meu toque pessoal fica por conta do grão-de-bico amassado, que vira uma espécie de atum desfiado. Junto alcaparras, que dão um sabor bem salgado, e o resultado é uma espécie de tabule de atum vegano. Esta salada é ótima para levar na marmita, pois fica mais gostosa ainda à temperatura ambiente.

E mais: troco o trigo para quibe pelo cuscuz marroquino. Além de ser mais rápido, tenho sempre em casa. Então, esta salada nem chega a ser um tabule, né? Mas enfim...

PREPARE O CUSCUZ:

Coloque o cuscuz numa tigela média. Junte o sal e regue com o azeite. Cubra o cuscuz com a água fervente. Cubra a tigela imediatamente com um prato e deixe o cuscuz descansar no vapor por cerca de 10 minutos. Quando estiver pronto, mexa com um garfo para soltar os grãos e deixe esfriar totalmente (veja "Salada de grãos: entre nesta fria!", p. 70).

PREPARE O RESTANTE DA SALADA:

Enquanto isso, amasse o grão-de-bico numa tigela grande com um amassador ou garfo. Não deixe que vire uma pasta; amasse até não sobrar nenhum grão inteiro (ok, pode deixar alguns), mas que ainda dê para identificar como grão-de-bico.

Junte os demais ingredientes, inclusive o cuscuz já frio. Misture muito bem (pode usar as mãos) e confira o tempero. Para servir, geralmente uso a mesma tigela onde hidratei o cuscuz, para sujar menos louça. Deixe descansar alguns minutos para o sabor apurar e sirva. Além de ficar melhor no dia seguinte, em recipiente fechado na geladeira o tabule continua gostoso por até 3 dias.

SALADA DE COUVE
COM ABÓBORA E LENTILHA

rendimento: 6 porções · tempo total: 1 hora · tempo de preparo: 20 minutos

Esta salada tem tudo que mais amo nesta vida. Ela praticamente grita: "Isa!". Não se assuste se você ouvir meu nome, certo? O sabor característico da couve é equilibrado pela doçura da abóbora assada e pelo azedinho do vinagrete. Com a lentilha, a salada se torna uma refeição.

A dica de preparo para a couve ser consumida crua é amassá-la bem com as mãos, como uma massagem. Amasse-a em todas as etapas, inclusive na hora de enxaguar e escorrer. Esprema-a para retirar a água, como faria com uma esponja. Não se preocupe, a couve aguenta! Ao final, ela vai ficar como você depois de uma massagem: leve, relaxada e pronta para ser envolta em vinagrete.

- 450 g de abóbora-menina
- ¼ de xícara de azeite
- ½ colher (chá) de sal
- 2 colheres (sopa) de vinagre branco
- 2 colheres (chá) de xarope de agave ou de bordo
- 1 colher (chá) de mostarda de Dijon
- 1½ colher (chá) de gengibre bem picado
- 1 dente de alho bem picado
- 220 g de couve tipo kale sem os talos e cortada em pedaços médios (cerca de 8 xícaras)
- 1½ xícara de lentilha cozida

Preaqueça o forno a 220 °C.

Descasque a abóbora e separe a parte redonda da comprida. Corte a parte redonda ao meio e retire as sementes. Corte tudo em pedaços de 1,5 cm a 2 cm.

Forre uma assadeira grande e baixa com papel-manteiga. Disponha a abóbora picada numa camada única e regue com 1 colher (sopa) de azeite. A camada única é importante porque, se os pedaços de abóbora ficarem um em cima do outro, em vez de dourar vão cozinhar e ficar moles. Salpique com ¼ de colher (chá) de sal e misture com as mãos.

Leve ao forno por 25 minutos, virando os pedaços depois de mais ou menos 15 minutos. A abóbora estará pronta quando ficar ligeiramente dourada por fora e macia por dentro. Retire do forno e deixe esfriar.

Numa tigela grande, misture as 3 colheres (sopa) restantes de azeite, o vinagre, o xarope de agave, a mostarda, o gengibre, o alho e o restante do sal. A tigela tem de ser grande para acomodar tudo.

Junte a couve e, com as mãos, esfregue o vinagrete nas folhas, massageando bem.

Adicione a abóbora (já fria) e as lentilhas. Misture bem. Deixe a salada descansar alguns minutos para o sabor apurar, confira o tempero e sirva.

GANHE TEMPO:

Asse uma boa quantidade de abóbora na véspera ou antevéspera para fazer um acompanhamento e aproveite as sobras (2 xícaras) nesta salada.

OPÇÃO DE 15 MINUTOS:

Não está a fim de abóbora ou quer algo menos trabalhoso? Substitua a abóbora assada por maçã crua. Descasque 2 maçãs ácidas (maçã verde, por exemplo) e corte-as em cubinhos.

OBSERVAÇÃO:

O gengibre e o alho devem ser bem picadinhos, quase em ponto de pasta. Você pode até usar um ralador, ou então caprichar no corte à faca.

SALADA AGRIDOCE DE ARROZ COM ERVAS

rendimento: 4 a 6 porções · tempo total: 15 minutos (mais o tempo de cozimento do arroz) · tempo de preparo: 15 minutos

Esta salada traz os meus sabores preferidos do Vietnã: muitas ervas frescas, cebolinha, amendoim torrado e brotos crocantes, tudo envolto num molho picante, agridoce e bem salgadinho. É um verdadeiro festival de sabores e texturas. Uso o feijão-azuqui como fonte de proteínas, mas você também pode usar tofu ou tempeh refogados.

Para a salada:
- 4 xícaras de arroz integral cozido e resfriado
- 1 xícara de feijão-azuqui cozido
- 2 xícaras de broto de feijão
- 1 xícara de cebolinha cortada fininha
- ½ xícara de amendoim torrado
- ¼ de xícara de hortelã picada
- ½ xícara de coentro fresco picado

Para o molho:
- 2 colheres (sopa) de missô claro
- 1 xícara de molho sweet chili
- ¼ de xícara de suco de limão-taiti
- 1 colher (chá) de gengibre ralado
- 1 colher (chá) de xarope de agave

molho Sriracha, para servir

OBSERVAÇÃO:
O molho sweet chili — à base de pimenta dedo-de-moça, vinagre, alho e açúcar — pode ser encontrado em lojas especializadas em produtos asiáticos. Ele fica ótimo em pratos rápidos asiáticos feitos na wok. Vale muito a pena tê-lo na despensa.

PREPARE A SALADA:

Numa tigela grande, misture todos os ingredientes da salada.

Regue a salada com o molho e misture bem. Sirva com Sriracha para um toque mais picante.

PREPARE O MOLHO:

Numa tigela pequena, misture bem os ingredientes do molho com um garfo.

CAPÍTULO 3
PARA COMER COM AS MÃOS

Hambúrguer de beterraba 90 • Hambúrguer de falafel 93 • Batata rústica ao alho e curry 95 • Hambúrguer de tofu e cogumelo 96 • Hambúrguer de lentilha e azeitona 97 • Hambúrguer caribenho de feijão-preto com salsa de nectarina 99 • Hambúrguer de cogumelo à coreana 101 • Sloppy Joe vegano com creme de espinafre ao coco 102 • BLT picante 104 • Sanduíche de salada de "atum" 107 • Taco de couve e feijão com salsa de maçã e abacate 109 • Sanduíche fresquinho de pepino e abacate 110 • Banh Mi de shiitake 113 • Sanduíche de legumes assados ao romesco 114 • Wrap de tofu com homus de edamame 117 • Taco picante de lentilha 118 • Taco de cogumelo com chipotle 121

Este capítulo é cheio de ALEGRIA.

A curtição de segurar o lanche com as mãos, de poder escolher os ingredientes e montar o taco, de moldar o hambúrguer. Não sei, pode até ser que não estejamos numa rave no Brooklyn em meados dos anos 1990, mas esta é uma época muito boa para se viver. Comer hambúrguer no jantar faz todo o sentido para quem trabalha fora e prepara as refeições em casa. E é fácil também. Amasse alguns ingredientes, molde, asse ou frite, junte seus acompanhamentos preferidos e o jantar está pronto. E mais: dá para deixar vários hambúrgueres já moldados congelados no freezer para aqueles dias mais corridos. Também faço muito taco em casa. Quando estou sem ideias, a tortilha serve como uma tela em branco para me inspirar. Mas este capítulo vai muito além de hambúrguer e taco! Aqui proponho repaginar vários sanduíches clássicos americanos. Mesmo sabendo que versões veganizadas de Sloppy Joes e sanduíches de atum já existem há algumas décadas, espero que minhas receitas tragam um olhar renovado para essas delícias!

HAMBÚRGUER DE BETERRABA

rendimento: 6 hambúrgueres · tempo total: 1h15 · tempo de preparo: 20 minutos

- 1¼ xícara de arroz integral cozido (já frio)
- 1 xícara de lentilha cozida bem escorrida
- 1 xícara de beterraba ralada
- ½ xícara de farinha de rosca bem fina
- 3 colheres (sopa) de cebola bem picada
- 2 dentes de alho bem picados
- 2 colheres (sopa) de manteiga de amêndoa
- 1 colher (chá) de tomilho seco (esfregue-o nos dedos)
- ½ colher (chá) de erva-doce em pó (ou semente de erva-doce bem triturada)
- 1 colher (chá) de mostarda em pó
- ½ colher (chá) de sal
- pimenta-do-reino preta moída na hora
- azeite, para untar a frigideira
- 6 pães de hambúrguer
- alface picada, picles, cebola bem picadinha ou ketchup para cobrir o hambúrguer (Se fosse eu, incluiria uma fatia de abacate em vez de queijo vegano... Só uma sugestão, né?)

OBSERVAÇÕES:

- Um detalhe importante é a casquinha do hambúrguer. Veja bem: não é para torrar; é para tostar, ou seja, deixá-lo queimadinho em algumas partes. A melhor maneira é usar uma frigideira de ferro fundido bem quente. Outros tipos de frigideira podem reagir de forma diferente às altas temperaturas, não deixando o hambúrguer com a casquinha tostada. Se você não usar uma frigideira de ferro fundido, o ideal é transferir os hambúrgueres já fritos para uma assadeira, pincelar azeite neles e levá-los ao forno no modo grill por alguns minutos.
- Se preferir assar os hambúrgueres, leve-os ao forno a 190 °C por 8 a 10 minutos de cada lado, e em seguida ligue o modo grill do forno para dourá-los bem.
- Uso um processador para agilizar o preparo. Quem não tem o aparelho deve seguir alguns macetes. Você pode ralar a beterraba com um ralador manual e depois amassar todos os ingredientes juntos com um amassador de batata. A massa fica um pouco mais pedaçuda, mas continua gostosa!

Quem é que não adora hambúrguer? Esta receita é gostosa, saudável e leva alguns dos meus ingredientes preferidos: arroz integral, lentilha e beterraba, combinação perfeita para um hambúrguer vegano. Não, eles não ficam iguaizinhos aos lanches tradicionais, mas ficam tão deliciosos quanto outros saborosos hambúrgueres veganos. O arroz dá consistência e sustância a este hambúrguer, já a lentilha faz as vezes da carne moída. A beterraba dá ao hambúrguer um aspecto (um tanto incômodo) muito parecido com o de carne, mas também deixa a preparação bem saborosa e levemente adocicada. Ela eleva o hambúrguer vegano a outro patamar. E não se esqueça da batata frita! A Batata rústica ao alho e curry (p. 95) é o acompanhamento perfeito. Prepare a massa do hambúrguer de manhã ou de véspera: assim você adianta o lanche à noite.

Quem tem alergia a oleaginosas pode substituir a manteiga de amêndoa por tahine ou manteiga de semente de girassol.

Coloque o arroz integral, a lentilha e a beterraba ralada no processador com a lâmina metálica. Bata no modo pulsar de 15 a 20 vezes, até a mistura ganhar liga, mas preservando a textura. Fica parecido com carne moída.

Transfira a massa para uma tigela grande e junte a farinha de rosca, a cebola, o alho, a manteiga de amêndoa, o tomilho, a erva-doce, a mostarda, o sal e a pimenta-do-reino. Misture muito bem com as mãos. A massa deve ficar bem homogênea. Amasse os ingredientes por 1 a 2 minutos.

Leve a mistura à geladeira por 30 minutos para resfriar.

Preaqueça a frigideira de ferro fundido em fogo de médio para alto. Molde os hambúrgueres. Use ⅓ de xícara de massa para cada porção, que deve ter espessura de 2 cm cada (veja o boxe "Hambúrgueres perfeitos para sempre", p. 92).

Passe uma camada bem fina de azeite na frigideira e frite os hambúrgueres por cerca de 12 minutos, virando-os de vez em quando. Regue com mais um fio de azeite, se necessário. Os hambúrgueres devem ficar bem quentes e tostadinhos nas bordas.

Sirva-os ainda quentes nos pães com os acompanhamentos! Este hambúrguer também fica bom reaquecido. Se quiser, pode fritá-lo com antecedência, levar à geladeira e depois reaquecer na frigideira.

HAMBÚRGUERES PERFEITOS PARA SEMPRE

Sou exigente com o formato dos meus hambúrgueres: gosto deles bem redondos e lisos, perfeitos como se concorressem ao primeiro lugar de um concurso. Para conseguir o formato perfeito, use um aro de 8 cm para moldá-los. Não se preocupe se ficarem marcas de dedos nos hambúrgueres: na hora de fritar elas somem. Se não tiver o aro, improvise. Você pode usar uma lata vazia para moldar a massa. Depois, retire-a da lata e corte!

VAI CONGELAR?

O hambúrguer é uma receita boa de congelar porque continua ótimo reaquecido. Prefiro congelar meus hambúrgueres fritos em vez de crus. Assim, basta descongelá-los no micro-ondas ou em temperatura ambiente e depois esquentar na frigideira.

Antes de congelar os hambúrgueres já fritos, deixe que esfriem completamente sobre uma grade. Acomode-os empilhados, separando-os com papel-manteiga para evitar que grudem. Coloque-os num pote ou saquinho próprio para congelamento e mande para o freezer! A validade é de 2 a 3 meses.

FESTIVAL DO HAMBÚRGUER

Por que ficar só no hambúrguer básico? A receita de hambúrguer de beterraba serve de base para uma série de versões. Com minhas sugestões de acompanhamento, você pode fazer pratos diferentes usando hambúrguer a semana toda.

HAMBÚRGUER BANH MI: Maionese vegana com Sriracha, coentro, hortelã e os picles caseiros da p. 113.

HAMBÚRGUER TEX-MEX: Molho de queijo de castanha (p. 221), Pico de gallo (p. 241), abacate picado, picles e alface-romana.

HAMBÚRGUER DE BURRITO: Faça do mesmo jeito que o Hambúrguer Tex-Mex, mas junte também um pouco de chili. A receita de Chili de dois feijões (p. 176) é uma ótima opção.

HAMBÚRGUER DE CHILI: Sirva com sobras de chili e os acompanhamentos tradicionais de hambúrguer: alface, picles e tomate.

HAMBÚRGUER DE PIZZA: Molho marinara, molho da Pizza de verduras, linguiça e azeitona na tigela (p. 212), picles e alface-romana.

CHEESEBÚRGUER COM BACON: Grão-de-bico defumado (p. 72), Molho de queijo de castanha (p. 221; não use a jalapeño e o cominho), ketchup, cebola roxa e tomate em rodelas e alface-romana.

HAMBÚRGUER CAESAR: Sirva o hambúrguer com Salada Caesar vegana com quinoa (p. 69) e bastante molho.

HAMBÚRGUER DE FALAFEL

rendimento: 8 hambúrgueres · tempo total: 30 minutos (mais o tempo de molho do grão-de-bico) · tempo de preparo: 20 minutos

Está a fim de um falafel, mas não está nem um pouco a fim de moldar um monte de bolinhos nem de fritar tudo? Então este hambúrguer é para você. Tudo de melhor que o falafel tem — as especiarias, as ervas frescas, a casquinha crocante, o miolo macio —, mas em forma de hambúrguer!

O segredo da perfeição é cozinhar o grão-de-bico em fogo brando em vez de usar a versão em conserva. As leguminosas em conserva ficam muito moles. Nesse método, o grão-de-bico deve ser cozido até o ponto de firme para macio, levemente mastigável (assim, ele mantém o formato e fica com uma textura al dente). Embora esta receita exija um pouco de planejamento, seu preparo é facílimo e vale muito a pena!

- 1 xícara de grão-de-bico cru
- 2 dentes de alho
- 1 xícara de cebola picada grosseiramente
- ½ xícara de salsinha (só as folhas)
- ½ xícara de coentro (só as folhas)
- ¼ de xícara de água
- ½ xícara de farinha de rosca bem fina
- ½ colher (chá) de fermento químico em pó
- 1 colher (sopa) de cominho em pó
- 1 colher (chá) de páprica doce
- 1¼ colher (chá) de sal
- várias pitadas de pimenta-do-reino moída na hora
- azeite, para a frigideira
- 8 minipães sírios
- tomate e pepino em rodelas, alface, picles ou cebola roxa, para acompanhar
- Molho de missô com tahine (p. 200) ou homus (p. 209), ou ambos (!)

Comece cozinhando parcialmente o grão-de-bico. Coloque-o numa panela pequena e cubra com água dois dedos acima dos grãos. Tampe e espere levantar fervura. Então, diminua a chama e deixe ferver por 10 minutos. Apague o fogo e deixe o grão-de-bico de molho nessa água em temperatura ambiente da noite para o dia ou por 8 horas. Ele deve ficar macio, porém ainda firme, com textura semelhante à do edamame. Escorra antes de usar.

Assim que o grão-de-bico estiver pronto, bata o alho no processador (sem o grão-de-bico!) até ficar bem picado. Junte a cebola, a salsinha e o coentro e bata no modo pulsar até que a cebola e as ervas fiquem bem picadas. Não deixe formar purê; é importante manter uma textura pedaçuda.

Transfira a mistura para uma tigela grande. Agora, coloque o grão--de-bico cozido no processador e bata até ficar em pedaços pequenos. Junte a água e continue batendo no modo pulsar até formar uma massa grossa e mole, mas não deixe formar purê. Passe essa massa de grão--de-bico para a tigela com a cebola batida.

Junte a farinha de rosca, o fermento, o cominho, a páprica, o sal e a pimenta-do-reino e misture bem.

Cubra com filme de PVC e leve à geladeira por, no mínimo, 30 minutos.

Preaqueça uma frigideira grande de fundo grosso em fogo médio. Molde a massa em forma de hambúrgueres usando o copo medidor de ¼ de xícara por porção. Cubra a frigideira com uma camada fina de azeite (use um pouco além do que seria suficiente para cobrir o fundo da frigideira). Frite 4 hambúrgueres de cada vez por 7 minutos de cada lado, até dourarem bem. Regue com mais um fio de azeite se for necessário.

Sirva quente com pão sírio e acompanhamentos à sua escolha.

OBSERVAÇÕES:

- Planeje o lanche com um dia de antecedência. Cozinhe o grão-de-bico enquanto faz o jantar no dia anterior. Prepare a mistura no processador antes de lavar os pratos. Assim, você suja e lava os utensílios de dois dias de uma tacada só. É como fazer uma viagem no tempo, só que em vez de livrar o mundo de Hitler, você vai se livrar da louça suja. Viu só?
- Outra opção é começar a cozinhar o grão-de-bico na parte da manhã, deixá-lo de molho na água o dia todo e preparar o hambúrguer quando chegar em casa. Como a massa deste hambúrguer precisa de um tempo na geladeira, recomendo que você tenha à mão um petisco para segurar a fome.

BATATA RÚSTICA AO ALHO E CURRY

rendimento: 4 porções · tempo total: 45 minutos · tempo de preparo: 20 minutos

O que é um hambúrguer sem batata frita? Uma lanchonete de falafel perto da minha casa serve batatas ao curry tão perfumadas que dá para sentir o aroma a um quarteirão de distância, uma verdadeira tentação! A minha versão, faço no forno: são bem mais saudáveis e matam a minha vontade das benditas fritas ao curry do mesmo jeito.

Ela dá um pouquinho de trabalho. É preciso pré-cozer as batatas, mergulhá-las em água com gelo e depois levá-las ao forno para assar. Mas eu não incluiria esta receita no livro se não valesse muito a pena! A batata fica uma perfeição: cremosa por dentro e com casquinha crocante. Depois que você fizer uma vez, já vai pegar a manha, e não vai achar tão trabalhoso quando quiser repetir a dose. Quando revejo o modo de fazer, percebo que parece mais trabalhosa do que é de fato. A receita é bem fácil!

- 700 g de batata cortada em fatias (escolha uma variedade boa para assar e fritar)
- 2 colheres (sopa) de curry em pó suave
- ½ colher (chá) de sal
- 1 colher (sopa) de alho bem picado
- 1 colher (sopa) de azeite, mais um pouco para untar a assadeira e regar as batatas

OBSERVAÇÕES:

- O tipo de curry usado na receita é importante. O que eu uso é suave, com leve toque picante, sem o gosto amargo que muitas marcas apresentam. Ah, sim: como você vai ter que pôr a mão no curry em pó durante o preparo, vai ficar com os dedos cheirando a alho e curry por algumas horas. Bem-vindo ao meu mundo.
- Se quiser batata rústica comum, faça a receita sem o curry. Basta regar com azeite, temperar com sal e mandar para o forno! Você também pode usar pimenta dedo-de-moça em pó ou tempero cajun.
- A ideia é que as batatas fiquem bem cobertas com o tempero. Corte-as com espessura de 1 cm e 2 cm de comprimento.

Leve ao fogo uma panela grande com água e sal, até levantar fervura. Enquanto isso, preaqueça o forno a 220 °C.

Encha uma tigela grande com água e gelo. Forre a bancada da pia com um pano de prato e arrume folhas de papel-toalha por cima. Por que isso? Depois do banho na água gelada, você deverá colocar as batatas para secar sobre o pano de prato coberto pelo papel-toalha.

Assim que a água ferver, junte as batatas e deixe que cozinhem por 3 minutos. Não passe desse tempo, senão elas ficam muito moles. Se precisar, programe o timer para não esquecer. Escorra as batatas e leve-as ao banho de água gelada para interromper o cozimento.

Depois que as batatas esfriarem por completo, arrume-as em camada única sobre o pano de prato. Seque-as com o papel-toalha; observe que é importante sobrar um pouco de umidade para os temperos aderirem à superfície, só tome cuidado para não deixar as batatas encharcadas.

Escorra a água da tigela, seque-a e coloque o curry em pó com o sal. Junte o alho e o azeite e misture com um garfo.

Pincele um pouco de azeite na assadeira. Passe uma parte das batatas cozidas na mistura de curry e vá retirando uma a uma, cobrindo-as com o curry em pó. Repita esse processo em 4 levas, tomando cuidado para não deixar nenhum pedaço com mais curry que os outros.

Disponha as batatas em camada única na assadeira. Regue com um pouco de azeite e asse de 8 a 12 minutos de cada lado, até ficarem douradas e macias por dentro. Se você gostar das batatas bem douradas, quase marrons, ligue o modo de grill do forno por alguns minutos, mas fique de olho. Sirva-as quentes!

Hambúrguer de Tofu e Cogumelo

rendimento: 6 hambúrgueres · tempo total: 30 minutos · tempo de preparo: 30 minutos

- 30 g de cogumelo porcini seco
- 400 g de tofu extrafirme escorrido
- 3 colheres (sopa) de manteiga de amêndoa
- 3 colheres (sopa) de molho tamari ou de soja
- 2 colheres (sopa) de levedura nutricional
- ¼ de xícara de cebola bem picada
- 2 colheres (chá) de alho bem picado
- ¾ de xícara de panko
- azeite, para untar a frigideira
- 6 pães integrais de hambúrguer ou minipães sírios
- alface e tomate em rodelas, para acompanhar
- maionese vegana

OBSERVAÇÃO:
- Se não encontrar o porcini desidratado, use portobello ou shiitake, também desidratados. Outra ideia é usar um mix de cogumelos secos.

Você é fã de pratos bem salgadinhos? Então este hambúrguer, riquíssimo em umami, é para você. Sua massa, à base de cogumelos porcini em pó com tofu e panko, fica firme e bem crocante. O sabor quente e amadeirado desse cogumelo é de outro mundo! (Sério, acho que ele só pode ser de outro planeta.) Você vai ficar impressionado ao ver como ingredientes tão simples rendem um hambúrguer tão bom. Ele fica ótimo servido com uma salada, à temperatura ambiente, sendo uma boa opção para levar na marmita. É importante picar bem a cebola para evitar que o hambúrguer fique quebradiço. Ah, e neste caso a maionese é um acompanhamento mais saboroso que o ketchup.

Bata os cogumelos no liquidificador, até formar um pó. Esse processo pode levar de 30 segundos a 1 minuto, dependendo da potência do aparelho.

Numa tigela média, amasse o tofu (com as mãos ou um amassador de batata) até ficar com aspecto de ricota. Junte a manteiga de amêndoa, o tamari, a levedura nutricional, a cebola, o alho e misture bem. Por fim, adicione ½ xícara de panko e misture bem, até dar liga. Nessa parte o melhor método é misturar com as mãos, para a massa ficar bem homogênea.

Preaqueça uma frigideira grande de fundo grosso em fogo médio. Use ⅓ de xícara de massa para cada hambúrguer. Espalhe o restante de panko num prato: ele será usado para empanar os hambúrgueres de cada lado.

Cubra a frigideira com uma camada fina de azeite (use um pouco além do que seria suficiente para cobrir o fundo da frigideira). Frite os hambúrgueres por 6 minutos de cada lado, até dourarem bem. Regue com mais um fio de azeite, se necessário.

Sirva com os pães, alface, tomate e maionese vegana.

HAMBÚRGUER DE LENTILHA E AZEITONA

rendimento: 6 hambúrgueres · tempo total: 45 minutos · tempo de preparo: 20 minutos

A existência da oliveira chega a ser uma injustiça com quase todas as outras plantas do mundo. Aí não vale! E tem coisa mais gostosa que azeitona? Esta receita de hambúrguer aproveita sua suculência salgadinha. Junte a azeitona com outros sabores mediterrâneos (como alho, tomilho e estragão), além do cogumelo e da lentilha, e está pronto um hambúrguer que é um deleite para o paladar.

- 1 colher (sopa) de azeite
- 1 cebola pequena bem picada
- uma pitada de sal
- 220 g de cogumelos-de-paris cortados em fatias finas
- 3 dentes de alho bem picados
- ½ colher (chá) de tomilho seco
- ¼ de colher (chá) de estragão seco
- várias pitadas de pimenta-do-reino moída na hora
- ½ xícara de azeitona kalamata sem caroço
- 1¼ xícara de lentilha cozida escorrida
- 2 colheres (sopa) de molho de soja
- 2 colheres (chá) de suco de limão-siciliano
- ¼ de colher (chá) de fumaça líquida (opcional)
- 1 xícara de farinha de rosca bem fina
- azeite, para pincelar
- 6 pães de hambúrguer (focaccia também cai bem)
- alface, tomate e picles, para acompanhar

Preaqueça o forno a 180 °C.

Preaqueça uma frigideira antiaderente grande, de fundo grosso e de preferência de ferro fundido, em fogo de médio para alto. Cubra com o azeite. Refogue a cebola no azeite com uma pitadinha de sal por cerca de 3 minutos. Junte o cogumelo, o alho, o tomilho, o estragão e a pimenta-do-reino e refogue por 7 a 10 minutos, até os cogumelos amolecerem.

Enquanto isso, bata as azeitonas no processador no modo pulsar, até picá-las bem (não deixe virar purê). Retire do aparelho (não precisa lavar o copo do processador para a próxima etapa).

Quando os cogumelos da frigideira estiverem cozidos, transfira-os para o processador. Adicione a lentilha, o molho de soja, o suco de limão e a fumaça líquida (se usar) e ½ xícara de farinha de rosca. Bata no modo pulsar até formar uma massa lisa, mas com alguns pedaços aparentes. Transfira para uma tigela grande. Junte o restante da farinha de rosca à massa do hambúrguer com as azeitonas picadas e misture bem.

Forre uma assadeira com papel-manteiga e pincele com azeite. Molde 6 hambúrgueres com 2 cm de espessura. Disponha-os na assadeira, pincele azeite em cada um e leve para assar por 15 minutos. Vire os hambúrgueres e asse-os por mais 12 a 15 minutos, até dourarem bem. Sirva nos pães com os acompanhamentos.

Este hambúrguer fica ótimo servido imediatamente, mas também é muito bom à temperatura ambiente; pode levar sem medo na marmita.

HAMBÚRGUER CARIBENHO DE FEIJÃO-PRETO

com salsa de nectarina

rendimento: 8 hambúrgueres · tempo total: 45 minutos · tempo de preparo: 20 minutos

Para os hambúrgueres:

- 1½ xícara (420 g) de feijão-preto cozido e escorrido
- 1½ xícara (420 g) de feijão-fradinho cozido e escorrido
- ½ xícara de pimentão vermelho bem picado
- 1 xícara de cebolinha picada bem fininha
- 3 colheres (sopa) de coentro fresco picado
- 1 colher (sopa) de curry jamaicano em pó, mais 2 colheres (chá)
- 1 colher (chá) de sal
- ¼ de xícara de caldo de legumes
- 2 colheres (chá) de suco de limão-taiti
- 1 xícara de panko
- azeite, para untar a frigideira
- 8 pães de hambúrguer

Para a salsa de nectarina:

- 2 nectarinas cortadas em cubinhos de 1 cm
- ¼ de xícara de cebola roxa cortada em cubinhos
- 2 colheres (sopa) de coentro fresco picado
- 1 colher (sopa) de suco de limão-taiti
- 1 pimenta jalapeño sem sementes picada fininho
- 1 colher (chá) de xarope de agave

OBSERVAÇÃO:

- É fácil diminuir esta receita pela metade! Nesse caso, recomendo usar apenas um tipo de feijão; o preto tem um resultado melhor.
- Se não estiver a fim de fazer o molho (juro que é fácil!), sirva o hambúrguer com uma fatia de manga, nectarina ou abacaxi. Adoro o toque adocicado, por isso sugiro frutas em vez de ketchup (se bem que um pouquinho do condimento também não cai mal!).

Hambúrguer de feijão-preto: quem não adora? Nesta versão, sigo uma linha caribenha, e, além do feijão-preto, uso também o feijão-fradinho. Em vez dos já batidos cominho e assemelhados, uso uma boa dose de curry jamaicano. Servido com salsa de nectarina, este hambúrguer vai fazer você se sentir de férias no Caribe. A não ser que você já more no Caribe; nesse caso, o lanche vai ter gostinho caseiro mesmo.

Uma coisa que adoro nesta receita é que não precisa refogar nada, é só misturar! Ela é ótima pedida em qualquer momento e em qualquer lugar. A salsa de nectarina entra com o toque adocicado perfeito. E o melhor? Nem precisa descascar a nectarina, já que ela não tem a penugem do pêssego (mas você pode usar pêssego, se preferir).

Preaqueça o forno a 200 °C.

PREPARE OS HAMBÚRGUERES:

Numa tigela, amasse o feijão-preto e o feijão-fradinho com um amassador de batata ou um garfo. Misture até formar uma massa, mas sem deixar virar purê, mantendo alguns feijões inteiros.

Junte o pimentão, a cebolinha, o coentro, o curry, o sal, o caldo, o suco de limão e misture bem. Adicione o panko e incorpore até formar uma massa homogênea. Leve à geladeira por cerca de 10 minutos, ou até a salsa ficar pronta.

PREPARE A SALSA:

É só misturar tudo numa tigela!

FRITE OS HAMBÚRGUERES:

Forre uma assadeira com papel-manteiga e pincele com azeite. Molde 8 hambúrgueres de 2,5 cm de espessura (veja o boxe "Hambúrgueres perfeitos para sempre", p. 92). Pincele azeite em cada um e leve para assar por 15 minutos. Vire os hambúrgueres e asse-os por mais 12 a 15 minutos, até dourarem bem.

Recheie os pães com os hambúrgueres e cubra com a salsa. Sirva!

VARIAÇÃO:
Se você quiser um hambúrguer de feijão-preto mais tradicional, sem problemas. Faça a receita apenas com feijão-preto, sem o fradinho. Você pode substituir o curry jamaicano em pó por 1 colher (sopa) de pimenta dedo-de-moça suave em pó com 1 colher (chá) de cominho. Nos dias de mais preguiça, pode usar também um vinagrete simples ou abacate picadinho.

HAMBÚRGUER DE COGUMELO À COREANA

rendimento: 4 hambúrgueres · tempo total: 45 minutos · tempo de preparo: 20 minutos

Os cogumelos portobello se tornaram onipresentes na culinária vegana, e não sem motivo: são suculentos, ficam deliciosos tostadinhos e têm o tamanho ideal para servir com pão de hambúrguer. E a inspiração para esta receita é... adivinhe só: churrasco coreano! O mix de sabores defumado, doce e apimentado é uma ótima opção para incrementar o hambúrguer de portobello. Quando você provar, vai pensar que o hambúrguer comum é que tenta imitar este, e não o contrário! Adoro fazê-lo grelhado para dar um toque ainda mais defumado, mas no forno em modo grill funciona bem. Vou ensinar os dois métodos.

Se você nunca provou kimchi, não sabe o que está perdendo! Trata-se de uma preparação apimentada à base de repolho fermentado, uma espécie de chucrute coreano. Seu sabor é ácido, refrescante, maturado e rico. Ele deixa o hambúrguer ainda mais interessante, pois traz uma variedade de texturas. Sim, faz uma certa lambança, mas aproveite o momento e deixe o caldo escorrer pelas mãos.

PREPARE A MARINADA:

Junte todos os ingredientes da marinada numa tigela baixa, com espaço para acomodar todos os cogumelos numa camada só. Misture bem. Deixe os cogumelos marinarem com as lamelas (a parte que fica embaixo do "chapéu") para cima por, no mínimo, 15 minutos e, no máximo, 1 hora. É importante que os cogumelos fiquem bem cobertos com a marinada.

COMO GRELHAR OS COGUMELOS NO FOGÃO:

Preaqueça uma bistequeira em fogo alto. Pincele com azeite. Coloque os cogumelos com a lamela para cima e deixe a bistequeira semitampada. Grelhe por cerca de 5 minutos, regando com mais marinada na metade desse tempo. Vire os cogumelos e deixe mais 5 minutos no fogo, ou até o miolo ficar macio e suculento, com uma boa camada tostadinha.

INSTRUÇÕES PARA USAR O FORNO EM MODO GRILL:

Preaqueça o forno em modo grill na temperatura máxima. Unte uma assadeira com azeite e coloque a grade do forno dando 15 cm de distância da fonte de calor. Arrume os cogumelos com a lamela virada para cima na assadeira e asse no forno em modo grill por cerca de 5 minutos de cada lado. Regue-os com a marinada enquanto assam.

PARA MONTAR OS HAMBÚRGUERES:

Passe um pouco de maionese em cada pão. Disponha os cogumelos nos pães com o kimchi por cima. Gosto de cortar meu hambúrguer ao meio antes de comer!

Para a marinada:
- 1 xícara de água
- ¼ de xícara de melado
- ¼ de xícara de xarope de bordo
- ¼ de xícara de extrato de tomate
- ¼ de xícara de molho de soja
- ¼ de xícara de vinagre de vinho tinto
- 2 colheres (sopa) de fumaça líquida
- 2 colheres (chá) de óleo de gergelim torrado
- 2 colheres (chá) de molho Sriracha
- 1 colher (chá) de cebola em pó
- 2 dentes de alho amassados
- 4 cogumelos portobello médios sem os talos
- azeite, para a grelha

Para servir:
- 4 pães brancos de hambúrguer grandes
- maionese vegana
- 1 xícara de kimchi

OBSERVAÇÕES:

- Não retire as lamelas do portobello, mesmo já tendo visto fazerem isso em programas de culinária. Além de muito saborosas, elas absorvem a marinada perfeitamente. Lave os cogumelos com cuidado que vai dar tudo certo.
- Os cogumelos portobello variam muito de tamanho: pequenos, médios e grandes. Para fazer hambúrguer, eu gosto de usar os médios, com 12 cm de circunferência. Escolha cogumelos firmes e de tamanho uniforme, que não estejam molengas nem enrugados. Se a ideia é deixá-los na geladeira por alguns dias, recomendo enrolá-los num pano de prato limpo, e não em saco plástico. Eles precisam respirar para preservar o frescor.

Para comer com as mãos

SLOPPY JOE VEGANO
com creme de espinafre ao coco
rendimento: 6 sanduíches · tempo total: 40 minutos · tempo de preparo: 40 minutos

Para o recheio do sanduíche:

1 colher (sopa) de óleo de coco, mais 1 colher (chá)

1 cebola média picada em cubinhos

½ colher (chá) de sal, mais uma pitada

450 g de seitan cortado em pedaços médios

3 dentes de alho bem picados

1 colher (sopa) de gengibre fresco bem picado

2 colheres (sopa) de tomilho fresco picado

1 colher (sopa) de páprica doce

½ colher (chá) de pimenta-da-jamaica em pó

½ colher (chá) de pimenta calabresa

uma pitada de canela em pó

várias pitadas de pimenta-do-reino moída na hora

1 lata (400 g) de polpa de tomate

2 colheres (sopa) de xarope de bordo

1 colher (sopa) de suco de limão-taiti

2 colheres (chá) de mostarda amarela

Para o espinafre:

2 dentes de alho bem picados

2 colheres (chá) de óleo de coco

450 g de espinafre limpo

1 xícara de leite de coco tradicional ou light

2 anises-estrelados

¼ de colher (chá) de sal

Para servir:

6 pães grandes de hambúrguer (com pão tipo sacadura também fica bom)

Este sanduíche é o que acontece quando uma menina do Brooklyn vai morar no centro-oeste dos Estados Unidos. Ele une meu amor por callaloo e pelos molhos caribenhos que eu comia no Brooklyn com minha paixão pelos sanduíches carregados de molho do centro-oeste americano. O callaloo é feito com folhas de inhame, praticamente impossíveis de encontrar onde moro atualmente, mas o espinafre é um ótimo substituto. Este Sloppy Joe de seitan é substancioso, picante e com toque ácido. O espinafre com coco dá um toque refrescante e cremoso. O anis, de sabor doce e delicado, entra em várias misturas de especiarias jamaicanas.

Claro que você pode fazer Sloppy Joe sem o espinafre (não faz questão de um verdinho?) ou usar o creme de espinafre em outra receita. Se não quiser sanduíche, esse recheio também fica ótimo servido com arroz.

PREPARE O RECHEIO DO SLOPPY JOE:

Preaqueça uma frigideira grande de aço fundido em fogo médio. Junte 1 colher (sopa) do óleo de coco. Refogue a cebola no óleo com uma pitadinha de sal por 3 a 5 minutos, até amolecer.

Junte o seitan e refogue por cerca de 5 minutos, mexendo sempre até dourar. Passe o seitan acebolado para o canto e abra espaço para refogar o alho e o gengibre. Adicione o restante de óleo de coco e refogue o alho e o gengibre, mexendo sempre, por cerca de 15 segundos. Em seguida, junte esse refogado ao seitan acebolado.

Acrescente o tomilho, a páprica, o sal restante, a pimenta-da-jamaica, a pimenta calabresa, a canela e a pimenta-do-reino, mexendo sempre para que as especiarias grudem no seitan e tostem um pouco.

Adicione o tomate e cozinhe por mais 10 minutos, mexendo sempre. Por fim, junte o xarope de bordo, o suco de limão e a mostarda. Cozinhe por cerca de 1 minuto e prove para conferir o tempero. Mantenha aquecido até a hora de servir.

PREPARE O ESPINAFRE:

Preaqueça uma panela grande de fundo grosso em fogo médio. Refogue o alho rapidamente no óleo de coco, por alguns segundos, tomando cuidado para que não queime. Junte o espinafre aos poucos, mexendo com um pegador, até as folhas murcharem e caberem todas na panela.

Cozinhe por cerca de 3 minutos, até o espinafre soltar bastante água.

Retire o excesso de água, mas tome cuidado para não perder o alho nem o espinafre no processo. Passe o espinafre para o lado e cuidadosamente (não se queime!) leve a panela até a pia para escorrer a água. Se o espinafre se comportar, vai ficar no canto dele, mas recomendo usar um pegador para evitar que ele caia junto com o líquido na pia.

Devolva a panela ao fogo e junte o leite de coco, o anis e o sal. Deixe o leite de coco levantar fervura, mexendo sem parar por 5 minutos para que o anis libere o sabor. Apague o fogo e deixe o creme descansar por 10 minutos, assim o espinafre vai absorvendo toda a gostosura do coco. Descarte o anis-estrelado antes de servir.

Coloque o seitan acebolado em cada pão e cubra com o creme de espinafre. Feche o pão e bom apetite!

OBSERVAÇÕES:

- O espinafre tende a acumular muita terra. Para agilizar o jantar durante a semana, recomendo usar a verdura vendida já limpa. Se não tiver acesso ao espinafre higienizado, a melhor maneira de lavá-lo é retirar primeiro os talos duros e deixar o espinafre por alguns minutos numa tigela grande com água bem gelada. A terra vai se decantar no fundo da tigela. Retire o espinafre da água (retire as folhas com a mão sem mexer muito a água da tigela para não revolver a sujeira que ficou no fundo) e coloque-o num escorredor para dar uma última enxaguada rápida. O espinafre está pronto para ser usado!
- Para ganhar tempo, faça o espinafre numa panela à parte no momento em que juntar o tomate à panela de seitan.
- Opção sem glúten: substitua o seitan por 2 xícaras de lentilha cozida ou de tofu extrafirme cortado em cubos médios.

Para comer com as mãos 103

BLT PICANTE

rendimento: 4 sanduíches · tempo total: 20 minutos (mais o tempo para marinar o tempeh)
tempo de preparo: 20 minutos

Para o tempeh marinado:
- ½ xícara de molho de pimenta bem forte
- ¼ de xícara de água
- 1 colher (sopa) de molho tamari ou de soja
- 2 colheres (chá) de fumaça líquida
- 220 g de tempeh cortado em fatias de 1 cm (veja Observações)

Para servir:
- 8 fatias de pão de fermentação natural
- maionese vegana
- 8 rodelas de tomate-caqui
- 1 alface-romana (apenas as folhas do meio) cortada em pedaços grandes

OBSERVAÇÕES:

- Geralmente compro o tempeh retangular e corto na largura. Meus pedaços ficam com 7,5 cm de comprimento por 2 cm de altura. Se o seu tempeh tiver formato e tamanho diferentes, tente cortá-lo em tiras de 1 cm que caibam no sanduíche.
- O tomate-caqui, bem grande e suculento, fica perfeito neste sanduíche, mas use o tomate que tiver à mão. Deixe o tomate italiano para molhos. A variedade ideal para o sanduíche deve ser mais consistente.
- Para deixar o sanduíche ainda mais delicioso, sugiro misturar um pouco da sobra de marinada em ¼ de xícara de maionese e passar no pão.

Quando me mudei para Omaha, viciei meu namorado em molho forte de pimenta. A culpa é toda minha. Estou começando até a ficar um pouco preocupada. Ele usa o molho em tudo (até em cookies!). Este sanduíche é uma tentativa de aplacar, de maneira civilizada, essa fome dele por molho apimentado. O "bacon" é feito com tempeh temperado com molho de pimenta e um pouco de fumaça líquida. É um lanche muito bom para comer no meio da tarde! Apesar da quantidade de molho usada, o resultado não fica tão agressivo, ainda mais com a ajuda da maionese e da alface para aplacar o ardor. Ele fica ótimo em pão de fermentação natural e também com pão multigrãos. Uso apenas as folhas do miolo da alface-romana, por serem bem crocantes.

PREPARE O TEMPEH:

Numa tigela ou saco plástico grandes, misture o molho de pimenta, a água, o tamari e a fumaça líquida. Deixe o tempeh marinar nessa mistura por, no mínimo, 1 hora, ou da noite para o dia. Vire uma ou duas vezes para a marinada pegar em todos os pedaços.

Preaqueça uma panela grande antiaderente em fogo médio. Cubra o fundo da panela com azeite e arrume os pedaços de tempeh numa camada única, retirando o excesso de marinada.

Cozinhe por cerca de 7 minutos, virando algumas vezes para que ambos os lados fiquem cozidos. No final desse tempo, junte colheradas da marinada para deixar o tempeh ainda mais saboroso.

Enquanto o tempeh cozinha, prepare os pães para montar os sanduíches. Espalhe maionese nas fatias de pão (gosto de passar na fatia de cima, mas também um pouco na de baixo). Para montar, disponha os pedaços de tempeh e cubra com tomate e alface. Feche o sanduíche (dãã) e coma!

SANDUÍCHE DE SALADA DE "ATUM"

rendimento: 6 sanduíches · tempo total: 15 minutos · tempo de preparo: 15 minutos

Já disse isso no meu primeiro livro, e repito aqui: grão-de-bico é, sim, bem parecido com atum! Esse recheio é imprescindível para mim. Faço toda semana para usar em sanduíches rápidos e saladas. Também é um dos recheios preferidos do meu namorado, que me pede dizendo: "Faz grão-de-bico?" (sim, parece uma criança pedindo mesmo!).

No verão, é comum eu usar uma folha de acelga no lugar do pão. É uma opção mais leve e ainda garante o consumo de verduras. Mas, se você usar pão, o integral torrado é indispensável!

Cada vez mais pessoas têm optado por semente de girassol em vez de grão-de-bico para fazer sanduíche de "atum" vegano. Resolvi usar os dois para experimentar. O resultado? Adorei, claro! O grão-de-bico é carnudo e molinho, já a semente de girassol é mais durinha. A cenoura e o salsão dão um toque crocante à salada. Como faço esse recheio sempre, uso o processador grande para preparar em 5 minutos, mas vou passar o modo de fazer usando uma faca, tábua e as mãos. Mas realmente recomendo fazer com o processador. Se tiver algas comestíveis, essa é a hora de usar! Elas dão um sabor do mar à salada, mas não são essenciais à receita. Não é sempre que uso algas; nem sempre meu humor está para peixe...

Para a marinada:
- 1 cenoura grande descascada
- 1 talo de salsão sem as folhas
- ¼ de uma cebola média
- 1½ xícara (420 g) de grão-de-bico cozido e escorrido
- ½ xícara de semente de girassol
- ⅓ de xícara de maionese vegana, mais um pouco para servir
- 1 colher (chá) de vinagre de maçã ou de suco de limão-siciliano
- 1 colher (sopa) de algas marinhas comestíveis desidratadas (opcional)
- ¼ de colher (chá) de sal
- pimenta-do-reino moída na hora
- 12 fatias de pão integral torrado
- alface, tomate em rodelas ou brotos, para acompanhar

PREPARO NO PROCESSADOR:

Corte a cenoura e o salsão em pedaços grandes (cerca de 5 pedaços). Leve-os ao processador junto com a cebola. Bata no modo pulsar até os ingredientes ficarem bem picados, tomando cuidado para não deixar que virem purê. Os legumes devem ficar com o tamanho aproximado de uma ervilha. Transfira para uma tigela grande, raspando o copo com uma espátula para não desperdiçar.

Leve o grão-de-bico e a semente de girassol ao processador e bata no modo pulsar, até formarem uma pasta rústica, com pedaços de grão-de-bico. Não deixe ficar com consistência cremosa, tipo a de homus. Transfira a pasta para a tigela e misture com os legumes já picados.

Junte a maionese, o vinagre, a alga desidratada (se usar), o sal e a pimenta-do-reino e misture bem.

OBSERVAÇÃO:

Se quiser ir ainda mais rápido, use um punhado de cenouras baby em vez das comuns.

VARIAÇÕES:

- Sanduíche de "atum" vegano ao curry: comece adicionando 1 colher (sopa) de curry em pó e ajuste, se quiser mais. Também gosto de dar um toque adocicado ao sanduíche ao curry, então sugiro um punhado de uva-passa ou ½ xícara de uvas sem semente cortadas ao meio.
- Wrap de "atum" vegano com abacate: junte abacate picado ao recheio de grão-de-bico. Enrole num pão folha com alface, tomate, brotos e maionese.

PREPARO À MÃO:

Use um amassador de batata pequeno ou um garfo para amassar o grão-de-bico numa tigela grande, mas não deixe virar purê, mantenha parte da consistência. Agora, prepare os legumes. Pique a cenoura, o salsão e a cebola em pedacinhos do tamanho de uma ervilha. Misture os legumes picados ao grão-de-bico amassado.

Espalhe as sementes de girassol na tábua, formando uma camada única. Use a faca de chef para picá-las, mas não se preocupe em picar todas; deixe algumas inteiras. Pique as sementes num movimento de vai e vem por 30 segundos. Adicione-as à mistura da tigela.

Junte a maionese, o vinagre, a alga desidratada (se usar), o sal e a pimenta-do-reino e misture bem.

Seja qual for o método de preparo, confira o tempero e sirva nos pães torrados com os acompanhamentos!

TACO DE COUVE E FEIJÃO COM SALSA
de maçã e abacate

rendimento: 6 tacos · tempo total: 30 minutos · tempo de preparo: 30 minutos

Estes tacos têm todo o jeito de comida do Sul dos Estados Unidos: feijão refogado com molho picante da Louisiana, couve cozida e uma deliciosa salsa de maçã verde com abacate. É um lanche divertido e tem gostinho de comida caseira, rico em texturas e sabores. Gosto de fazê-lo com tortilha de trigo.

PREPARE O FEIJÃO-FRADINHO:

Preaqueça uma panela com capacidade para 2 litros em fogo médio. Despeje o azeite. Refogue a cebola no azeite por 3 a 5 minutos, até amolecer. Junte o alho, as sementes de coentro, o cominho e o sal. Refogue por mais 1 minuto. Adicione colheradas de água, se achar que o refogado está muito seco.

Junte o feijão-fradinho e amasse com um garfo ou amassador de batata pequeno. Não deixe o feijão virar purê, preserve alguns grãos inteiros. Acrescente o caldo e o molho de pimenta. Misture bem. Cozinhe por mais 5 minutos – o feijão deve formar um caldo espesso. Confira o sal e a pimenta. Mantenha a panela tampada até a hora de servir.

PREPARE A COUVE:

Preaqueça uma panela grande em fogo médio. Despeje o azeite. Refogue o alho no azeite por cerca de 15 segundos. Tenha os demais ingredientes à mão para não correr o risco de queimar o alho. Junte a couve, o caldo e o sal e misture para incorporar bem o alho. Tampe a panela e deixe cozinhar por cerca de 10 minutos, mexendo de vez em quando.

Destampe a panela e continue cozinhando a couve até ficar macia e boa parte do líquido ter evaporado. O processo deve levar menos de 5 minutos. Deixe a panela tampada para manter a couve aquecida até a hora de servir.

PREPARE A SALSA:

Misture todos os ingredientes numa tigela, regando com o suco de limão ao final. Tampe e leve à geladeira até a hora de servir.

PARA MONTAR OS TACOS:

Toste as tortilhas levemente numa frigideira sem óleo ou esquente-as no micro-ondas rapidamente (cerca de 15 segundos), só para aquecer. Recheie com feijão-fradinho, couve e salsa de maçã e abacate. Salpique as sementes de abóbora e sirva.

Para o feijão-fradinho:
2 colheres (chá) de azeite
1 cebola pequena bem picada
2 dentes de alho bem picados
1 colher (chá) de sementes de coentro trituradas
1 colher (chá) de cominho em pó
½ colher (chá) de sal
3 xícaras (850 g) de feijão-fradinho cozido e escorrido
1 xícara de caldo de legumes
3 colheres (sopa) de molho de pimenta (à moda da Louisiana)

Para a couve:
1 colher (chá) de azeite
2 dentes de alho bem picados
450 g de couve-manteiga sem os talos picada grosseiramente
1 xícara de caldo de legumes
¼ de colher (chá) de sal

Para a salsa de maçã e abacate:
1 maçã verde (tipo granny smith) descascada e cortada em cubinhos
1 avocado (ou ½ abacate pequeno) sem caroço, descascado e picado em cubinhos
½ xícara de cebolinha bem picada
2 colheres (sopa) de suco de limão-siciliano

Para servir:
6 tortilhas de trigo (25 cm)
sementes de abóbora sem casca (opcional)

OBSERVAÇÃO:

O molho de pimenta à moda da Louisiana tem um sabor bem peculiar, com nível de ardência de fraco a moderado. Acho que ele é perfeito para esta receita. Se quiser brincar com outros molhos, vá em frente, mas comece devagar e vá aumentando a quantidade gradativamente. O Sriracha, por exemplo, é bem mais forte que os molhos de pimenta da Louisiana.

SANDUÍCHE FRESQUINHO DE PEPINO E ABACATE

rendimento: 6 hambúrgueres · tempo total: 20 minutos · tempo de preparo: 20 minutos

Para a pasta de abacate:
- 2 avocados (ou 1 abacate médio) maduros
- 2 colheres (sopa) de suco de limão-siciliano
- ½ colher (chá) de sal
- ½ xícara de pepino picado
- 2 colheres (sopa) de hortelã fresca picada, mais um pouco para decorar
- 2 colheres (sopa) de endro fresco picado, mais um pouco para decorar

Para servir:
- 12 fatias de pão de fôrma branco (ou 6 fatias de pão branco e 6 de pão integral)
- 1 pepino pequeno picado bem fino

OBSERVAÇÃO:

Como o avocado escurece rápido, prepare o recheio perto da hora de servir. Se isso não for possível e você tiver que preparar com antecedência, deixe-o num recipiente junto com o caroço e 1 colher (sopa) extra de suco de limão. Cubra o recheio deixando-o em contato direto com o filme de PVC. Mantenha na geladeira até a hora de usar. Mesmo com essas precauções, não recomendo deixar o recheio muito tempo sem uso.

Criei estes sanduichinhos numa noite quente de verão. Ia receber amigos em casa e não estava a fim de cozinhar. Pois não é que a preguiça valeu a pena? E ainda passei por madame! Afinal, somente as pessoas muito finas servem sanduichinhos britânicos típicos da hora do chá, posso afirmar.

Pois esta é minha versão para o clássico inglês: sanduichinhos de cream cheese com pepino. O abacate se livra dos grilhões do guacamole e aqui é temperado com limão, endro e hortelã. O resultado fica muito especial: cremoso, azedinho e aveludado. Use uma fatia de pão branco e outra de integral em cada sanduíche, para deixá-lo bem bonito. Ah, claro: não se esqueça do chá! Recomendo o Lady Grey. Seu toque cítrico combina perfeitamente com as ervas frescas do sanduíche. Sirva na sua melhor louça e você vai se sentir um aristocrata.

PREPARE A PASTINHA:

Retire o caroço do abacate e transfira a polpa para o processador, junto com o suco de limão e o sal. Bata até formar um purê liso. Raspe o copo do aparelho com uma espátula quando achar necessário. Junte o pepino e bata no modo pulsar até ele ficar bem picado. Adicione a hortelã e o endro e bata no modo pulsar novamente, apenas para misturar. A ideia é incorporar bem as ervas à pasta, mas não transformá-las em purê. Prove para conferir o tempero.

Disponha as fatias de pão numa superfície (se for usar meio a meio, alterne fatias do pão branco com as de pão integral). Espalhe a pasta de abacate nas 12 fatias de pão. Coloque uma camada de pepino em 6 fatias e feche os sanduíches. Com uma faca afiada, retire as cascas dos pães. Cuidadosamente, corte os sanduíches em quadrados ou triângulos. Decore com ervas picadinhas (ou com qualquer coisa verde e bonitinha, como alface picada e brotos de ervilha). Sirva imediatamente.

BANH MI DE SHIITAKE

rendimento: 2 sanduíches grandes · tempo total: 20 minutos · tempo de preparo: 20 minutos

Demorei a conhecer o vietnamita banh mi (assim como, imagino, a maioria dos judeus do Brooklyn), mas quando o conheci foi uma paixão avassaladora. A ideia é usar um pão de casca crocante, uma "carne" bem tostadinha (seitan e tofu na maioria das versões veganas que já provei), um recheio cremoso superpicante, picles de legumes para aliviar o paladar e coentro para arrematar. Decidi usar shiitake como "carne", primeiro porque nunca vi ninguém usar, e também porque queria algo leve, mas com consistência de carne. Eu adoro sanduíche com contraste de quente e frio, e esta receita não decepciona nesse aspecto.

A pasta é à base de manteiga de amêndoa, mas não se preocupe, pois não fica com o gosto da manteiga, não! Com outros ingredientes, ela se transforma numa pasta cremosa e picante que derrete na boca. Em vez de preparar os picles, fiz o seguinte: misturei pepino e rabanete com vinagre de arroz e xarope de agave e deixei descansando enquanto preparava o restante dos ingredientes. Ele fica pronto rápido e dá conta do recado!

PREPARE OS PICLES:

Misture todos os ingredientes numa tigela e deixe descansar até a hora de servir. Misture de vez em quando.

PREPARE O SHIITAKE:

Preaqueça uma frigideira de ferro fundido (ou uma de fundo grosso) em fogo de médio para alto. Cubra com o óleo e junte os cogumelos. Tampe e cozinhe o shiitake por cerca de 5 minutos, mexendo de vez em quando, até amolecer um pouco e soltar líquido. Destampe e cozinhe por mais 3 minutos, até os cogumelos dourarem ligeiramente. Junte o alho e refogue por mais 1 minuto. Por fim, junte o tamari e misture até ficar bem incorporado. Retire os cogumelos da frigideira assim que ficarem prontos, para evitar que passem do ponto.

PREPARE A PASTA DE AMÊNDOA E PIMENTA:

Bata todos os ingredientes no liquidificador ou processador, até formar um creme liso. Já tentei fazer batendo com um garfo numa tigelinha, mas o resultado não fica cremoso como desejado, por isso recomendo fortemente o preparo no liquidificador ou no processador. Junte um pouco de água se achar que a pasta não está ficando cremosa.

PARA MONTAR:

Espalhe a pasta de amêndoa e pimenta nas baguetes cortadas. Faça uma camada de shiitake, depois de picles e, por fim, de coentro e hortelã. Feche os sanduíches e bom apetite!

Para os picles:
½ xícara de rabanete cortado em rodelas finas
½ xícara de pepino cortado em rodelas finas
2 colheres (sopa) de vinagre de arroz
2 colheres (chá) de xarope de agave
uma pitada de sal

Para o shiitake:
1 colher (sopa) de óleo de amendoim
220 g de shiitake inteiro sem os talos
2 dentes de alho bem picados
1 colher (sopa) de molho tamari ou de soja

Para a pasta de amêndoa e pimenta:
¼ de xícara de manteiga de amêndoas, à temperatura ambiente
1 colher (sopa) de vinagre de arroz
1 colher (chá) de xarope de agave
1 colher (sopa) de molho Sriracha
¼ de colher (chá) de sal

Para servir:
2 baguetes cortadas ao meio
um punhado grande de coentro
½ xícara de hortelã fresca

OBSERVAÇÕES:

- Em relação à manteiga de amêndoa, use qualquer marca sem açúcar. Pode ter sal ou não. Se for sem, junte um pouco de sal à pasta. Dependendo da quantidade de óleo da manteiga, será preciso ou não adicionar um pouco de água, para que a pasta fique lisa e cremosa.

- Para dar conta da receita em 20 minutos, faça a pasta de amêndoa e pimenta enquanto os cogumelos estão no fogo.

Sanduíche de Legumes Assados ao Romesco

rendimento: 4 sanduíches · tempo total: 45 minutos · tempo de preparo: 25 minutos

Para os legumes assados:
- 2 colheres (sopa) de azeite, mais um pouco se for necessário
- 1 couve-flor pequena limpa e cortada em pedaços de 1,5 cm (veja Observações)
- 2 abobrinhas médias (350 g) em fatias compridas de 1,5 cm de espessura
- ½ colher (chá) de sal
- pimenta-do-reino moída na hora

Para o romesco:
- ¾ de xícara de amêndoa em lascas
- 2 dentes de alho bem picados
- 2 pimentões vermelhos assados (veja Observações) picados
- 1 colher (sopa) de azeite
- 1 colher (sopa) de vinagre de vinho tinto
- 2 colheres (chá) de páprica doce
- ½ de colher (chá) de sal

Para servir:
- 4 pães (focaccia ou ciabatta, por exemplo)
- 2 pimentões vermelhos assados (veja Observações)
- um punhado de manjericão

OBSERVAÇÕES:

- Corte a couve-flor num tamanho adequado para o sanduíche. Coloque-a na tábua com o talo virado para baixo e corte com uma faca afiada. Alguns pedaços menores podem se soltar, e não tem problema nenhum! Asse-os também. Se não usá-los no sanduíche, pelo menos você terá uma boa opção de petisco.
- Você pode assar o pimentão (veja p. 126) para o molho, mas, como ele demora a esfriar para a retirada da pele, sugiro o uso do pimentão assado em conserva.

Às vezes, quando o tempo está nublado, mas sem chuva e não muito frio, adoro vestir moletom e me sentar na minha mesa de piquenique para comer uma comida bem quentinha. Acho gostoso ouvir os passarinhos e o trânsito passando e ainda admirar o céu com cor de ardósia. Para esses momentos, não tem nada melhor que este sanduíche de legumes assados. De quebra, sua casa ainda vai estar com um cheirinho maravilhoso quando você voltar para dentro. Se não tiver um quintal com mesa de piquenique, sente-se na varanda ou, sei lá, ponha a cabeça para fora da janela.

PREPARE OS LEGUMES:

Preaqueça o forno a 220 °C e forre uma assadeira grande e baixa com papel-manteiga. Pincele azeite no papel.

Arrume a couve-flor e a abobrinha na assadeira, regue com um fio de azeite e tempere com sal e pimenta-do-reino. Misture para cobrir bem os legumes com os temperos e arrume-os em camada única.

Leve ao forno por cerca de 20 minutos. Retire do forno e vire os legumes. Regue-os com mais um fio de azeite se achar que estão muito secos. Continue assando por mais 10 a 15 minutos, até ficarem bem dourados e macios.

PREPARE O ROMESCO:

Toste as amêndoas. Se a preguiça for mais forte, até dá para pular essa etapa, mas observe que ela dá um sabor especial às amêndoas! Preaqueça uma panela grande de fundo grosso em fogo médio. Espalhe as amêndoas em camada única e leve ao fogo, mexendo sempre por 5 a 7 minutos, até ficarem perfumadas e douradas.

Transfira-as para um liquidificador ou processador, e bata no modo pulsar até formar uma farinha fina. Junte o alho e bata no modo pulsar para picá-lo. Adicione o pimentão, o azeite, o vinagre, a páprica e o sal e bata até formar um purê relativamente liso. Com uma espátula de borracha, raspe as paredes do processador de vez em quando para retirar tudo. Dependendo do aparelho usado, talvez nem seja necessário juntar água ao purê, mas se você notar que ele não está batendo, junte colheradas de água até ele colaborar. Confira o tempero. Guarde em recipiente bem fechado na geladeira até a hora de usar.

Passe uma boa quantidade do romesco nos pães cortados. Monte camadas de abobrinha, pimentão assado e couve-flor e arremate com o manjericão. Feche o sanduíche (óbvio), vá para fora e curta!

WRAP DE TOFU COM HOMUS DE EDAMAME

rendimento: 4 wraps · tempo total: 20 minutos · tempo de preparo: 20 minutos

Este não é um wrap comum de homus, não! Claro que não há nada de errado com wraps comuns de homus. É que este vai um pouquinho além. Verde e picante, ele é feito com edamame e um pouco de wasabi em pó. O tofu também é de preparo simples e delicioso, refogado em óleo de gergelim até dourar. Este wrap de inspiração japonesa é muito saboroso, e o melhor: leva poucos ingredientes. Gosto muito de incrementá-lo com brotos; tente usar os de brócolis ou de ervilha.

Como há grande variação de intensidade entre as marcas de wasabi em pó, sugiro começar com 1 colher (chá) e ir testando o paladar. Uso aquela quantidade que dá até para sentir no nariz! E como há variações na quantidade de líquido do tahine e do edamame e na potência dos aparelhos, talvez seja necessário adicionar até ½ xícara de água à preparação.

Para o tofu:
- 1 colher (sopa) de óleo de gergelim torrado
- 400 g de tofu extrafirme cortado em cubos de 2 cm
- ¼ de colher (chá) de sal

Para o homus de edamame:
- 2 dentes de alho
- 1½ xícara de edamame debulhado e completamente descongelado
- ⅓ de xícara de água, mais um pouco se necessário
- ¼ de xícara de suco de limão-siciliano
- ¼ de xícara de tahine
- ¼ de xícara de azeite
- 1½ colher (chá) de wasabi em pó (veja Introdução)
- ½ colher (chá) de sal

Para servir:
- 4 pães folha integrais
- 2 xícaras de brotos (de brócolis ou de girassol)

PREPARE O TOFU:

Você vai precisar de uma frigideira de ferro fundido ou uma antiaderente que aguente temperaturas muito altas. Preaqueça a frigideira em fogo alto. Assim que ela estiver bem quente, junte o óleo de gergelim. Adicione o tofu cortado e tempere com sal. O tofu deve começar a chiar imediatamente como fritura quando entrar em contato com o óleo quente; caso isso não aconteça, aumente o fogo. Deixe aquecer por cerca de 10 minutos, mexendo sempre, até o tofu ficar bem dourado. Enquanto ele doura na frigideira, faça o homus.

PREPARE O HOMUS:

Bata o alho no modo pulsar no liquidificador ou processador, para picá-lo. Adicione os demais ingredientes do homus e bata até formar um purê liso, juntando um pouco de água se precisar afiná-lo. Confira o tempero. Guarde na geladeira em recipiente bem fechado se não for usá-lo imediatamente.

PARA MONTAR:

Passe uma camada grossa de homus no meio de cada pão folha. Junte um punhado de tofu e brotos. Enrole, corte ao meio e caia dentro!

TACO PICANTE DE LENTILHA

rendimento: 6 porções · tempo total: 20 minutos · tempo de preparo: 20 minutos

Para a mistura de pimenta ancho:
- 2 colheres (chá) de pimenta ancho em pó
- 1 colher (chá) de cominho em pó
- ½ colher (chá) de coentro em pó
- ½ colher (chá) de orégano seco
- ½ colher (chá) de sal

Para a lentilha:
- 2 colheres (chá) de azeite
- 1 cebola pequena bem picada
- 2 dentes de alho bem picados
- uma pitada de sal
- 2½ xícaras de lentilha cozida
- 3 colheres (sopa) de extrato de tomate
- 2 colheres (sopa) de molho de pimenta mexicano

Para servir:
- 6 tortilhas de milho
- alface picada
- salsa de tomate
- fatias de abacate ou guacamole

Lentilha é minha "carne moída" vegana preferida. Refogada e levemente amassada, ela adquire a consistência de recheio de taco. Fica bom demais! A pimenta ancho é a pimenta poblano desidratada. Gosto muito de usá-la pura (ao contrário das misturas tradicionais com pimenta dedo-de-moça em pó) pelo seu sabor forte, frutado e naturalmente defumado. Você pode usar a dedo-de-moça em pó tradicional se não encontrar a do tipo ancho; só me prometa uma coisa: um dia prove a pimenta ancho para ver se não vai se apaixonar!

O recheio não é muito picante, mas tem um toque apimentado do molho de pimenta mexicano. Algumas colheradas de extrato de tomate dão à umidade e a liga necessárias para deixar o recheio com consistência parecida com a de carne. A ideia aqui é amassar a lentilha até dar liga, juntando colheradas de água durante o processo para manter a mistura úmida.

Gosto de montar este taco com ingredientes que refresquem o paladar: o coentro, com seu frescor inigualável, limão-taiti para acidez, abacate (ou guacamole) para o toque cremoso e, claro, uma salsa fresquinha. Se quiser, experimente usar o molho de queijo que ensino a fazer na p. 240.

PREPARE A MISTURA DE PIMENTA ANCHO:

Misture todos os ingredientes do tempero.

PREPARE A LENTILHA:

Preaqueça uma panela grande em fogo médio para alto. Despeje o azeite. Deixe um copo de água à mão, pois vai precisar de algumas colheradas durante o preparo da receita. Refogue a cebola e o alho no azeite com uma pitadinha de sal por cerca de 3 minutos, até dourarem. Junte a mistura de temperos e misture por 30 segundos para tostar.

Diminua a chama para médio. Adicione a lentilha cozida, algumas colheradas de água, o extrato de tomate e o molho de pimenta; use a espátula para amassar a lentilha durante o cozimento, até ganhar liga. Se a espátula não funcionar bem para essa função, use um garfo. Siga esse processo por cerca de 5 minutos, juntando colheradas de água se achar que o refogado está muito seco. Confira o tempero; talvez seja necessário juntar mais especiarias ou molho de pimenta. E pronto!

PARA MONTAR:

Toste as tortilhas levemente numa frigideira sem óleo ou esquente-as no micro-ondas rapidamente (cerca de 15 segundos), só para aquecer. Monte os tacos com os recheios e acompanhamentos e sirva!

TACO DE COGUMELO COM CHIPOTLE

rendimento: 6 tacos · tempo total: 30 minutos · tempo de preparo: 30 minutos

De textura carnuda, o cogumelo-ostra é um excelente ingrediente para tacos. Esta receita, de sabores picantes e defumados, se torna uma refeição completa arrematada pelo feijão-rajado. O salpicão é de preparo facílimo, sendo um bom elemento refrescante e crocante para equilibrar o sabor apimentado do recheio. E, claro, não se esqueça do abacate! Para agilizar o preparo, você pode fazer o salpicão enquanto os cogumelos estão no fogo.

PREPARE O RECHEIO:

Preaqueça uma panela grande em fogo médio. Despeje o azeite. Refogue a cebola no azeite com uma pitadinha de sal por cerca de 3 minutos, até amolecer. Junte o alho e refogue por cerca de 30 segundos.

Adicione o cogumelo e tempere com ¼ da colher de sal. Refogue por cerca de 5 minutos, até o cogumelo dourar levemente e soltar líquido. Junte o tomate, a chipotle, o coentro e o cominho. Aumente a chama e cozinhe por mais 5 minutos. Os tomates vão desmanchar um pouco e a mistura vai ficar bem suculenta.

Diminua a chama do fogo, junte o feijão cozido e o suco de limão e deixe esquentar por cerca de 2 minutos. Confira o sal e mantenha aquecido até a hora de servir.

PREPARE O SALPICÃO:

Misture todos os ingredientes numa tigela, cobrindo bem o repolho com os temperos.

PARA MONTAR:

Toste as tortilhas levemente numa frigideira sem óleo ou esquente-as no micro-ondas rapidamente (cerca de 15 segundos), só para aquecer. Monte os tacos com os recheios e acompanhamentos e sirva!

Para o recheio:
- 1 colher (sopa) de azeite
- 1 cebola roxa média cortada em rodelas finas
- ¼ de colher (chá) de sal, mais uma pitada
- 3 dentes de alho bem picados
- 300 g de cogumelo-ostra cortado em pedaços de 2,5 cm a 5 cm (veja Observações)
- 1 tomate médio picado
- 3 colheres (sopa) de pimenta chipotle sem sementes em conserva
- ¼ de xícara de coentro fresco picado
- 1 colher (chá) de cominho em pó
- 1½ xícara (420 g) de feijão-rajado cozido e escorrido
- 2 colheres (sopa) de suco de limão--taiti

Para o salpicão:
- 3 xícaras (170 g) de repolho picado fino
- 1 colher (sopa) de azeite
- 2 colheres (sopa) de suco de limão--taiti
- ⅛ de colher (chá) de sal

Para servir:
- 6 tortilhas de trigo
- abacate cortado em cubos

OBSERVAÇÕES:

- Não é fácil encontrar cogumelo-ostra. Se não conseguir, substitua por shiitake. Mas fique atento: o shiitake cozinha um pouco mais rápido. Como os cogumelos-ostra vêm em maços e não gosto de picá-los muito pequenos, eu simplesmente os separo pelo talo. Se algum for muito grande, corto em pedaços de 2,5 cm. Mas tente manter os cogumelos o mais intactos possível, para preservar o sabor e a textura.
- Para o salpicão, você pode usar repolho branco ou roxo, ou até misturar os dois.

MASSAS e RISOTOS

CAPÍTULO 4

Mac and cheese vegano 124 • Macarrão ao molho cremoso de pimentão 126 • Espaguete com almôndegas de tempeh 127 • Fusilli com shiitake e acelga 130 • Massa Alfredo com abóbora assada 131 • Penne cremoso com tomate seco e brócolis 132 • Fettuccine com berinjela e crocante de pão 133 • Massa ao pesto com couve-flor e tofu empanado 134 • Pomodoro à puttanesca 137 • Estrogonofe de tofu e cogumelo 138 • Cabelo de anjo com azeitona e couve-de-bruxelas 141 • Bolonhesa de lentilha 142 • Macarrão da Deusa com tempeh e brócolis 144 • Orzilla com tempeh 145 • Risoto ao pesto com abobrinha assada 147 • Risoto de abóbora com cranberry 149 • Risoto de ervilha ao vinho branco com bacon de shiitake 150

MASSA é o melhor jeito de SERVIR UMA

refeição saudável, farta e deliciosa em questão de minutos. Só que é fácil cair na mesmice do macarrão. Neste capítulo trago clássicos e proponho novas ideias para animar a sua macarronada. Com pratos de massa, sempre procuro aproveitar os molhos ao máximo. Todo mundo adora o molho clássico de tomate — eu também! —, mas existem muitos outros para aprender. Alho e vinho, lentilha, creme de castanha de caju, pesto — comer massa no jantar alguns dias da semana não significa necessariamente cair na monotonia nem se valer de carboidratos vazios. Aposte em muitas hortaliças e ingredientes integrais, como oleaginosas e leguminosas. Experimente também tempeh ou tofu preparados de forma simples e gostosa. Tire proveito da grande variedade de massas que existem hoje no mercado: adoro as integrais, de arroz e de quinoa. A massa clássica de sêmola também é ótima, mas não custa nada variar, certo? Minha principal dica para controlar bem o tempo do preparo de massas é: antes de começar (ou seja, assim que puser os pés na cozinha), já leve ao fogo uma panela grande de água com sal para ferver. Dessa forma, a água é que vai esperar por você, e não o contrário.

Mac and Cheese Vegano

rendimento: 4 porções · tempo total: 30 minutos (mais o tempo de molho da semente de girassol) · tempo de preparo: 20 minutos

---

1 xícara de semente de girassol deixada de molho por 2 horas, no mínimo

220 g de macarrão curto

1 colher (sopa) de azeite

½ xícara de cenoura em rodelas finas

1 cebola pequena picada em cubinhos

½ colher (chá) de sal, mais uma pitada

3 dentes de alho bem picados

3 xícaras de caldo de legumes

2 colheres (sopa) de amido de milho orgânico

¼ de xícara de levedura nutricional

2 colheres (sopa) de extrato de tomate

1 colher (sopa) de suco de limão-siciliano

páprica doce, para decorar

As pessoas mais importantes da minha vida são os testadores das minhas receitas. Uma das minhas preferidas, com quem posso contar desde o início, é Jess Sconed. Esta receita foi criada em homenagem a ela, que é igual a um girassol. Com maria-chiquinha e unhas pintadas de roxo, mas é um girassol, sim!

Como sei que ela não é tão fã de cebola crua e coentro, sempre me lembro disso quando penso em receitas para ela. Além disso, ela tem alergia a oleaginosas, então não posso recorrer à minha amada castanha de caju. Jess adora mac and cheese vegano, então criei esta receita de molho de "queijo" sabendo que ela ia amar, e com ingredientes que não lhe fazem mal.

Apostei na semente de girassol, que tem um sabor suave, semelhante ao de castanhas, e cai superbem no molho de "queijo". Com um fundo de cebola e alho, um toque adocicado da cenoura e o sabor torradinho da semente de girassol, este molho me conquistou na primeira garfada.

A receita rende mais molho que o necessário, então, se você for dos meus, que come macarrão gratinado com bastante couve no vapor, não se preocupe: use e abuse desta delícia!

Coloque as sementes de girassol numa tigela e cubra com água. Deixe de molho por 2 horas, no mínimo, ou a noite inteira. Escorra bem.

Leve ao fogo uma panela grande com água e sal. Assim que a água ferver, cozinhe o macarrão conforme as instruções da embalagem. Escorra a massa, devolva-a à panela e reserve.

Enquanto isso, preaqueça uma panela em fogo médio e despeje o azeite. Refogue a cenoura e a cebola no azeite com uma pitadinha de sal por cerca de 10 minutos, até que a cebola fique translúcida e a cenoura amoleça. Junte o alho, refogue por cerca de 30 segundos e retire do fogo.

Transfira a mistura para o liquidificador ou processador. Junte o caldo, o amido, a levedura nutricional, o extrato de tomate, o restante do sal e as sementes de girassol. Bata até formar um creme liso. O processo pode levar até 5 minutos, dependendo da potência do aparelho. Vá fazendo pausas a cada minuto para poupar o motor e checar a consistência do molho (ele deve ficar liso, mas ainda manter um pouquinho de aspereza).

Devolva o molho à panela. Cozinhe em fogo médio, mexendo sempre até engrossar, processo que deve levar cerca de 15 minutos. Junte o suco de limão e confira o tempero.

Cubra a massa com o molho, reservando uma parte dele para servir nas porções individuais. Misture e sirva com molho extra e páprica polvilhada.

MACARRÃO AO MOLHO CREMOSO DE PIMENTÃO

rendimento: 4 porções · tempo total: 30 minutos (mais o tempo de molho da castanha de caju) · tempo de preparo: 20 minutos

- 2 colheres (chá) de azeite
- 1 cebola pequena bem picada
- ½ colher (chá) de sal, mais uma pitada
- 2 dentes de alho bem picados
- 220 g de macarrão curto
- ¾ de xícara de castanha de caju deixada de molho por 2 horas, no mínimo (veja o boxe "Sempre de molho", p. 22)
- 2 xícaras de caldo de legumes
- 1½ colher (sopa) de amido de milho orgânico
- 1 colher (sopa) de levedura nutricional (opcional)
- 1 pimentão vermelho assado (em conserva ou caseiro; veja Observações)
- 1 colher (sopa) de extrato de tomate
- 1½ colher (chá) de tempero de pizza (veja Observações)
- 1 colher (chá) de mostarda em pó
- ½ colher (chá) de cúrcuma em pó

OBSERVAÇÕES:

- Se você não tiver o tempero para pizza, use: ¼ de colher (chá) de semente de erva-doce ou erva-doce em pó, ¼ de colher (chá) de orégano seco, ½ colher (chá) de tomilho seco e ½ colher (chá) de alho em flocos.
- Sempre tenho um vidro de pimentão vermelho em conserva na despensa, mas não é difícil fazer em casa. Se você estiver assando algo no forno entre 180 °C e 220 °C, aproveite a "carona" e coloque 1 a 3 pimentões numa assadeira pequena. Asse-os inteiros de 20 a 30 minutos, ou até ficarem moles. Transfira-os imediatamente para um saquinho de papel e feche bem. Dessa forma o vapor fica preso no saquinho, e, quando o pimentão esfriar, a pele sairá facilmente. Depois que pelar o pimentão, abra-o (se é que ele não abriu dentro do forno) e descarte as sementes. *Voilà!*

Esta receita, de cor laranja vibrante, leva os mesmos temperos da pizza de pepperoni: erva-doce, tomilho e orégano. Como rende uma boa quantidade de molho, incremente com suas hortaliças preferidas.

Se quiser, pode até fazer no forno. Para isso, basta transferir o macarrão misturado ao molho para um refratário quadrado de 20 cm e assar a 180 °C por 20 minutos.

Preaqueça uma panela com capacidade para 2 litros em fogo médio. Despeje o azeite. Refogue a cebola no azeite com uma pitadinha de sal por 5 a 7 minutos, até ficar translúcida. Junte o alho, refogue por cerca de 30 segundos e passe para o liquidificador ou processador.

Leve ao fogo uma panela grande com água e sal. Assim que a água ferver, cozinhe o macarrão conforme as instruções da embalagem. Escorra a massa, devolva-a à panela e reserve.

Escorra a castanha de caju e transfira para o liquidificador com o caldo, o amido, a levedura nutricional (se usar), o pimentão, o extrato de tomate, o tempero de pizza, o sal restante, a mostarda e a cúrcuma. Bata até formar um creme liso. Esse processo pode levar de 1 a 5 minutos, dependendo da potência do aparelho. Raspe o copo do liquidificador a cada 30 segundos e confira a consistência.

Transfira o molho para a panela onde refogou a cebola. Cozinhe em fogo médio, mexendo sempre até o molho engrossar. Esse processo deve levar de 10 a 15 minutos. Confira o sal.

Misture o molho à massa cozida, com uma colher vazada, tomando cuidado para não quebrar o macarrão. Sirva.

Espaguete com almôndegas de tempeh

rendimento: 4 porções · tempo total: 1 hora · tempo de preparo: 30 minutos

Se tem uma receita com cara de família, é esta. Não importa se é a sua família de sangue ou a dos seis amigos que moram com você num apartamento sem ventilador no teto, uma coisa é certa: nada melhor que espaguete com almôndegas para juntar todo mundo. Muitas das minhas lembranças mais queridas giram em torno de suculentas almôndegas com um delicioso molho marinara. Imagino a mesa de jantar da minha avó com uma bela travessa de almôndegas no meio. Sempre havia uma disputa pelas mais queimadinhas. Também me lembro da mãe da minha melhor amiga — uma linda italiana com cabelo bem preto e olhos azuis de gata —, que sempre me chamava para jantar na casa dela. E também, anos depois, quando virei vegetariana, me lembro de fazer espaguete com almôndegas de tofu na companhia da minha mãe e da minha irmã. Mesmo décadas mais tarde, quando fui morar no tal apartamento sem ventilador, todo domingo à noite sentávamos para ver *A família Soprano* comendo espaguete com almôndegas feitas com alguma linguiça de soja.

Bem, esta receita não vem de nenhuma das minhas lembranças, mas certamente bebe na fonte das minhas memórias afetivas. Adoro a consistência do tempeh em almôndegas, ficam suculentas e substanciosas. Com a ajuda dos temperos e das especiarias, consigo reproduzir aquele sabor de infância de que sinto tanta saudade. Recomendo dobrar a receita se for fazer para a família, sem se esquecer de deixar algumas mais queimadinhas — as mais adoradas.

Para as almôndegas:
- 450 g de tempeh
- 1 xícara de água
- 1 colher (sopa) de molho tamari ou de soja
- 1 colher (sopa) de azeite
- 2 dentes de alho bem picados
- 3 colheres (sopa) de ketchup
- 1 colher (sopa) de mostarda de Dijon
- ½ colher (chá) de orégano seco
- ½ colher (chá) de tomilho seco
- ½ colher (chá) de sal
- várias pitadas de pimenta-do-reino moída na hora
- ½ xícara de cebola bem picada
- 1 xícara de panko
- azeite, para fritar

Para montar o macarrão:
- 220 g de espaguete
- 4 xícaras de molho Marinara (industrializado ou caseiro; veja o Molho delícia para espaguete, p. 129)
- pimenta calabresa
- pimenta-do-reino moída na hora

Leve ao fogo uma panela grande com água e sal para ferver.

Prepare as almôndegas:

Esmigalhe o tempeh em pedacinhos dentro de uma panela com capacidade para 2 litros. Junte a água, o molho tamari ou de soja e o azeite. Tampe e deixe levantar fervura. Assim que levantar fervura, cozinhe em fogo brando por cerca de 15 minutos, com a panela semitampada para o vapor escapar. Boa parte da água deverá ser absorvida. Se sobrar água, escorra; coloque o tempeh numa tigela e leve-o ao freezer para esfriar por cerca de 10 minutos. Mexa depois de 5 minutos para ajudar a esfriar mais rápido.

Ganhe tempo:
Admito que esta receita é ambiciosa para um jantar durante a semana, ainda mais para quem já chega em casa faminto. Cozinhar o tempeh e deixá-lo esfriar realmente é demorado, mas você pode adiantar essa etapa na véspera. Assim, no dia seguinte, só vai precisar misturá-lo com os demais ingredientes e fritar as almôndegas.

Observação:
A cebola deve ser picada bem pequena, para evitar que as almôndegas quebrem. Tente picá-la em pedacinhos do tamanho de uma ervilha.

Assim que o tempeh esfriar, acrescente o alho, o ketchup, a mostarda, o orégano, o tomilho, o sal e a pimenta-do-reino. Misture bem. Junte a cebola e o panko e misture bem tudo com as mãos, até formar uma massa homogênea. Se achar que não deu liga, vá juntando mais panko, 1 colher (sopa) por vez, até a massa ficar firme e compacta, ideal para moldar as almôndegas. À mão, molde as almôndegas do tamanho de bolas de golfe.

Preaqueça uma frigideira antiaderente grande, de preferência de ferro fundido, em fogo médio. Cubra a frigideira com uma camada fina de azeite. Coloque as almôndegas, uma a uma, rolando-as na frigideira para cobri-las de azeite. Se a frigideira não acomodar todas as almôndegas com folga, frite-as em duas levas. Frite-as por cerca de 10 minutos, rolando-as sempre para que cozinhem de forma homogênea.

PREPARE O ESPAGUETE:

Cozinhe o espaguete na água fervente. Escorra-o, devolva-o à panela do cozimento e junte o molho marinara. Sirva o espaguete em tigelas grandes, com 3 ou 4 almôndegas em cada. Salpique pimenta calabresa e pimenta-do-reino e bom apetite!

Molho delícia para espaguete

rendimento: 4 xícaras · tempo total: 30 minutos · tempo de preparo: 5 minutos

> Graças à base de cebola caramelizada, este molho tem um toque levemente adocicado. É muito melhor que a versão industrializada! Se não quiser muito apimentado, reduza a quantidade de pimenta calabresa ou nem use.

Preaqueça uma panela com capacidade para 2 litros em fogo médio. Despeje o azeite. Refogue a cebola no azeite por cerca de 5 minutos, até dourar de leve. Junte o alho e refogue por cerca de 30 segundos, até soltar o aroma. Adicione o açúcar mascavo e refogue por cerca de 1 minuto, até dissolver e cobrir bem a cebola. Junte o tomilho, o orégano, a pimenta calabresa e a pimenta-do-reino. Acrescente a polpa de tomate e o sal e misture bem. Deixe a panela semitampada para que o vapor escape, e cozinhe por cerca de 15 minutos. Confira o tempero e sirva.

Para o molho:
1 colher (sopa) de azeite
1 cebola pequena bem picada
3 dentes de alho bem picados
1 colher (sopa) de açúcar mascavo claro
1 colher (chá) de tomilho seco
1 colher (chá) de orégano seco
1 colher (chá) de pimenta calabresa
pimenta-do-reino moída na hora
700 g de polpa de tomate com manjericão
1 colher (chá) de sal

FUSILLI COM SHIITAKE E ACELGA

rendimento: 4 porções · tempo total: 30 minutos · tempo de preparo: 30 minutos

- 220 g de fusilli
- 1 colher (sopa) de azeite
- 5 dentes de alho bem picados
- 220 g de shiitake em fatias finas
- 1 colher (chá) de sal, mais uma pitada
- 1 xícara de tomate fresco picado
- várias pitadas de pimenta-do-reino moída na hora
- 220 g de acelga (talos cortados bem finos e folhas rasgadas em pedaços médios)
- ¼ de xícara de manjericão picado
- 2 colheres (sopa) de coentro fresco
- 2 colheres (sopa) de suco de limão-siciliano
- 2 colheres (sopa) de levedura nutricional

Sempre achei acelga e shiitake uma combinação excelente, e espero que o mundo um dia também se convença disso. Adoro o clima de horta dessa dupla. Já fico com vontade de enfiar as mãos na terra num dia lindo de sol, o que, aliás, não é nada muito fora da minha realidade. No verão, minha horta me presenteia com lindas acelgas, que só faltam acenar para mim.

Enfim, esta receita demonstra um tipo de prato muito simples que adoro fazer com massas. Gosto de misturar algo bem verde e suculento para se fundir com o molho de tomate fresco. Ah, sim, e alho. Bastante! Junte ervinhas frescas e a festa da horta está pronta para começar. Se você não gosta de coentro, o endro é um bom substituto.

Se quiser incrementar o prato, o Tempeh ao alho e tomilho (p. 244) cai superbem. Outra opção é juntar 1½ xícara de feijão-branco ao final do cozimento.

Leve ao fogo uma panela grande com água e sal. Assim que a água ferver, cozinhe o macarrão conforme as instruções da embalagem. Mantenha a massa aquecida até a hora de servir.

Preaqueça uma frigideira grande em fogo médio. Despeje o azeite. Junte o alho e refogue por cerca de 30 segundos, até soltar o aroma. Adicione o shiitake e refogue com uma pitadinha de sal por cerca de 3 minutos, até amolecer.

Junte o tomate, o sal restante, a pimenta-do-reino, tampe e aumente o fogo para que o tomate desmanche mais rápido, cozinhando por cerca de 3 minutos. Adicione os talos e folhas da acelga e refogue por cerca de 5 minutos, com a frigideira destampada, até que os talos amoleçam e as folhas murchem.

Junte o manjericão, o coentro, o suco de limão e a levedura e misture.

Despeje a massa cozida na panela, apague o fogo e mexa bem. Sirva!

MASSA ALFREDO COM ABÓBORA ASSADA

rendimento: 4 porções · tempo total: 1 hora (mais o tempo de molho da castanha de caju) · tempo de preparo: 20 minutos

Quando é época de abóbora e você já fez tudo que podia com esse legume, esta receita é mais que bem-vinda. Aqui a abóbora é assada, transformada em purê e misturada com creme de castanha de caju. O resultado é um molho espesso, perfeito para o outono. E o mais importante: delicioso. Leva vinho branco, cebola e alho refogados... uma afronta! Para deixar ainda melhor, reserve alguns pedaços da abóbora assada para servir por cima da massa.

220 g de macarrão gemelli (mas, sério, serve qualquer tipo de massa)

Para o molho:
½ xícara de castanha de caju deixada de molho por 2 horas, no mínimo (veja o boxe "Sempre de molho", p. 22)
1½ xícara de caldo de legumes
1½ xícara de purê de abóbora-menina assada (p. 58)
2 colheres (sopa) de missô claro
2 colheres (sopa) de levedura nutricional (opcional)
1 colher (sopa) de suco de limão-siciliano

Para o restante da receita:
1 colher (sopa) de azeite
1 cebola média cortada em quatro e picada fininho
½ colher (chá) de sal, mais uma pitada
3 dentes de alho bem picados
1 colher (chá) de sálvia seca
várias pitadas de pimenta-do-reino moída na hora
¾ de xícara de vinho branco

Para decorar:
abóbora assada amassada
sementes de abóbora, ou nozes-pecãs, avelãs ou amêndoas picadas

Leve ao fogo uma panela grande com água e sal. Assim que a água ferver, cozinhe o macarrão conforme as instruções da embalagem e escorra. Reserve a massa, mantendo aquecida até a hora de servir.

PREPARE O MOLHO:

Escorra a castanha de caju e coloque-a no processador com o caldo. Bata até formar um creme liso. O processo pode levar de 1 a 5 minutos, dependendo da potência do aparelho. Esfregue um pouco do molho nos dedos para testar a consistência. Quando ele já estiver bem liso, junte a abóbora, o missô, a levedura nutricional (se usar) e o suco de limão. Bata até formar um purê liso. Com uma espátula, raspe o copo do processador para aproveitar tudo.

PREPARE O RESTANTE DA RECEITA:

Enquanto o molho estiver batendo, comece a refogar a cebola. Preaqueça uma frigideira grande de ferro fundido em fogo médio. Despeje o azeite. Refogue a cebola no azeite com uma pitadinha de sal por cerca de 7 minutos, até dourar de leve. Junte o alho e refogue por cerca de 30 segundos, até soltar o aroma. Adicione a sálvia e a pimenta-do-reino, em seguida o vinho e o sal restante. Aumente o fogo para que o vinho levante fervura. Ferva por cerca de 2 minutos para reduzir um pouco.

Reduza o fogo, deixando-o de médio para brando. Transfira o creme de abóbora para a panela e mexa para incorporá-lo à cebola e demais ingredientes. Deixe a mistura aquecer bem, mexendo de vez em quando, por cerca de 5 minutos. O molho deve engrossar um pouco. Confira o tempero.

Reserve metade do molho para usar depois (cerca de 1 xícara para servir por cima dos legumes, se quiser servir junto da massa). Despeje a massa cozida na panela e misture tudo. Sirva com a abóbora assada reservada e sementes ou nozes salpicadas.

PENNE CREMOSO COM TOMATE SECO e brócolis

rendimento: 4 porções · tempo total: 30 minutos (mais o tempo de molho da castanha de caju) · tempo de preparo: 30 minutos

220 g de penne

Para o creme de tomate seco:
- ¼ de xícara de tomate seco (não use o conservado em óleo)
- ¾ de xícara de castanha de caju deixada de molho por 2 horas, no mínimo (veja o boxe "Sempre de molho", p. 22)
- 1½ xícara de caldo de legumes ou de cogumelo

Para o restante da receita:
- 1 colher (sopa) de azeite
- 1 cebola roxa média cortada em quatro e picada fininho
- ½ colher (chá) de sal, mais uma pitada
- 4 dentes de alho bem picados
- ¼ de xícara de tomate seco (não use o conservado em óleo) cortado em tirinhas finas
- ½ xícara de caldo de legumes
- ⅓ de xícara de vinho tinto seco
- várias pitadas de pimenta-do-reino moída na hora
- 4 xícaras de buquês de brócolis e talos cortados à julienne
- ½ xícara de manjericão fresco (só as folhas)

OBSERVAÇÃO:

Use o tomate seco não conservado em óleo. Além de ser mais econômico, sua validade é quase infinita. E, claro, quanto menos óleo, melhor! Evite os tipos muito secos. O tomate seco ideal não deve ser duro como madeira (eca!). Ele deve ser seco, mas ainda maleável, preservando um pouco de umidade. Se encontrar, experimente o tomate seco vendido a vácuo.

Esta receita é facílima, mas ainda me lembra algum prato muito bom de restaurante. Quem sabe um restaurante dos anos 1990 — afinal, a receita leva tomate seco —, mas é bom demais! E que delícia que fica o tomate seco com creme, não? Aqui ele entra de duas formas: batido com o creme e também em tirinhas, que dão um sabor surpreendente à preparação. A hora é agora. Quem sabe você não perde o preconceito contra o tomate seco?

Leve ao fogo uma panela grande com água e sal. Assim que a água ferver, cozinhe o macarrão conforme as instruções da embalagem e escorra. Reserve a massa, mantendo-a aquecida até a hora de servir.

PREPARE O CREME DE TOMATE:

Pique o tomate seco no liquidificador batendo-o no modo pulsar. Escorra a castanha de caju e leve ao liquidificador junto com o caldo. Bata até formar um creme liso. Esse processo pode levar de 1 a 5 minutos, dependendo da potência do aparelho. Com uma espátula de borracha, raspe o copo do liquidificador de vez em quando para retirar tudo. Reserve.

PREPARE O RESTANTE DA RECEITA:

Preaqueça uma panela com capacidade para 4 litros em fogo médio. Despeje o azeite. Refogue a cebola no azeite com uma pitadinha de sal por cerca de 3 minutos, até amolecer. Junte o alho e refogue por cerca de 30 segundos.

Adicione o tomate seco, o caldo, o vinho, o sal restante e a pimenta-do-reino. Tampe a panela e aumente o fogo para que a mistura levante fervura. Quando começar a ferver, junte os brócolis e tampe a panela. Cozinhe por cerca de 5 minutos. Não precisa mexer. A ideia é brasear os brócolis, preservando sua cor e sua textura crocante.

Quando os brócolis estiverem cozidos, junte o creme de castanha de caju e o manjericão. Deixe o creme engrossar por cerca de 3 minutos, mexendo de vez em quando. Se o molho tiver reduzido muito, afine-o um pouco juntando até 1 xícara de água, até obter a espessura desejada. Confira o tempero. Junte a massa cozida e misture para cobri-la bem com o molho. Sirva imediatamente!

FETTUCCINE COM BERINJELA E CROCANTE DE PÃO

rendimento: 4 porções · tempo total: 30 minutos · tempo de preparo: 30 minutos

Já aconteceu de você estar no meio do preparo da comida quando bate aquela preguiça? E você vai jogando tudo para dentro da panela, torcendo para dar certo? Foi assim que esta receita de massa entrou para o meu repertório. Eu estava com muita vontade de comer berinjela à parmegiana, mas não queria encarar um milhão de preparos, ter que empanar, fritar, levar ao forno e dar conta de toda a trabalheira que aquela receita dá. Com esta versão a satisfação é garantida, com o mínimo de trabalho. Farinha de rosca tostadinha, berinjela cremosa e um delicioso molho de macarrão formam o conjunto. E tudo em menos de 30 minutos. Não é o prato mais sofisticado do mundo, mas é dos mais gostosos.

- 2 colheres (sopa) de azeite, mais um pouco para regar
- 450 g de berinjela cortada em meias-luas com 1 cm de espessura
- ½ colher (chá) de sal
- ½ xícara de farinha de rosca bem fina
- ½ colher (chá) de tomilho seco
- 220 g de fettuccine
- 1 receita de Molho delícia para espaguete (p. 129) ou 4 xícaras de molho de tomate pronto, já aquecido

Preaqueça uma frigideira grande antiaderente ou de ferro fundido em fogo médio. Cubra o fundo com azeite, disponha as berinjelas em camada única (acomode-as de modo que caibam todas) e salpique o sal. Cozinhe a berinjela por cerca de 15 minutos, mexendo-a de vez em quando até amolecer e dourar. Conforme a berinjela cozinha, regue com azeite para que ela não resseque.

Enquanto isso, leve ao fogo uma panela grande com água e sal para ferver.

Quando a berinjela terminar de cozinhar, junte a farinha de rosca e o tomilho e mexa bem. Em cerca de 2 minutos a farinha de rosca deve dourar e ficar moreninha. Assim que ela tostar, desligue o fogo.

Cozinhe a massa conforme as instruções da embalagem, escorra e devolva à panela. Junte a berinjela à massa e, com um pegador de macarrão, mexa-a cuidadosamente para não quebrá-la. Use toda a farinha de rosca que ficar na panela. Adicione o molho e misture. Sirva!

MASSA AO PESTO COM COUVE-FLOR e tofu empanado

rendimento: 4 porções · tempo total: 40 minutos · tempo de preparo: 40 minutos

Para o tofu:
- ¾ de xícara de farinha de rosca fina e seca (uso a de pão integral)
- ½ colher (chá) de tomilho seco (esfregue-o com os dedos)
- ½ colher (chá) de alecrim seco (esfregue-o com os dedos)
- ½ colher (chá) de manjericão seco
- 1 colher (chá) de alho em pó
- 3 colheres (sopa) de molho tamari ou de soja
- 400 g de tofu extrafirme cortado em cubos de 1 cm
- azeite, para pincelar

Para o restante da receita:
- 220 g de linguine (macarrão de quinoa fica ótimo nesta receita)
- 1 couve-flor média (de 700 g a 1 kg) cortada em pedaços de 1 cm
- 1 receita de Pesto superfantástico sem óleo (p. 136)

OBSERVAÇÕES:
- Se você estiver com tempo e quiser deixar o prato com um sabor especial, em vez de cozinhar a couve-flor, asse-a. Regue com azeite, tempere com sal e leve ao forno a 190 °C por cerca de 20 minutos, mexendo uma vez.
- Gosto de usar a minha receita de Pesto superfantástico sem óleo nesta massa. Isso porque eu a consumo com certa frequência, daí preferir que seja um pesto menos "pecaminoso" quanto o meu Pesto superfantástico (p. 148). Adoro me afogar nesse molho, mas use o que você preferir!

Esta receita é figurinha carimbada aqui em casa, onde é carinhosamente chamada de "Cauli pesti" (principalmente por mim). Ela une duas das minhas comidas preferidas — couve-flor e pesto — com o que o meu namorado sempre, sempre, sempre me pede para fazer: tofu empanado.

Era uma vez uma época em que eu tinha um trabalhão para fazer tofu empanado. Passava no tempero, marinava, empanava, fritava, fazia dancinha pedindo aos deuses que deixassem a casquinha bem crocante. Chegou a um ponto em que todo dia, quando eu perguntava ao John o que ele queria no jantar, ouvia a resposta de sempre: "Tofu empanado".

Os tempos mudaram, e fiquei um pouco menos exigente com o empanado do meu tofu. Foi quando descobri um método bem fácil. Seu resultado é um tofu empanado bem honesto que, embora não pareça comida de restaurante caro, é muito saboroso. E é simples de fazer: mergulhe rapidamente os cubinhos de tofu em molho de soja, passe-os na farinha de rosca temperada e mande para a frigideira! Só precisa de uma fina camada de azeite.

Os buquês de couve-flor são cozidos na água de cozimento da massa. Quer coisa mais fácil? O resultado é um molho deliciosamente cremoso que envolve a couve-flor, um linguine maravilhoso e cubinhos de tofu bem temperadinhos e crocantes. É perfeito para qualquer dia da semana, em qualquer época do ano!

Leve ao fogo uma panela grande com água e sal para ferver. O linguine e a couve-flor serão cozidos nessa água.

PREPARE O TOFU:

Preaqueça uma frigideira antiaderente grande, de preferência de ferro fundido, em fogo de médio para alto. Num prato grande, misture com as mãos a farinha de rosca, o tomilho, o alecrim, o manjericão e o alho. Despeje o molho tamari num outro prato.

Transfira os cubos de tofu para o prato com o molho e misture para cobri-los. Depois, passe na farinha de rosca temperada, mexendo para que fiquem bem empanados (esteja com as mãos secas ao manipular o tofu na farinha de rosca, para evitar sujá-las demais). Passe os cubinhos já empanados para a borda e continue com os demais, até terminar.

(continua)

OBSERVAÇÕES:

- O empanado do tofu continua intacto se você seguir algumas regras simples. Preaqueça a frigideira antes de usar. O ideal é que o tofu faça barulho de fritura ao entrar em contato com a panela; caso contrário, há o risco de o empanado ficar mole e se soltar. Além disso, use uma espátula de metal bem fina, que passe fácil entre a frigideira e o empanado. Se usar de silicone, plástico ou de madeira, a massa vai descolar do tofu. E, por fim, a frigideira tem que ser antiaderente. Como sempre, minha preferência recai sobre as de ferro fundido bem curadas. Se não ficar perfeito na primeira tentativa, não se preocupe! Garanto que também vai ficar uma delícia. Na segunda vez vai ser ainda melhor, e quem sabe na terceira tentativa você deixe impecável!

- Esta receita é perfeita para os preguiçosos. Nem precisa apertar o tofu. Inclusive acho que, se fizer isso, ele vai ficar salgado por absorver muito molho de soja. Use a umidade do tofu a seu favor. Esprema rapidamente o bloco de tofu sobre a pia que já está de bom tamanho.

- Se quiser um sabor mais especial, com um toque de tostadinho, asse a couve-flor em vez de cozinhar. Veja como: forre uma assadeira grande e baixa com papel-manteiga. Espalhe a couve-flor na assadeira forrada e regue com azeite. Salpique ¼ de colher (chá) de sal. Misture com as mãos para cobrir bem a couve-flor. Espalhe-a em camada única e asse por 10 minutos a 190 °C. Use uma espátula para virar; mas não se preocupe, pois não é preciso virar todos os pedaços. Asse de 15 a 20 minutos, até a couve-flor dourar, ficar macia e um pouco tostadinha.

Cubra a frigideira com uma camada fina de azeite e transfira os cubos de tofu para ela. Se não couberem todos os cubinhos de uma vez, faça em duas levas. Regue os cubos de tofu com um pouco de azeite, deixe cozinhar por alguns minutos, depois vire-os, usando uma espátula fina de metal para não tirar o empanado. Cozinhe os cubos de tofu por cerca de 7 minutos no total, regando com mais azeite, se achar necessário, e virando de vez em quando até eles dourarem de todos os lados.

PREPARE O RESTANTE DA RECEITA:

Quando a água ferver, junte a massa. Depois de 4 minutos, adicione a couve-flor também. Cozinhe por mais 8 minutos, até a massa ficar al dente, e a couve-flor, macia. Escorra tudo num escorredor grande, depois devolva à panela e misture o pesto. Sirva em tigelinhas, com o tofu empanado por cima.

Pesto superfantástico sem óleo
rendimento: 1½ xícara

Esta é a versão sem óleo do meu Pesto superfantástico (p. 148). Para obter a consistência supercremosa, uso caldo e levedura nutricional. Também uso pignoli para deixar o molho bem lisinho. Se os pignoli estiverem absurdamente caros, aposte na castanha de caju que também fica bom!

- 2 dentes de alho
- ⅓ de xícara de pignoli ou castanha de caju
- 3 xícaras de manjericão fresco (só as folhas)
- ½ xícara de coentro fresco
- ¾ de colher (chá) de sal, mais um pouco, se for necessário
- ½ xícara de caldo de legumes
- ¼ de xícara de levedura nutricional
- 1 colher (sopa) de suco de limão-siciliano
- pimenta-do-reino moída na hora

Leve o alho e os pignoli ao processador e bata em modo pulsar. Junte o manjericão, o coentro, o sal, o caldo, a levedura nutricional e o suco de limão e bata até formar um purê liso. Com uma espátula, raspe o copo do processador para aproveitar tudo. Junte água para afinar, se for necessário. Confira o sal e finalize com a pimenta-do-reino. Guarde em recipiente bem fechado na geladeira até a hora de usar.

POMODORO À PUTTANESCA

rendimento: 4 porções · tempo total: 30 minutos · tempo de preparo: 15 minutos

Azeitonas, muitas azeitonas num molho de tomate bem temperado com alho. Reza a lenda que o puttanesca foi inventado na Itália pelas chamadas "mulheres da vida", que preparavam esta massa fácil e rápida quando tinham um tempinho sobrando entre um cliente e outro. Mas você também pode fazer este prato quando voltar do seu trabalho de escritório. Ele cai superbem quando se quer uma comidinha complexa, mas de preparo rápido.

- 220 g de linguine
- 2 colheres (sopa) de azeite
- 4 dentes de alho bem picados
- 1,1 kg de tomate picado grosseiramente
- ¼ de xícara de azeitona kalamata sem caroço picada grosseiramente
- ¼ de xícara de azeitona verde sem caroço picada grosseiramente
- ¼ de xícara de alcaparra
- 1 colher (chá) de orégano seco
- ½ colher (chá) de pimenta calabresa
- ½ colher (chá) de sal
- várias pitadas de pimenta-do-reino moída na hora
- 8 folhas grandes de manjericão rasgadas, mais um pouco para decorar

Leve ao fogo uma panela grande com água e sal. Enquanto levanta fervura, pique e separe os ingredientes. Assim que a água ferver, cozinhe o macarrão conforme as instruções da embalagem.

Enquanto isso, preaqueça uma panela com capacidade para 4 litros em fogo médio para baixo. Despeje o azeite. Refogue o alho por cerca de 1 minuto, tomando cuidado para que não queime.

Junte o tomate, as azeitonas, a alcaparra, o orégano, a pimenta calabresa, o sal, a pimenta-do-reino e o manjericão. Misture. Tampe a panela e aumente o fogo, colocando em chama média para alta. Cozinhe por cerca de 15 minutos, mexendo sempre.

A essa altura o tomate já deve ter se desmanchado e soltado líquido. Junte o espaguete cozido e misture para cobri-lo com o molho. Sirva com mais manjericão.

ESTROGONOFE DE TOFU E COGUMELO

rendimento: 4 porções · tempo total: 30 minutos (mais o tempo de molho da castanha de caju) · tempo de preparo: 20 minutos

- 220 g de fusilli
- ¾ de xícara de castanha de caju deixada de molho por 2 horas, no mínimo (veja o boxe "Sempre de molho", p. 22)
- 1½ xícara de caldo de legumes ou de cogumelo

Para o tofu:
- 1 colher (sopa) de azeite
- 400 g de tofu extrafirme cortado em tiras
- 1 colher (sopa) de azeite
- uma pitada de sal

Para o molho:
- 1 cebola média cortada em quatro picada fininho
- ½ colher (chá) de sal, mais uma pitada
- 4 dentes de alho bem picados
- 220 g de cogumelos-de-paris cortados em fatias finas
- 1 colher (chá) de tomilho seco
- ½ xícara de vinho branco seco
- 2 colheres (sopa) de extrato de tomate
- várias pitadas de pimenta-do-reino moída na hora
- salsinha picada, para decorar (opcional)

Só de ouvir a palavra "estrogonofe", já me sinto quentinha e aconchegada. Eu fazia a mesma receita de estrogonofe vegano havia uns 20 anos, e achava que já estava na hora de me atualizar! Esta versão, cremosa e com sabor forte de cogumelo, tem também toques de vinho branco e tomilho. As tirinhas de tofu refogado deixam a receita ainda mais saborosa. Adoro como o fusilli agarra o molho nas suas curvinhas, mas massas mais largas, como fettuccine ou rombi, também são boas opções.

Para conseguir as tirinhas de tofu desta receita, corte o bloco pela metade, na "linha do Equador", como uma concha. Depois, corte cada metade em tiras de 1 cm. As tiras devem ficar com 7 cm de comprimento e 2,5 cm de largura.

Leve ao fogo uma panela com água e sal. Assim que ferver, cozinhe o macarrão de acordo com a embalagem. Escorra e reserve.

Escorra a castanha de caju. Coloque-a no liquidificador com o caldo de legumes. A mistura deve ficar lisa, mas um pouquinho áspera. Esse processo pode levar de 1 a 5 minutos, dependendo da potência do aparelho. Com uma espátula de borracha, raspe o copo do processador de vez em quando para retirar tudo.

PREPARE O TOFU:

Preaqueça uma panela grande, de fundo grosso, em fogo médio. Despeje o azeite. Refogue o tofu com o sal por cerca de 5 minutos, até dourar levemente. Deixe o tofu refogado num prato forrado com papel-alumínio enquanto prepara o molho.

PREPARE O MOLHO:

Na mesma panela em que fez o tofu, ainda em fogo médio, refogue a cebola no azeite com uma pitadinha de sal por cerca de 5 minutos, até ficar translúcida. Junte o alho e refogue por cerca de 30 segundos.

Adicione o cogumelo e o tomilho e refogue por 5 minutos, até dourar. Junte o vinho, o extrato de tomate, o restante do sal e a pimenta. Misture e aumente o fogo. Deixe ferver para o vinho reduzir à metade (deve levar cerca de 5 minutos). Reduza a chama para média.

Junte o creme de castanha de caju. Mexa até misturar bem e deixe o creme engrossar por cerca de 5 minutos. Confira o tempero. Adicione o tofu e mexa para cobri-lo com o molho, tomando cuidado para não quebrá-lo. Sirva-o por cima da massa e decore com salsinha picada, se usar.

CABELO DE ANJO COM AZEITONA
e couve-de-bruxelas

rendimento: 4 porções · tempo total: 30 minutos · tempo de preparo: 30 minutos

Sei que é fácil ficar sem ideias para pratos de massa e cair na mesmice. Mas com algumas hortaliças e ingredientes da despensa você consegue boas refeições! As azeitonas bem salgadinhas e as couves-de-bruxelas cozidas à perfeição, com suas camadas delicadas e a parte de fora bem caramelizada, compõem este prato maravilhoso, longe do lugar-comum. As nozes picadas dão um toque crocante e ajudam a massa a pegar bem o sabor.

Adoro quando o prato de massa forma uma refeição completa, bastando uma panela de macarrão e outra de delícias para misturar. Esta receita requer técnicas de controle adequado do tempo (e dos utensílios) que sempre vêm a calhar. A mesma frigideira em que se tosta as nozes pode ser usada no preparo dos outros ingredientes. Aproveite a água de cozimento da massa para cozinhar os legumes que vão ser usados no prato — nesse caso, as couves-de-bruxelas, cortadas em quatro, serão cozidas nessa água e depois seladas na frigideira.

- 220 g de couve-de-bruxelas cortadas em quatro
- 220 g de macarrão cabelo de anjo
- ½ xícara de nozes sem casca
- 1 cebola média cortada em quatro picada fininho
- 2 colheres (sopa) de azeite
- ½ colher (chá) de sal, mais uma pitada
- 4 dentes de alho bem picados
- 1 colher (chá) de tomilho seco
- ½ colher (chá) de pimenta calabresa
- pimenta-do-reino preta moída na hora
- ½ xícara de azeitona kalamata sem caroço, picada grosseiramente
- ½ a 1 xícara de caldo de legumes
- 2 colheres (sopa) de vinagre balsâmico branco ou suco de limão-siciliano

Leve ao fogo uma panela grande com água e sal. Quando levantar fervura, cozinhe a couve-de-bruxelas por 3 minutos (veja Observações) e reserve. Em seguida, cozinhe o macarrão conforme as instruções da embalagem. Escorra e reserve.

Enquanto isso, preaqueça uma frigideira grande de fundo grosso em fogo médio. Toste as nozes por cerca de 5 minutos, mexendo de vez em quando, até elas ficarem torradinhas e soltarem aroma. Retire-as da frigideira e coloque-as na tábua de cortar. Quando esfriarem, pique-as em pedaços do tamanho de uma ervilha.

Usando a mesma frigideira, aumente a chama para média-alta e refogue a cebola em 1 colher (sopa) de azeite com uma pitadinha de sal por cerca de 3 minutos, até ficar translúcida. Junte a couve-de-bruxelas cozida à panela e o restante do azeite. É importante que ela fique em contato com a frigideira, e não diretamente na cebola, para que grelhem bem. Cozinhe por cerca de 5 minutos, mexendo de vez em quando, até dourar pelo menos de um lado.

Junte o alho, o tomilho, a pimenta calabresa e a pimenta-do-reino e refogue por cerca de 30 segundos, até soltarem os aromas.

Adicione as azeitonas, o sal restante, ½ xícara de caldo de legumes e o vinagre ou suco de limão. Misture bem. Junte a massa e misture para cobrir bem com o molho. Salpique com as nozes e mexa novamente. Se achar que a mistura está muito seca, acrescente até mais ½ xícara de caldo de legumes. Confira o tempero e sirva.

OBSERVAÇÕES:

- Quando a água da massa levantar fervura, coloque a couve-de-bruxelas para cozinhar no vapor dessa água. Siga essa dica sempre que quiser legumes cozidos para acompanhamento ou precisar que eles cozinhem antes de serem grelhados, assados ou refogados. Disponha os legumes num escorredor que possa ser acomodado na panela, sobre a água fervente. O ideal é que, além de ficar perfeitamente acomodado na boca da panela, o escorredor também possa ser tampado. É bom que tenha alças também, para ficar bem preso. Claro que você pode usar uma panelinha de bambu para cozimento a vapor. Coloque os legumes sobre a água fervente, tampe e deixe o vapor cuidar do resto!
- Se por algum motivo você não quiser usar meu método superespecial de cozimento a vapor, siga o seu método preferido e prossiga com a receita.

BOLONHESA DE LENTILHA

rendimento: 8 porções · tempo total: 30 minutos · tempo de preparo: 30 minutos

450 g de fusilli

¾ de xícara de castanha de caju deixada de molho por 2 horas, no mínimo (veja o boxe "Sempre de molho", p. 22, e as Observações abaixo)

1 xícara de caldo de legumes

1 colher (sopa) de azeite

1 cebola pequena bem picada

1 colher (chá) de sal, mais uma pitada

3 dentes de alho bem picados

2 colheres (chá) de tomilho seco

uma pitada de pimenta-do-reino moída na hora

1½ xícara de lentilha cozida

800 g de polpa de tomate com manjericão

OBSERVAÇÕES:

- A castanha de caju deve ser demolhada para formar um molho bem cremoso. Às vezes, acontece de eu chegar em casa sem ter deixado a castanha de caju de molho, ou querer comer logo. Nessas situações, pulo etapas e bato a castanha de caju no liquidificador até deixá-la bem cremosa, o máximo possível. Não há problema algum dar um toque crocante ao molho; aliás, fica com uma textura que até lembra parmesão. Faça a receita como o tempo permitir ou como a sua vontade mandar.
- Se quiser adicionar verduras à receita, use as que cozinham rápido, como espinafre ou acelga (apenas as folhas) e misture ao molho no final do cozimento. As folhas murcham na mesma hora e enriquecem seu "bolonhesa".

Não sei, mas pelo visto a minha grande fraqueza são as comidas industrializadas que eu comia na infância! Esta é a minha homenagem ao molho bolonhesa pronto. Claro que, agora, com lentilha no lugar da carne. O fusilli é a massa perfeita para este prato. O molho se encaixa em cada curvinha do parafuso. Acho que a criançada também vai gostar, mesmo com as verdurinhas adicionadas na finalização. A receita rende muito e fica ótima como sobra!

Leve ao fogo uma panela grande com água e sal. Assim que a água ferver, cozinhe o macarrão conforme as instruções da embalagem. Escorra e reserve.

Escorra a castanha de caju. Coloque-a no liquidificador com o caldo de legumes. Bata até formar um creme liso. O processo pode levar de 1 a 5 minutos, dependendo da potência do aparelho (veja Observações).

Preaqueça uma panela grande, de fundo grosso, em fogo médio. Despeje o azeite. Refogue a cebola no azeite com uma pitadinha de sal por cerca de 3 minutos, até ficar translúcida. Junte o alho e refogue por cerca de 30 segundos.

Adicione o tomilho, o sal restante e a pimenta-do-reino. Refogue por mais 30 segundos. Junte a lentilha e misture bem. Com um amassador pequeno ou garfo, amasse algumas lentilhas. Não é para fazer um purê: deixe algumas amassadas e outras inteiras, processo que deve levar cerca de 1 minuto.

Junte a polpa de tomate e tampe a panela. Cozinhe por cerca de 5 minutos. Acrescente o creme de castanha de caju e deixe o creme engrossar por cerca de 3 minutos, mexendo de vez em quando. Confira o tempero. Junte a massa e misture bem, para cobri-la de molho e reaquecê-la. Sirva.

MACARRÃO DA DEUSA
com tempeh e brócolis

rendimento: 4 porções · tempo total: 30 minutos · tempo de preparo: 30 minutos

220 g de linguine integral
½ xícara de tahine
½ xícara de água morna
3 colheres (sopa) de suco de limão-siciliano
½ colher (chá) de sal, mais algumas pitadas
2 colheres (sopa) de levedura nutricional
2 colheres (sopa) de azeite, mais 1 colher (chá)
220 g de tempeh cortado em cubos de 1,5 cm
6 xícaras de buquês de brócolis e talos cortados bem finos
4 dentes de alho bem picados
1 xícara de ciboulette bem picada
pimenta-do-reino preta moída na hora

SUBSTITUA:
Se não quiser usar tempeh, use 1½ xícara de grão-de-bico cozido. Não precisa refogá-lo: adicione-o direto na massa. Se não quiser usar ciboulette, substitua por cebolinha. Também fica ótimo!

OBSERVAÇÕES:
- Dependendo da marca, a consistência do tahine pode variar muito. Alguns são mais lisos e ralos. Outros, mais firmes e pedaçudos. Até mesmo a temperatura da pasta pode fazer diferença. Dependendo do tahine usado, talvez seja necessário juntar mais água morna para deixar o molho mais liso. Se ele estiver muito pedaçudo, talvez seja melhor transferi-lo para uma tigelinha e misturar mais. Para obter melhores resultados, deixe o tahine em temperatura ambiente antes de usá-lo na receita.
- Pedi que você reservasse um pouco da água do cozimento da massa para afinar o molho. O que faço é o seguinte: quando a água parar de borbulhar, encho uma caneca com ela (cuidado para não se queimar!), reservo e escorro a massa.

Quase não incluí esta receita no livro, e por um motivo bobo. "Ah, mas é muito fácil! Eu faço direto!", pensei. Para logo depois lembrar: "Ô sua tonta, mas a proposta do livro é essa mesmo!". É assim: linguine integral, brócolis e tempeh bem refogadinhos num molho de tahine com limão e cebolinha fresca. Simples, mas delicioso. Você vai querer sempre! E digo isso porque eu mesma quero sempre.

Leve ao fogo uma panela grande com água e sal. Assim que a água ferver, cozinhe o macarrão conforme as instruções da embalagem. Escorra e reserve. Guarde cerca de 1 xícara da água do cozimento.

Num copo medidor para líquidos, misture com um garfo o tahine, a água morna, o suco de limão e ½ colher (chá) do sal. Dependendo da consistência do tahine usado, talvez seja necessário adicionar mais água para afinar a mistura (veja Observações). Junte a levedura nutricional. Reserve.

Preaqueça uma frigideira grande em fogo médio. Despeje 1 colher (sopa) do azeite. Refogue o tempeh no azeite com uma pitadinha de sal por cerca de 7 minutos, mexendo sempre, até dourar de leve. Transfira para um prato e reserve.

Na mesma panela, refogue os brócolis na outra colher (sopa) de azeite com uma pitadinha de sal por cerca de 5 minutos. Os brócolis devem ficar com cor verde bem viva e com um toque crocante.

Passe os brócolis para o canto da panela e junte o alho com a colher (chá) restante de óleo. Misture e deixe o alho refogar por cerca de 15 segundos. Em seguida, junte os brócolis.

Adicione a massa cozida e use o garfo de macarrão para misturá-la aos brócolis. Apague o fogo, junte o tahine e misture. Junte água de cozimento da massa na quantidade necessária para afinar o molho na medida certa.

Acrescente o tempeh, a ciboulette e a pimenta-do-reino. Sirva.

ORZILLA COM TEMPEH

rendimento: 4 porções · tempo total: 35 minutos · tempo de preparo: 35 minutos

Orzo cozido no caldo com tiras de espinafre, pedacinhos suculentos de tomate seco e alho, bastante alho! Gosto particularmente do contraste de sabores e texturas dos pedacinhos de tempeh esmigalhado com o orzo bem macio. Dei à receita o nome de "Orzilla" porque "Orzo com espinafre, tomate seco e tempeh ao anis-estrelado" ficava grande demais. E também porque, assim como Godzilla, ele destrói cidades. Se você achar o tempeh amargo demais, pode cozinhá-lo no vapor, mas é opcional.

PREPARE O TEMPEH E O ORZO:

Leve ao fogo uma panela grande com água e sal para ferver.

Enquanto isso, para preparar o tempeh, preaqueça uma panela grande em fogo médio. Despeje o azeite. Refogue o tempeh no azeite por 10 minutos, esmigalhando-o com uma espátula. Junte o coentro, as sementes de anis e o molho de soja e refogue por mais 2 minutos. Apague o fogo e deixe a panela tampada até a hora de usar.

Cozinhe o orzo conforme as instruções da embalagem e escorra.

PREPARE O MOLHO:

Preaqueça uma frigideira grande em fogo médio. Despeje o azeite. Refogue a cebola no azeite com uma pitadinha de sal por cerca de 5 minutos, até amolecer. Junte o alho e refogue por cerca de 30 segundos.

Acrescente o alecrim, o vinho e o tomate seco. Tempere com o sal restante e a pimenta-do-reino. Aumente o fogo para o molho levantar fervura. Reduza o fogo e cozinhe em fogo brando por cerca de 5 minutos, até o molho reduzir à metade.

Junte o caldo e a levedura nutricional e deixe a mistura esquentar. Adicione o espinafre em punhados, aos poucos. Espere que as folhas murchem antes de acrescentar a leva seguinte. Cozinhe até o espinafre todo murchar, apague o fogo, junte o orzo, misture bem e sirva com o tempeh esmigalhado.

Para o tempeh e o orzo:

- 1 colher (sopa) de azeite
- 220 g de tempeh cortado em pedaços médios
- ½ colher (chá) de coentro seco
- ½ colher (chá) de semente de anis ou semente de erva-doce picada
- 1 colher (sopa) de molho de soja
- 220 g de orzo

Para o molho:

- 2 colheres (chá) de azeite
- 1 cebola roxa pequena cortada em rodelas finas
- ½ colher (chá) de sal, mais uma pitada
- 4 dentes de alho bem picados
- ½ colher (chá) de alecrim seco
- 1 xícara de vinho branco seco
- ½ xícara de tomate seco (não use o conservado em óleo)
- várias pitadas de pimenta-do-reino moída na hora
- 1 xícara de caldo de legumes
- 2 colheres (sopa) de levedura nutricional
- 3 xícaras de espinafre baby

OBSERVAÇÃO:

Há uma foto desta receita logo após o índice.

RISOTO AO PESTO
com abobrinha assada

rendimento: 6 porções · tempo total: 45 minutos · tempo de preparo: 45 minutos

O pesto é adicionado em etapas, e assim seu sabor se desenvolve melhor. O vinho branco, usado em boa quantidade, confere sensualidade ao prato. Você vai se sentir chique e muito competente. E a abobrinha é simples, bem do jeito que eu gosto: ainda um pouco crocante, mas assada e tostadinha, bem temperada com alho. Você pode servi-la por cima do risoto ou misturada a ele — faça como preferir. Salpique pignoli tostados em cima; dá um toque crocante e um ar refinado ao prato.

Para o risoto:
- 4 xícaras de caldo de legumes
- 1 colher (sopa) de azeite
- 1 cebola média picada em cubinhos
- ½ colher (chá) de sal, mais uma pitada
- 1½ xícara de arroz arborio
- 1 xícara de vinho branco seco
- várias pitadas de pimenta-do-reino moída na hora
- ¾ de xícara de Pesto superfantástico (p. 148)

Para a abobrinha:
- 450 g de abobrinha cortada em meias-luas médias
- 1 colher (sopa) de azeite
- 3 dentes de alho bem picados
- ½ colher (chá) de sal
- várias pitadas de pimenta-do-reino moída na hora

Para decorar:
- mais pesto
- pignoli tostados

Aqueça o caldo de legumes numa panela ou no micro-ondas (veja o boxe "Risoto da vida real", p. 148).

Preaqueça o forno a 220 °C e forre uma assadeira grande e baixa com papel-manteiga para assar a abobrinha.

Está na hora de fazer o risoto! Preaqueça uma panela de fundo grosso com capacidade para 4 litros em fogo médio. Despeje o azeite. Refogue a cebola no azeite com uma pitadinha de sal por 4 a 5 minutos, até ficar translúcida.

Adicione o arroz, mexendo bem com uma colher de pau para cobri-lo de azeite. Junte o vinho branco, mexendo de vez em quando por cerca de 4 minutos, até que ele seja todo absorvido. Acrescente algumas pitadas de pimenta-do-reino e ¼ de colher (chá) de sal. Reduza o fogo, de médio para brando.

Adicione o caldo aquecido, 1 xícara por vez, mexendo o risoto após cada adição, até que a maior parte do caldo tenha sido absorvida (6 a 8 minutos por xícara). Depois de 2 xícaras, junte metade do pesto e mexa bem; mantenha cozinhando e vá juntando o caldo, 1 xícara por vez, até o líquido ser totalmente absorvido.

PREPARE A ABOBRINHA:

Em algum momento, seu forno estará preaquecido para o preparo da abobrinha. Misture-a com azeite, alho, sal e pimenta-do-reino. Asse por cerca de 6 minutos de cada lado, ou até amolecer e dourar de leve. Retire do forno e reserve.

Quando for adicionar a última xícara de caldo, acrescente o restante do pesto. Confira o sal e junte mais se achar necessário. O risoto estará pronto quando o arroz ficar al dente, e o molho, supercremoso. Para um risoto mais firme, deixe-o cozinhar mais alguns minutos para que o arroz absorva mais líquido.

Sirva o risoto em tigelinhas com a abobrinha assada por cima. Regue com um pouco mais de pesto e decore com pignoli tostados.

Pesto superfantástico
rendimento: 2 xícaras

Para o molho:
- ¼ de xícara de nozes
- ¼ de xícara de pignoli
- 2 dentes de alho descascados
- 2½ xícaras de manjericão fresco
- ½ xícara de coentro fresco
- 2 colheres (sopa) de tomilho fresco
- 2 colheres (sopa) de levedura nutricional
- 1 colher (chá) de sal
- ¼ de xícara de água
- ¼ de xícara de azeite
- 1 colher (sopa) de suco de limão-siciliano

Comece tostando as nozes e os pignoli. Vou ensinar meu método híbrido secreto para tostar oleaginosas. Preaqueça uma frigideira antiaderente grande, de preferência de ferro fundido, em fogo médio para brando. Comece tostando as nozes por cerca de 5 minutos, mexendo sempre. Junte os pignoli e toste por mais 5 minutos. Eles devem ficar levemente dourados, perfumados e tostadinhos.

Passe as nozes e os pignoli tostados para o processador. Junte o alho e bata em modo pulsar, para picar. Adicione o manjericão, o coentro, o tomilho, a levedura nutricional, o sal e a água. Bata até formar um purê relativamente liso. Com uma espátula, raspe o copo do processador para aproveitar tudo. Despeje o azeite e bata até formar uma mistura homogênea. Junte o suco de limão.

Guarde na geladeira em recipiente bem fechado até a hora de usá-lo.

RISOTO DA VIDA REAL

O risoto e eu sempre tivemos uma relação razoavelmente cordial. Nós já temos um combinado: eu misturo você e você fica cremoso. Nada de mais. Mas isso foi antes dos *reality shows* de culinária.

Assista a qualquer episódio de *Hell's Kitchen* e você será convencido de que não tem pilantra maior neste mundo que o risoto, que não mede esforços para trair você. Ele é o motivo pelo qual o Gordon Ramsay vive chutando lixeiras. Ele talha. Ele queima. Ele se recusa a cozinhar. Ele pula da frigideira e apunhala você na primeira oportunidade que tiver. Durma com um olho aberto!

E, para aumentar a pressão, um episódio de outro programa de culinária fez Wolfgang Puck invadir a cozinha para ensinar uma aspirante a chef a fazer risoto. Claro que a moça chorava copiosamente, lágrimas reservadas apenas para risotos que deram errado. E a maioria dos risotos dá errado. Ou ficam muito firmes, ou ficam muito ralos, tem de tudo.

Mas espere! Tem um jeito melhor: você faz o risoto como quiser. Se você não estiver num programa de TV, muito provavelmente seu risoto não vai talhar nem queimar. Se juntar o caldo quente e mexer de vez em quando, seu risoto provavelmente ficará cremoso e delicioso. E, se preferir um risoto mais firme, tudo bem! Se gostar dele mais líquido e cremoso, tudo bem também! Basta juntar mais caldo. Por mim, ok. Para você, ok. Para o seu risoto, ok.

E dá até para fazer uma pausa do fogão enquanto o risoto cozinha. Sim, precisa mexê-lo bastante, mas também não é para ficar acorrentado ao fogão. Pode sair, ler e-mails, botar roupa para lavar, ver uns vídeos de gato na internet. Só fique de olho para mexer o risoto quando o líquido for absorvido.

Existe uma regrinha de ouro: o caldo tem que estar quente na hora de adicioná-lo. Normalmente sou uma boa moça, e deixo meu caldo esquentando na boca do fogão, mas, quando me enrolo, não me oponho à ideia de esquentar o caldo no micro-ondas de vez em quando. A gente se vira como pode, certo? Enfim, fica a dica: com o caldo quente, o resultado é melhor. Pelo menos uma coisa é certa: você se livra dos Gordons e Wolfgangs da vida.

RISOTO DE ABÓBORA
com cranberry

rendimento: 4 porções · tempo total: 1h30 · tempo de preparo: 45 minutos

---

No outono acho um programão ir às feiras de orgânicos, principalmente quando tem pilhas e mais pilhas de abóbora de todos os tipos e formatos. Adoro procurar aquelas com o tom certo de laranja e que se destaquem das mais verdes da pilha. Nesta receita de risoto, a abóbora é assada inteira (ok, ok, cortada ao meio). Depois, a polpa assada é colocada às colheradas na panela. Viu como é fácil incluir esse legume na sua alimentação diária? Se quiser mais, experimente fazê-la recheada. Pegue mais duas abóboras, asse-as junto das outras, e sirva cada uma recheada com o risoto. É fácil e chique! Este risoto fica cremoso graças ao leite de coco e com toque ácido graças ao suco de limão e ao cranberry.

- 1,3 kg de abóbora (2 abóboras médias)
- 2 colheres (sopa) de azeite
- 1 cebola pequena bem picada
- 3 dentes de alho bem picados
- 1 colher (sopa) de gengibre fresco bem picado
- ½ colher (chá) de pimenta calabresa
- 1½ xícara de arroz arborio
- ⅓ de xícara de vinho branco
- 5 a 6 xícaras de caldo de legumes aquecido
- ½ colher (chá) de sal
- ½ xícara de cranberry seco
- ½ colher (chá) de noz-moscada ralada
- ¼ de colher (chá) de canela em pó
- 2 colheres (sopa) de suco de limão-taiti
- ¾ de xícara de leite de coco
- 1 colher (chá) de xarope de bordo (opcional)

Comece preparando a abóbora. Preaqueça o forno a 220 °C. Forre uma assadeira grande e baixa com papel-manteiga. Unte levemente com óleo.

Corte a abóbora ao meio e, com uma colher, retire as sementes e os fios. Disponha-a sobre o papel-manteiga com a parte aberta virada para baixo. Asse por cerca de 35 minutos, ou até ela ser facilmente furada com um garfo (mas sem ficar mole demais). Retire do forno e deixe esfriar até ser possível manipulá-la. Depois que a abóbora esfriar, descasque e corte-a em pedaços médios.

Enquanto isso, comece a fazer o risoto. Preaqueça uma panela de fundo grosso em fogo médio. Despeje o azeite. Refogue a cebola, o alho, o gengibre e a pimenta calabresa no azeite por cerca de 7 minutos, mexendo sempre para que não queimem. Uma colher de pau diagonal é o utensílio ideal. Junte o arroz e mexa para cobri-lo com o azeite, depois adicione o vinho para deglaçar a panela. Em seguida, adicione a primeira xícara de caldo e o sal. Mexa até a maior parte do líquido ser absorvida. Não precisa mexer o tempo todo; misture o máximo que puder.

Continue adicionando caldo e mexendo de vez em quando, até sobrar apenas 1 xícara. Esse processo deve levar cerca de 45 minutos, e ao final desse tempo a abóbora já deverá estar pronta para ser acrescentada. Quando juntar a última xícara, acrescente a abóbora e o cranberry também, e continue mexendo. Quando a maior parte do líquido tiver sido absorvida, junte a noz-moscada, a canela e o suco de limão. Adicione o leite de coco. Cozinhe por mais 5 minutos, mexendo de vez em quando. Prove e corrija o sal. Essa é a hora de juntar o xarope de bordo, se for usá-lo. Ele não deixa o prato doce, mas realça a doçura natural da abóbora. E está pronto para servir!

GANHE TEMPO:
Asse a abóbora um dia antes, enrole-a em filme de PVC e deixe-a na geladeira até a hora de usar.

Massas e risotos

RISOTO DE ERVILHA AO VINHO BRANCO
com bacon de shiitake

rendimento: 6 porções · tempo total: 40 minutos (mais 2 horas para o molho da castanha de caju) · tempo de preparo: 40 minutos

Para o bacon de shiitake:
- 1 colher (sopa) de molho tamari ou de soja
- 1 colher (chá) de azeite
- 1 colher (chá) de fumaça líquida
- 220 g de shiitake cortado com espessura de 1 cm

Para o risoto:
- ½ xícara de castanha de caju deixada de molho em água por, no mínimo, 2 horas, ou a noite toda (veja o boxe "Sempre de molho", p. 22)
- 1 xícara de água
- 4 xícaras de caldo de legumes
- 1 colher (sopa) de azeite
- 1 cebola média bem picada
- 3 dentes de alho bem picados
- 1 colher (chá) de tomilho seco
- 1½ xícara de arroz arborio
- 1½ xícara de vinho branco seco
- várias pitadas de pimenta-do-reino moída na hora
- ½ colher (chá) de sal
- 2 colheres (sopa) de suco de limão-siciliano

Para decorar:
- 1 xícara de ervilha fresca ou congelada

OBSERVAÇÕES:
- Se não achar ervilha fresca, use a congelada. Adicione-a no final do preparo.
- Se quiser incrementar o risoto com uma proteína, o Tofu clássico assado (p. 246) ou o Tempeh ao alho e tomilho (p. 244) são boas opções de acompanhamento.

Este risoto tem nome chique, mas não se engane: seu preparo é muito simples. Cremoso e com perfume de vinho, ele é servido com ervilhas frescas e shiitake defumado. Além de ser perfeito para quem está aprendendo a fazer risoto, ele fica ótimo com qualquer hortaliça que você tiver.

Prepare o bacon de shiitake: preaqueça o forno a 220 °C e forre uma assadeira grande e baixa com papel-manteiga. Numa xícara pequena, misture o tamari, o azeite e a fumaça líquida. Arrume o shiitake na assadeira e regue com o tempero. Mexa para cobrir o cogumelo e espalhe-o na assadeira, em uma camada uniforme. Asse de 12 a 15 minutos, até ficar crocante nas bordas. Reserve.

Está na hora de fazer o risoto! Escorra a castanha de caju. Coloque-a no liquidificador com a água e bata até formar um creme liso. Reserve. Aqueça o caldo de legumes (veja o boxe "Risoto da vida real", p. 148).

Preaqueça uma panela de fundo grosso com capacidade para 4 litros em fogo médio. Refogue a cebola no azeite com uma pitadinha de sal por 4 a 5 minutos, até ficar translúcida. Junte o alho e o tomilho e refogue por mais 1 minuto.

Adicione o arroz. Com uma espátula de madeira diagonal, misture bem para cobrir o arroz de azeite. Junte o vinho branco, mexendo de vez em quando por cerca de 4 minutos, até que ele seja todo absorvido. Adicione algumas pitadas de pimenta-do-reino e metade do sal. Reduza o fogo, de médio para brando. Acrescente o caldo aquecido, 1 xícara por vez, mexendo o risoto após cada adição, até que a maior parte do caldo tenha sido absorvida (6 a 8 minutos por xícara).

Quando for adicionar a última xícara de caldo, acrescente o creme de castanha de caju e o suco de limão. Confira o sal e junte o restante, se achar necessário. O risoto estará pronto quando o arroz ficar al dente, e o molho, supercremoso. É nessa hora que você pode adicionar as ervilhas para esquentá-las no calor do risoto, ou esquentá-las de leve numa panelinha com algumas colheres de água.

Se quiser um risoto menos cremoso, cozinhe mais alguns minutos para que o arroz absorva mais líquido. Sirva o risoto em tigelas individuais junto com as ervilhas (se preferir não misturá-las) e o bacon de shiitake por cima.

CAPÍTULO 5
ENSOPADOS, CHILIS e curries

Ensopado de seitan e cogumelos silvestres 154 • Ensopado de lentilha, quinoa e couve 156 • Ensopado de seitan com cerveja belga 157 • Ensopado ao endro com bolinhos de alecrim 159 • Fava ao alho e limão com cogumelo 160 • Feijão-branco ao molho de xerez 161 • Chana saag de coco 162 • Chana masala 164 • Curry de tofu e brócolis 165 • Bhindi masala de feijão-fradinho 167 • Curry de batata-doce, couve-flor e feijão-azuqui 168 • Cozido asiático de cogumelo 169 • Ensopado defumado à moda inca 173 • Gumbo de quiabo, grão-de-bico e feijão-vermelho 174 • Chili tailandês de lentilha 175 • Chili de dois feijões 176

Chegou a hora de PIRAR com os seus temperos.

Ensopado é um prato que permite muito tempo livre durante o cozimento, e as receitas deste capítulo são para todos os gostos. Dos clássicos americanos, como ensopado de ervas com bolinhos, até os preferidos da culinária indiana, como o chana masala apimentado servido com arroz basmati, o ensopado é uma das melhores maneiras de soltar a criatividade. É fazendo este prato que você pode juntar mais um pouquinho disso, um pouquinho daquilo, experimentar misturas para curry e descobrir se é forte ou fraco no teste das pimentas. Mesmo que as receitas peçam um pouco mais de ingredientes do que você costuma usar, elas são fáceis e perfeitamente possíveis para um jantar durante a semana. Com ensopado, você ganha tempo livre. Desenvolva os sabores a cada ingrediente e deixe o resto por conta do fogo. E sabe o que é melhor? Rende bastante e sobra!

ENSOPADO DE SEITAN E COGUMELOS SILVESTRES

rendimento: 6 a 8 porções · tempo total: 45 minutos · tempo de preparo: 20 minutos

1 colher (sopa) de azeite

1 cebola grande cortada em quatro e picada em fatias finas

1 colher (chá) de sal, mais uma pitada

4 dentes de alho bem picados

3 cenouras médias descascadas e cortadas em fatias diagonais com 1,5 cm de espessura

1 xícara de vinho tinto seco

1 colher (chá) de alecrim seco

1 colher (chá) de tomilho seco

1 colher (chá) de páprica doce

½ colher (chá) de semente de erva-doce triturada (ou erva-doce em pó)

pimenta-do-reino moída na hora

30 g de cogumelos secos

3 xícaras de caldo de legumes

700 g de batata (de qualquer tipo) descascada e picada em pedaços de 3 cm

¼ de xícara de farinha de trigo

½ xícara de água

2 colheres (sopa) de extrato de tomate

3 linguiças veganas (industrializadas ou caseiras; veja p. 245), cortadas em meias-luas

salsinha picada ou ramos de tomilho, para decorar (opcional)

OBSERVAÇÕES:

- Opção sem glúten: substitua a farinha de trigo por farinha de grão-de-bico. Troque a linguiça vegana por tofu previamente congelado e semidescongelado, espremido para retirar a água (minha segunda "carne" preferida para esta receita). Corte o tofu em triângulos com 1,5 cm de espessura. Adicione ½ colher (chá) extra de semente de erva-doce triturada ao ensopado (a erva-doce dá ao prato um sabor que lembra o da linguiça).
- Se não achar cogumelos silvestres, pode substituir por cogumelos porcini, que também fica bom. Com shiitake ou portobello também funciona, mas recomendo picá-los mais fino antes de usar.

Estive em uma missão de criar um ensopado vegano de "carne". Qualquer um pode misturar tomate e vinho na panela, mas mesmo com esses ingredientes é fácil acabar fazendo um ensopado insosso. Eu queria sabores profundos e complexos, uma base espessa e aveludada, e batata e cenoura cozidas na medida certa. Além, claro, de uma textura de "carne". E queria isso tudo numa panela só. Um ensopado simples e gostoso que não arruinasse a minha cozinha.

E falando bem sinceramente? Queria algo muito, muito gostoso. Nada muito complicado, apenas uma tigelinha de comida reconfortante para aquelas noites de frio nas quais um ensopado é sempre a melhor pedida.

E aqui está! A linguiça de seitan traz a textura e o sabor substancioso sem nem precisar ser refogada, os cogumelos formam um caldo quentinho e praticamente "soltam do osso" (Não precisa sentir nojo! Não tem osso na receita, né?), igualzinho a um ensopado de carne. Pode vir quente que eu estou fervendo, inverno!

Preaqueça uma panela com capacidade para 4 litros em fogo médio. Despeje o azeite. Refogue a cebola no azeite com uma pitadinha de sal por cerca de 5 minutos, até ficar translúcida. Junte o alho e refogue por cerca de 30 segundos, até soltar o aroma.

Adicione a cenoura, o vinho, o alecrim (esfregue-o nos dedos), tomilho (esfregue-o nos dedos), a páprica, as sementes de erva-doce, o restante de sal e a pimenta-do-reino, e deixe levantar fervura. O líquido deve reduzir em 3 minutos.

Junte os cogumelos e o caldo. Tampe e ferva por cerca de 5 minutos para hidratar os cogumelos rapidamente. Acrescente a batata picada, reduza o fogo e ferva em fogo brando por cerca de 10 minutos, até os ingredientes ficarem macios.

Num copo medidor, misture bem a farinha e a água com um garfo, até não haver mais grumos. Junte essa mistura lentamente à panela, mexendo bem. Adicione o extrato de tomate. Deixe engrossar por cerca de 5 minutos. Junte as linguiças e continue cozinhando. Depois de 5 minutos no fogo, o ensopado já deverá estar bem espesso, mas liso. Confira o tempero e sirva. Salpique salsinha ou tomilho (se usar) nas porções individuais: dá um ar de comida chique dos anos 1970.

ENSOPADO DE LENTILHA, QUINOA E COUVE

rendimento: 6 porções · tempo total: 1 hora · tempo de preparo: 20 minutos

- 1 colher (sopa) de azeite
- 1 cebola média picada em cubinhos
- 1 colher (chá) de sal, mais uma pitada
- 3 dentes de alho bem picados
- 1 colher (chá) de estragão seco
- 1 colher (chá) de tomilho seco
- 6 xícaras de caldo de legumes
- 1 folha de louro
- 1 xícara de cenoura picada em cubinhos
- 3 talos de salsão picados fininho
- 3/4 de xícara de lentilha
- 1 xícara de quinoa vermelha (ela dá um efeito mais bonito)
- várias pitadas de pimenta-do-reino moída na hora
- 450 g de couve sem os talos e cortada em pedaços médios
- 1 a 2 colheres (sopa) de vinagre balsâmico
- molho de pimenta, para servir

Lentilha, quinoa e couve: todos os clássicos juntos e misturados numa panela só! Imagino que alguns leitores não tenham uma receita como esta, por isso é importante divulgar o evangelho. Este é o ensopado mais fácil do mundo, uma refeição completa, e muito apetitosa também. A quinoa e a lentilha dão sustância ao prato e alto teor proteico. O maço de couve arremata com seus superpoderes veganos. Depois de algumas colheradas deste ensopado, você vai até conseguir levantar um ônibus (movido a biodiesel, é claro) e carregar caixotes de verduras com o dedo mindinho.

Preaqueça uma panela com capacidade para 4 litros em fogo médio. Despeje o azeite. Refogue a cebola no azeite com uma pitadinha de sal por cerca de 3 minutos, até ficar translúcida. Adicione o alho e refogue por cerca de 15 segundos. Junte o estragão e o tomilho e misture-os à cebola.

Acrescente o caldo, o louro, a cenoura, o salsão, a lentilha, a quinoa, o sal restante e a pimenta-do-reino. Tampe e deixe levantar fervura. Depois disso, abaixe a chama para média e cozinhe por cerca de 40 minutos, mexendo de vez em quando, até a lentilha ficar macia. Junte a couve e continue mexendo até as folhas murcharem e ficarem macias. Despeje o vinagre balsâmico, experimente o sal e deixe o ensopado descansar por cerca de 10 minutos fora do fogo. Afine o ensopado com água ou caldo, se achar necessário, e sirva com molho de pimenta, se usar.

Ensopado de Seitan com Cerveja Belga

rendimento: 6 a 8 porções · tempo total: 1h15 · tempo de preparo: 30 minutos

Esta é a minha versão do carbonnade à la flamande, o ensopado clássico de carne e cerveja belga. Como nunca provei o prato, nem antes de me tornar vegetariana, tive que pesquisar muito para chegar a esta versão. Adoro um bom ensopado e também fazer pratos com cerveja, e não conseguia tirar essa ideia da cabeça. O resultado? Um ensopado delicioso com cebola caramelizada e o toque agridoce de um ingrediente-surpresa: maçã! A cerveja dá ao prato um leve sabor lupulado. Para engrossar o caldo, uma baguete dormida de 2 dias dá um toque deliciosamente rústico (sem contar que é uma maneira inteligente de aproveitar pão dormido).

Adorei cada colherada! E os meus degustadores também. No entanto, foi ponto pacífico que o ensopado não ficou nem um pouco parecido com o carbonnade tradicional. Eu, que nunca havia provado o original, é que não ia discutir com meus testadores tão sabidos e sofisticados. Bastou uma simples mudança de nome e voilà: temos um ensopado belga delicioso e substancial inspirado no original.

- 2 colheres (sopa) de azeite
- 2 cebolas médias picadas em cubos (cerca de 4 xícaras)
- 1 colher (chá) de sal, mais uma pitada
- 450 g de seitan cortado em tiras médias
- 220 g de cogumelo-de-paris cortado em fatias finas
- 2 colheres (chá) de tomilho seco
- 2 folhas de louro
- várias pitadas de pimenta-do-reino moída na hora
- 1 xícara de cerveja belga tipo ale (veja Observações)
- 700 g de batata-inglesa picada em pedaços de 2 cm
- 4 xícaras de caldo de legumes
- 2 xícaras de baguete dormida cortada em cubos
- 2 maçãs verdes (granny smith) descascadas e picadas em cubos de 1 cm
- 1 colher (sopa) de mostarda à la ancienne (com grãos)
- salsinha picada, para decorar (opcional)

Preaqueça uma panela com capacidade para 4 litros em fogo médio. Despeje 2 colheres (chá) de azeite e junte a cebola picada. Misture bem e deixe a panela semitampada para que o vapor escape, e refogue por cerca de 15 minutos, mexendo de vez em quando. Nesse processo você vai "suar" as cebolas, deixando-as bem gostosas e adocicadas. Elas devem ficar bem douradinhas, com um tom âmbar suave. Destampe a panela, aumente o fogo para médio, junte uma pitada de sal e cozinhe por mais 5 minutos, até as cebolas dourarem.

Enquanto a cebola carameliza, doure o seitan em outra panela. Preaqueça uma frigideira grande em fogo médio. Refogue o seitan em 1 colher (sopa) de azeite por 5 minutos, só até dourar. Reserve.

Às cebolas, junte os cogumelos, o tomilho, o louro, o sal restante, a pimenta-do-reino e o restante de azeite. Deixe cozinhar por cerca de 5 minutos.

Junte a cerveja e aumente a chama para ferver o ensopado. Ferva por 1 ou 2 minutos para reduzir. Adicione as batatas e o caldo. Tampe a panela e deixe levantar fervura. Depois disso, diminua a chama e ferva em fogo brando por cerca de 5 minutos. As batatas devem ficar al dente: macias, mas ainda um pouco firmes.

Junte o pão e a maçã. Cozinhe destampado por mais 20 minutos, mexendo de vez em quando. O pão e as maçãs devem se desmanchar, e o caldo, engrossar. Junte o seitan refogado e a mostarda, desligue o fogo e deixe o ensopado descansar por cerca de 10 minutos, para os sabores apurarem. Retire as folhas de louro antes de servir. Sirva com salsinha, se usar.

OBSERVAÇÕES:

- Se quiser pular a etapa de refogar o seitan, substitua-o por 3 linguiças de seitan cozidas a vapor cortadas em meias-luas.
- A cerveja ale belga é a melhor opção para esta receita, mas, se não conseguir encontrar, use outra ale de boa qualidade.

ENSOPADO AO ENDRO COM BOLINHOS DE ALECRIM

rendimento: 6 a 8 porções · tempo total: 1 hora · tempo de preparo: 30 minutos

Encare esta receita como uma versão vegana de sopa de frango com bolinhos, ou aceite-a como ela é: um ensopado delicioso e encorpado, com batata e cenoura, feijão-branco bem cremoso, tudo arrematado pelo maravilhoso sabor do endro. Os bolinhos absorvem toda a gostosura na parte de fora e continuam deliciosamente molinhos no meio. A melhor parte é colocar colheradas da massa bem molinha no ensopado e, minutos depois, ao destampar a panela, ver os bolinhos firmes e gorduchos. Dá até para se sentir um deus da culinária. Ou quem sabe você só está viajando nas ideias.

PREPARE O ENSOPADO:

Vamos começar fazendo um roux com pouca gordura.

Preaqueça uma panela de fundo grosso em fogo médio. Despeje o azeite e polvilhe farinha por cima. Mexa bem com uma espátula de madeira por 3 a 4 minutos, até a farinha formar grumos e ficar torrada. Acrescente a cebola e o sal e mexa para cobri-la na mistura de farinha e azeite. Cozinhe por cerca de 5 minutos, mexendo sempre. Junte o alho e refogue por cerca de 30 segundos.

Acrescente o caldo, mexendo sempre para evitar que empelote. Junte o salsão, a batata, a cenoura, o endro, o tomilho, a páprica e a pimenta-do-reino. Aumente o fogo, tampe a panela e deixe levantar fervura. Fique de olho e mexa sempre para evitar que o ensopado empelote ou derrame para fora da panela.

Depois que levantar fervura, diminua a chama para média e cozinhe o ensopado destampado por 20 a 25 minutos, mexendo de vez em quando, até que fique encorpado e a cenoura e a batata amoleçam. Enquanto a batata assa, prepare os bolinhos.

PREPARE OS BOLINHOS:

Peneire a farinha, o fermento e o sal numa tigela grande. Junte o alecrim. Faça um buraco no meio e adicione o leite de amêndoa e o azeite. Misture os ingredientes com uma colher de pau até formar uma massa úmida.

Quando o ensopado estiver pronto, junte o feijão-branco e acrescente a massa às colheradas. A receita deve render 14 bolinhos. Tampe a panela e cozinhe por mais 14 minutos. Os bolinhos devem ficar firmes. Mexa-os com uma concha para cobri-los com o molho do ensopado.

Disponha o ensopado em tigelinhas com os bolinhos por cima. Decore com ervas e sirva.

Para o ensopado:

- 3 colheres (sopa) de azeite
- ¼ de xícara de farinha de trigo
- 1 cebola média cortada em quatro e picada fininho
- 1 colher (chá) de sal
- 3 dentes de alho bem picados
- 6 xícaras de caldo de legumes em temperatura ambiente
- 2 talos de salsão cortados em fatias com espessura de 1 cm
- 700 g de batata-inglesa picada em pedaços de 2 cm
- 1 xícara de cenouras descascadas e cortadas em meias-luas
- 2 colheres (sopa) de endro fresco picado
- 1 colher (sopa) de tomilho fresco picado
- ½ colher (chá) de páprica doce
- várias pitadas de pimenta-do-reino moída na hora
- 1½ xícara (420 g) de feijão-branco cozido

Para os bolinhos:

- 1½ xícara de farinha de trigo
- 2 colheres (chá) de fermento químico em pó
- ½ colher (chá) de sal
- 1 colher (sopa) de alecrim seco bem picado
- ¾ de xícara de leite de amêndoa não adoçado (ou qualquer leite vegetal de sua preferência)
- 2 colheres (sopa) de azeite

OBSERVAÇÃO:

Uso uma caçarola de ferro fundido para fazer esta receita. Não é obrigatório usar esse tipo de panela, mas, quanto mais larga ela for, melhor. É preciso bastante área para fazer o roux e cozinhar os bolinhos. Se não tiver uma panela larga, use uma alta. Seja qual for a panela usada, é importante que a tampa encaixe perfeitamente: assim os bolinhos vão cozinhar bem, ficando deliciosamente fofinhos.

FAVA AO ALHO E LIMÃO COM COGUMELO

rendimento: 4 porções · tempo total: 30 minutos · tempo de preparo: 30 minutos

- 2 colheres (chá) de azeite
- 1 cebola roxa pequena cortada em meias-luas
- ½ colher (chá) de sal, mais uma pitada
- 3 dentes de alho bem picados
- 1 colher (sopa) de tomilho fresco picado
- 220 g de cogumelo-de-paris cortado ao meio
- 2 colheres (sopa) de farinha de rosca fina e seca (temperada ou não)
- 2 xícaras de caldo de legumes
- várias pitadas de pimenta-do-reino moída na hora
- suco e raspas de ½ limão-siciliano
- 3 xícaras (850 g) de fava lavada e escorrida
- cebolinha picada para decorar (opcional)

Que maravilha é a fava! Grande, carnuda e cheia de textura. Sério, fava é uma coisa maravilhosa. Gosto de usá-la em receitas com sabores fortes e ousados. Este prato é salgadinho, tem bastante molho e um delicioso sabor de alho, tomilho e limão-siciliano. Não cortei os cogumelos muito pequenos para que ficassem no mesmo tamanho das favas. A farinha de rosca dá um sabor torradinho e ajuda a encorpar o molho, deixando-o mais delicioso ainda.

Para dar um toque rústico ao prato, gosto de servi-lo com um mix de arroz integral e Tempeh ao alho e tomilho (p. 244).

Preaqueça uma panela grande em fogo médio. Despeje o azeite. Refogue a cebola no azeite com uma pitadinha de sal por 5 a 7 minutos, até dourar de leve. Junte o alho e o tomilho e refogue por mais 1 minuto. Adicione o cogumelo e cozinhe por cerca de 5 minutos para soltar o líquido.

Junte a farinha de rosca, misture para cobrir bem os ingredientes e toste por 3 a 5 minutos. Acrescente o caldo, o sal restante, a pimenta-do-reino, o suco e as raspas de limão e a fava. Deixe levantar fervura. Mantenha no fogo por cerca de 7 minutos para reduzir e engrossar. Confira o tempero e sirva com a cebolinha picada, se usar.

FEIJÃO-BRANCO AO MOLHO DE XEREZ

rendimento: 4 porções · tempo total: 25 minutos · tempo de preparo: 15 minutos

Se tem algo reconfortante para mim, é um belo molho bem gostoso e espesso. E, se eu puder transformar esse molho em refeição, melhor ainda. Esta é uma das minhas formas preferidas de fazer um jantar gostoso e bem substancioso em menos de meia hora. E ele também usa um dos meus métodos preferidos para conseguir uma base bem tostadinha para os molhos: torrar farinha de rosca. Depois de caramelizar as cebolas, salpique a farinha de rosca e misture bem até deixá-la dourada. Depois que você juntar os ingredientes líquidos, a farinha de rosca vai ajudar a dar sabor e engrossar o molho. Ele fica excelente com couve grelhada ou refogada, e também por cima de purê de batata (veja p. 239).

- 2 colheres (chá) de azeite
- 1 cebola média cortada fina
- 3 dentes de alho bem picados
- ¼ de xícara de farinha de rosca fina seca (veja Observação)
- ¼ de xícara de xerez
- 2 colheres (sopa) de tomilho fresco
- ½ colher (chá) de sal
- várias pitadas de pimenta-do-reino moída na hora
- 1½ xícara de caldo de legumes
- 1½ xícara (420 g) de feijão-branco cozido
- 2 colheres (sopa) de suco de limão-siciliano

Preaqueça uma panela grande em fogo médio. Despeje o azeite. Refogue a cebola no azeite por 7 a 10 minutos, até caramelizar de leve. Junte o alho e refogue por cerca de 15 segundos, até soltar o aroma. Acrescente a farinha de rosca e misture para cobrir a cebola.

Toste a farinha de rosca por cerca de 2 minutos, mexendo de vez em quando, ou até ela dourar e escurecer.

Junte o xerez e misture para a farinha de rosca absorvê-lo. Cozinhe por cerca de 1 minuto.

Acrescente o tomilho, o sal, a pimenta-do-reino e o caldo. Misture bem, tampe a panela e aumente o fogo para levantar fervura. Assim que ferver, destampe a panela, diminua a chama e mantenha o molho em fogo brando para reduzir. Assim que o molho engrossar e atingir a espessura desejada, junte o feijão-branco para esquentá-lo. Acrescente o suco de limão e confira o tempero. Sirva quente.

OBSERVAÇÃO:

Nesta receita uso farinha de rosca comprada pronta. Não sei o motivo, mas ela funciona melhor que a caseira. Você até pode usar a sua, mas ela deve estar bem seca e fina. Use ⅓ de xícara.

CHANA SAAG DE COCO

rendimento: 6 porções · tempo total: 30 minutos · tempo de preparo: 20 minutos

- 2 colheres (sopa) de óleo de coco
- 1 cebola média picada em cubinhos
- 3 dentes de alho bem picados
- 2 colheres (sopa) de gengibre fresco bem picado
- 2 colheres (sopa) de curry suave em pó
- 1 colher (chá) de sal
- várias pitadas de pimenta-do-reino moída na hora
- ½ colher (chá) de semente de anis (ou semente de erva-doce triturada)
- ¼ de colher (chá) de garam masala
- ½ colher (chá) de cominho em pó
- ¼ de colher (chá) de pimenta-de-caiena (ajuste a quantidade se preferir mais ou menos picante)
- 700 g de tomate pelado em conserva
- 3 xícaras (850 g) de grão-de-bico cozido e escorrido
- 220 g de couve picada
- 400 ml de leite de coco tradicional ou light
- 2 colheres (sopa) de suco de limão-taiti

Para acompanhar:
- arroz basmati cozido
- chutney de manga (em conserva)
- coentro fresco picado

OBSERVAÇÃO:

Geralmente o saag é feito com espinafre, mas prefiro a couve porque ela fica um pouco mais intacta. A receita também funciona com acelga, mas, se optar pelo espinafre, use uma quantidade um pouco maior, pois ele murcha mais que seus primos verdes mais resistentes.

Como gosto da mistura de grão-de-bico gorduchinho e couve bem cozida num molho de especiarias! As receitas que já provei geralmente são à base de tomate, mas também já vi chana saag com base de creme. Decidi unir as duas versões para fazer um maravilhoso molho cremoso de tomate com coco perfeito em todos os quesitos. Adoro o toque misterioso que o anis-estrelado dá aos pratos de inspiração indiana. Sirva por cima de arroz basmati e não tenha vergonha de usar aquele vidro de chutney de manga que você tem na despensa.

Preaqueça uma panela com capacidade para 4 litros em fogo médio. Despeje o óleo de coco. Refogue a cebola no óleo por 5 a 7 minutos, até dourar de leve.

Adicione o alho e o gengibre e refogue por cerca de 30 segundos, até soltarem os aromas. Junte o curry em pó, sal, pimenta-do-reino, as sementes de anis, o garam masala, o cominho e a pimenta-de-caiena. Mexa para envolver as cebolas com os temperos, deixando que estes tostem um pouco (cerca de 1 minuto).

Faça a deglaçagem do fundo da panela com o suco de tomate da conserva; para isso, segure os tomates nas mãos e deixe o suco cair na panela. Amasse os tomates com os dedos e acrescente-os ao refogado para desmanchá-los. Junte o grão-de-bico e misture bem.

Tampe a panela e aumente o fogo. Cozinhe em fogo brando por cerca de 10 minutos, mexendo de vez em quando. Junte a couve e mexa até ela murchar. Destampe a panela e ferva em fogo brando por mais 5 minutos para cozinhar mais a mistura.

Despeje o leite de coco e deixe esquentar. Junte o suco de limão e confira o tempero. O chana saag fica mais saboroso se descansar por cerca de 10 minutos, mas, se não der para esperar, caia de boca!

Sirva por cima de arroz basmati, finalizado com chutney de manga e coentro picado.

CHANA MASALA

rendimento: 8 a 10 porções · tempo total: 1 hora · tempo de preparo: 30 minutos

Para a masala (mistura de especiarias):

- 1 colher (sopa) de cominho em pó, mais 1 colher (chá)
- 1 colher (sopa) de coentro em pó
- 1 colher (chá) de cúrcuma em pó
- ½ colher (chá) de semente de erva-doce picada
- ½ colher (chá) de cardamomo em pó
- ¼ de colher (chá) de canela em pó
- ¼ de colher (chá) de pimenta-de-caiena em pó (opcional, use a gosto)
- ⅛ de colher (chá) de cravo-da-índia em pó

Para o restante da receita:

- 1 cebola grande cortada em pedaços médios
- 3 colheres (sopa) de óleo de coco
- 2 pimentas jalapeño sem sementes e picadas bem fininhas
- 5 dentes de alho bem picados
- 1 colher (sopa) cheia de gengibre fresco bem picado
- ¼ de xícara de coentro fresco picado, mais um pouco para decorar (opcional)
- 1,3 kg de tomate cortado em cubos
- 1 colher (chá) de sal
- pimenta-do-reino moída na hora
- 3 xícaras (850 g) de grão-de-bico cozido e escorrido
- 1 colher (chá) de xarope de agave
- suco de 1 limão-taiti ou 1 colher (chá) de pasta de tamarindo
- arroz basmati cozido, para acompanhar

Quando eu era adolescente e já vegetariana, um dos primeiros pratos que tentei recriar foi o chana masala. Isso foi antes de me aventurar com legumes, então, quando saía para ir ao restaurante indiano do meu bairro, geralmente comia chana masala, samosa e arroz basmati. Provavelmente comecei com alguma versão não sei de onde e fui ajustando, ajustando mais e ajustando de novo a receita até ficar como a que eu comia na avenida Coney Island. Ela é bem condimentada, ácida e aromática, quase perfumada, com especiarias doces, como cardamomo e canela. Imagino que jalapeño não tenha vez no chana masala tradicional, mas tente explicar isso à Isa de vinte anos atrás!

Esta é uma daquelas receitas que ajudam a aguçar as papilas gustativas. Acrescente sabores picantes, ácidos e salgados e vá mudando conforme suas preferências. Mesmo depois de tantos anos, ainda faço os meus ajustes.

Preaqueça uma frigideira grande em fogo médio. Prefiro frigideira a panela, assim os tomates cozinham mais rápido.

PREPARE A MISTURA DE TEMPEROS:

Misture todos os ingredientes da masala numa tigelinha.

PREPARE O RESTANTE DA RECEITA:

Quando a frigideira estiver bem quente, refogue a cebola no óleo de coco por cerca de 10 minutos, até ela caramelizar bem.

Coloque a pimenta jalapeño, o alho e o gengibre e refogue por cerca de 30 segundos, até soltarem os aromas. Acrescente o coentro e mexa até ele murchar. Junte a masala, mexendo para envolver a cebola com os temperos e deixando que estes tostem um pouco (cerca de 1 minuto).

Adicione os tomates e mexa bem, raspando o fundo da frigideira para deglaçar. Junte o sal, a pimenta-do-reino, o grão-de-bico e o xarope de agave. Tampe a frigideira e aumente o fogo. O tomate leva cerca de 10 minutos para desmanchar e soltar líquido. Destampe a frigideira e cozinhe por mais 20 minutos em fogo brando, para apurar os sabores e o molho engrossar. Não deixe que fique muito espesso (como marinara), mas evite que fique muito líquido.

Junte o suco de limão e confira o tempero. Deixe descansar por cerca de 10 minutos antes de servir. Sirva acompanhado de arroz basmati com coentro fresco salpicado, se gostar!

Curry de tofu e brócolis

rendimento: 6 porções · tempo total: 30 minutos · tempo de preparo: 30 minutos

Sempre tenho desejo de comer este curry, que é feito numa panela só e leva bastante brócolis, batata e cenoura bem molinhas e tofu em pedaços. Claro que tofu e brócolis passam longe das receitas tradicionais de curry, mas tudo bem. Na verdade, aqui junto tudo de que mais gosto, e o resultado é uma refeição caseira, robusta e fácil de fazer sempre que bater a vontade. Sirva acompanhado de arroz basmati para uma dose extra de aromaterapia.

Preaqueça uma panela com capacidade para 4 litros em fogo médio. Refogue a cebola no óleo de coco por 5 a 7 minutos, até dourar de leve.

Junte o alho e o gengibre e refogue por cerca de 30 segundos, até soltarem os aromas. Acrescente o curry em pó, a pimenta calabresa, o caldo de legumes, o tamari, o xarope de bordo e o extrato de tomate e mexa. Nem sempre o extrato de tomate se dissolve logo, mas não tem problema: quando a mistura esquentar ele se dissolve.

Junte a batata e a cenoura, tampe a panela e deixe ferver. Assim que levantar fervura, diminua a chama e cozinhe por cerca de 15 minutos em fogo brando, com a panela semitampada para o vapor escapar. Cozinhe a batata por cerca de 5 minutos, até ficar macia.

Assim que a batata amaciar, junte os brócolis, o tofu, o leite de coco e o coentro. Misture cuidadosamente para evitar quebrar o tofu. Deixe a panela semitampada e espere levantar fervura. Cozinhe por alguns minutos, até os brócolis ficarem macios.

Desligue o fogo e confira o sal. Ele fica mais saboroso se descansar por cerca de 10 minutos, mas, se não der para esperar, se joga!

Sirva acompanhado de arroz basmati e coentro fresco picado por cima, se quiser. Adicione o Sriracha para um toque mais picante.

1 cebola média cortada fino
1 colher (sopa) de óleo de coco
4 dentes de alho bem picados
1 colher (sopa) de gengibre fresco bem picado
2 colheres (sopa) de curry em pó
¼ de colher (chá) de pimenta calabresa
3 xícaras de caldo de legumes
2 colheres (sopa) de molho tamari ou de soja
2 colheres (sopa) de xarope de bordo
2 colheres (sopa) de extrato de tomate
350 g de batata-inglesa picada em pedaços de 1 cm
1 cenoura média descascada e cortada em fatias diagonais com 1 cm de espessura
4 xícaras de buquês grandes de brócolis
400 g de tofu cortado em triângulos pequenos (veja p. 26)
1 xícara de leite de coco tradicional ou light
¼ de xícara de coentro fresco picado, mais um pouco para decorar (opcional)
arroz basmati cozido, para acompanhar
molho Sriracha, para servir (opcional)

Observações:

- Se você quer participar de uma competição de cozinheiros ou apenas impressionar um pretendente, provavelmente terá que fazer seu próprio curry em pó. Mas, se só quiser uma comida gostosinha e bem aromática, use o curry industrializado mesmo! Existem excelentes opções de curry em pó no mercado.

- Se não estiver a fim de comer tofu, substitua por 1¼ xícara de grão-de-bico cozido. Claro, já apresentei duas receitas de curry de grão-de-bico aqui, mas por favor, né? Desde quando dá para enjoar de grão-de-bico? Se preferir couve-flor a brócolis, faça essa troca também.

BHINDI MASALA
de feijão-fradinho

rendimento: 6 porções · tempo total: 1h10 · tempo de preparo: 20 minutos

Por muito tempo a única maneira de que gostava de quiabo era no curry, e achei que já estava na hora de recriar meu prato preferido em casa. Como já adorava fazer gumbo, basicamente usei o mesmo método, mas substituindo a farinha de trigo do roux pela farinha de grão-de-bico. O resultado é um curry espesso e farto, com bastante feijão e pedacinhos suculentos de quiabo. Sirva acompanhado de arroz basmati para absorver toda a gostosura do curry e uma boa colherada de iogurte vegano de leite de coco.

- 3 colheres (sopa) de óleo de coco
- 2 colheres (chá) de semente de cominho
- ⅓ de xícara de farinha de grão-de-bico
- 1 cebola média picada em cubinhos
- 1 colher (chá) de sal
- 3 dentes de alho bem picados
- 2 colheres (sopa) de gengibre fresco bem picado
- 800 g de tomate pelado em conserva
- 2 colheres (sopa) de curry suave em pó
- 1 xícara de caldo de legumes, mais um pouco para afinar o molho
- 2 xícaras (cerca de 300 g) de quiabo cortado em rodelinhas
- 3 xícaras (850 g) de feijão-fradinho cozido e escorrido

Para acompanhar:
- arroz basmati cozido
- iogurte vegano de leite de coco sem açúcar
- coentro fresco

Preaqueça uma panela com capacidade para 4 litros em fogo médio. Junte 1 colher (sopa) de óleo de coco e toste as sementes de cominho no óleo por cerca de 1 minuto, até soltar o aroma. Adicione o óleo restante e polvilhe a farinha de grão-de-bico por cima. Mexa bem com uma espátula de madeira por 3 a 4 minutos, até a farinha formar grumos e ficar torrada.

Acrescente a cebola e o sal e mexa para cobri-la na mistura de farinha e óleo. Cozinhe por cerca de 5 minutos, mexendo sempre. Junte o alho e o gengibre e refogue, misturando por mais 1 minuto.

Escorra os tomates e reserve o líquido da conserva. Esmague-os nas mãos e acrescente-os ao refogado junto com o curry em pó, mexendo por alguns minutos até que eles desmanchem um pouco e a mistura fique espessa e com bastante caldo.

Acrescente o caldo de legumes, mexendo sempre para evitar que a mistura empelote. Junte também o suco de tomate reservado. Adicione o quiabo e o feijão-fradinho, aumente o fogo, tampe a panela e deixe a mistura levantar fervura. Mexa de vez em quando.

Depois que levantar fervura, reduza o fogo e cozinhe o ensopado destampado por 30 a 45 minutos, mexendo de vez em quando, até ele ficar encorpado e o quiabo amolecer. Se o ensopado ficar muito espesso, afine com caldo de legumes. Se não tiver engrossado como desejado, mantenha no fogo para encorpar mais. Sirva acompanhado de arroz basmati, iogurte vegano e coentro.

CURRY DE BATATA-DOCE, COUVE-FLOR e feijão-azuqui

rendimento: 4 porções · tempo total: 1h30 · tempo de preparo: 20 minutos

Este curry adocicado é de estilo tailandês. Ele é especial porque sua base leva batata-doce em vez de apenas leite de coco. Além de mais saudável que um curry comum, ele é deliciosamente cremoso e adocicado. Adoro couve-flor em receitas de curry, mas, se quiser, pode substituir por brócolis ou até mesmo couve-de-bruxelas. Para a dose de proteínas, o feijão-azuqui é uma excelente opção. Ele tem uma doçura única e absorve bem o sabor. Sirva com bastante arroz jasmim!

Para o curry:
- 2 xícaras de purê de batata-doce (cerca de 450 g, veja Observação)
- 3 dentes de alho bem picados
- 1 colher (sopa) de gengibre fresco bem picado
- 2 colheres (chá) de óleo de amendoim
- 3 colheres (sopa) de pasta de curry vermelho
- 2 xícaras de caldo de legumes
- 2 anises-estrelados
- 420 ml de leite de coco light
- 2 colheres (sopa) de molho de soja
- ½ colher (chá) de sal
- molho Sriracha
- suco de limão-taiti

Para os legumes:
- 1½ xícara de cebola em fatias finas
- 1 colher (sopa) de óleo de amendoim
- 1 pimentão vermelho sem sementes cortado em fatias finas
- 225 g de vagens cortadas em pedaços de 2,5 cm
- 450 g de couve-flor separada em buquês
- ½ xícara de água
- 1½ xícara (420 g) de feijão-azuqui cozido e escorrido

Para servir:
- arroz jasmim
- coentro picado
- limão-taiti

OBSERVAÇÃO:
Você pode fazer os legumes e a base do curry ao mesmo tempo. Comece a refogar a cebola para os legumes e a fazer a base do curry. Por algum motivo, o modo de preparo ficou comprido, né? Mas a receita não é difícil, garanto. Você só precisa fazer a base do curry em uma panela e os legumes em outra. Depois é só juntar tudo.

Comece assando a batata-doce. Preaqueça o forno a 180 °C e coloque as batatas-doces direto na grade do forno. Não é preciso furá-las nem embalá-las em papel-alumínio (embora seja recomendável colocar uma assadeira forrada de papel-alumínio embaixo, para recolher o líquido que pingar das batatas). A batata-doce leva, em geral, 1 hora para assar no forno. Asse até ficar macia e fácil de amassar, sem grandes pedaços. Espere esfriar, descasque, amasse e reserve.

Preaqueça uma panela com capacidade para 4 litros em fogo médio. Refogue o alho e o gengibre no óleo por cerca de 30 segundos, mexendo sempre e tomando cuidado para que não queimem. Junte a pasta de curry e misture por 1 minuto para esquentá-la. Acrescente o caldo de legumes e o anis-estrelado, tampe a panela e aumente o fogo para levantar fervura. Ferva por cerca de 5 minutos para pegar o sabor do anis.

Destampe, retire o anis e reduza a chama. Junte a batata-doce amassada, o leite de coco, o molho de soja e o sal. Amasse bem. Tente deixar a mistura bem lisa; você pode usar um mixer de mão para isso, embora talvez não seja de todo necessário, dependendo da consistência do purê de batata-doce. Junte o Sriracha e o suco de limão a gosto.

PREPARE OS LEGUMES:

Preaqueça uma frigideira grande em fogo médio. Refogue a cebola no óleo com uma pitadinha de sal por cerca de 5 minutos, até dourar. Junte o pimentão e a vagem e refogue por mais 5 minutos. Deixe a tampa a postos. Adicione a couve-flor junto com ½ xícara de água. Tampe a panela imediatamente para a couve-flor pegar o bafo do vapor. Mantenha tampado por cerca de 3 minutos. A couve-flor deve ficar al dente: macia, mas ainda um pouco firme.

Junte a couve-flor, o pimentão e o feijão-azuqui à panela de curry. Deixe descansar por cerca de 10 minutos para apurar o sabor. Sirva com arroz jasmim, coentro e limão.

COZIDO ASIÁTICO DE COGUMELO

rendimento: 6 porções · tempo total: 1 hora · tempo de preparo: 30 minutos

O outono em Omaha tem um quê de mágico. A luz vem em duas variedades, prateada e dourada. Às vezes, o brilho intenso produz um efeito: parece que as grandes planícies ameaçam dominar tudo. Como se, a qualquer momento, o concreto fosse começar a desmoronar, e as plantas, a brotar em toda parte, com flores e lindos campos se espalhando até perder de vista.

E foi num dia assim que os sabores desta receita me tomaram de assalto. Estava no mercado escolhendo hortifrútis para a sopa do almoço quando, de repente, meus sentidos foram dominados por anis-estrelado, capim-limão e gengibre. E as palavras surgiram na minha boca: cozido asiático. Pelo nome percebe-se que é ótima pedida para um dia de chuva e frio.

A primeira vez que provei este cozido foi num restaurante vietnamita. Nos estabelecimentos, ele costuma aparecer nos cardápios como "cozido da Mongólia". Mas não vou entrar no mérito histórico; primeiro, porque faltei a essa aula, e segundo porque quero chegar logo à parte divertida: a experiência!

O modo de preparar este cozido é parecido com o de fondue: uma panela com um delicioso caldo quente e várias deliciosas opções em volta. Cada pessoa faz suas próprias combinações na tigelinha individual. Claro que todos podem mergulhar os ingredientes no mesmo caldo, mas acho que fica melhor (e mais limpo) cada um ter sua própria porção.

E se você não quiser servir o cozido com todos os acompanhamentos, tudo bem, também. Mesmo na versão mais básica, ele fica delicioso e é garantia de uma comida bem quentinha. Diria que, de obrigatório mesmo, só as ervinhas frescas. Todo o resto fica a seu critério: depende do tempo que você tem, de quantas pessoas vão comer e da fome da galera!

- 1 colher (sopa) de óleo de gergelim torrado
- 1 colher (sopa) de amido de milho orgânico
- 4 xícaras de caldo de cogumelo ou legumes
- 1 cebola roxa média cortada em rodelas finas
- 1 pimentão vermelho cortado em fatias finas
- uma pitada grande de sal
- 3 dentes de alho bem picados
- 2 colheres (sopa) de capim-limão bem picado
- 1 colher (sopa) de gengibre fresco bem picado
- ½ colher (chá) de pimenta calabresa
- 2 anises-estrelados
- ¼ de colher (chá) de canela em pó
- 30 g de shiitake seco
- 2 colheres (sopa) de molho tamari ou de soja
- 1 tomate médio picado grosseiramente
- uma pitada de pimenta-do-reino moída na hora
- 420 ml de leite de coco light
- suco de ½ limão-taiti

Para acompanhar (opcional):
- macarrão de arroz ou arroz jasmim cozidos
- coentro fresco
- manjericão fresco (use o manjericão tailandês, se encontrar)
- hortelã fresco
- Tofu grelhado (p. 171)
- molho Sriracha

Preaqueça uma panela com capacidade para 4 litros em fogo médio. Despeje o óleo de gergelim. Misture o amido ao caldo e reserve (o jeito mais fácil é dissolver o amido em 1 xícara do caldo e depois juntar a mistura à panela de caldo). Refogue a cebola e o pimentão no óleo com uma pitada grande de sal por mais ou menos 5 minutos, até amolecerem.

(continua)

Junte o alho, o capim-limão, o gengibre e a pimenta calabresa e mexa. Refogue por cerca de 1 minuto, até soltarem os aromas. Em seguida, despeje lentamente o caldo misturado ao amido. Acrescente o anis-estrelado, a canela, o shiitake, o tamari, o tomate e a pimenta-do-reino. Cozinhe, misturando sempre nos primeiros 10 minutos, até o amido engrossar um pouco o caldo. Tampe a panela e espere levantar fervura. Assim que isso acontecer, diminua a chama e ferva por 30 minutos, até os cogumelos ficarem totalmente macios.

Junte o leite de coco e o suco de limão. Confira o sal. Deixe a mistura esquentar bem e sirva com ervas frescas e outros acompanhamentos.

Tofu grelhado

Este tofu grelhado é bem básico, com um toque sutil de gergelim. O verdadeiro astro é o sabor de tostado. Para virar o tofu, use uma espátula de metal bem fina: assim você consegue passar por baixo dele e aproveitar toda a camada tostadinha, em vez de perdê-la para a chapa.

400 g de tofu extrafirme (pode apertá-lo para retirar o excesso de líquido, mas é opcional)

3 colheres (sopa) de molho tamari

1 colher (sopa) de óleo de gergelim torrado

óleo vegetal, para usar na bistequeira

Preaqueça uma bistequeira grande em fogo médio.

Corte o tofu em triângulos (veja p. 27). Despeje o tamari e o óleo de gergelim numa travessa, e mergulhe os triângulos de tofu nessa mistura.

Quando a bistequeira estiver bem quente, pincele o óleo. Grelhe os triângulos de tofu de cada lado por 3 a 5 minutos, até formar marcas de grelhado. Retire da bistequeira e sirva!

MAIS SUGESTÕES DE ACOMPANHAMENTOS:

Castanha de caju assada, feijão-azuqui cozido, tiras de seitan refogado, brócolis ou couve-flor no vapor, acelga chinesa cortada fino e limão.

OBSERVAÇÕES:

- Eu nem tenho panelinha e kit de fondue, por mais que fique tentada a comprar quando vejo em bazares. Você pode deixar a panela sobre um apoio metálico no meio da mesa. Assim ela não vai esfriar!

- Uso shiitake seco porque ele tem um sabor mais concentrado que o fresco. Além disso, é bem mais barato. E como a versão tradicional deste cozido é servida com fatias bem finas de carne, o shiitake, por sua consistência carnuda, dá conta do recado. Se não achar o cogumelo seco, use fresco. Em vez de cozinhá-lo lentamente no caldo, adicione-o nos últimos 2 minutos do cozimento, tempo suficiente para amolecê-lo.

- Falando de campos verdejantes, você tem usado capim-limão nas suas receitas? Ele dá um perfume quente a ensopados, além de ser um ingrediente divertido de usar. Quem não gosta de circular no mercado com talos de capim-limão protuberantes na cesta? Do capim-limão, usa-se apenas o miolo do bulbo na parte inferior do talo. Vá retirando as camadas de folha até chegar ao miolo macio. Retire a parte dura que fica embaixo e pique bem. Você deve precisar de 3 talos para esta receita. Reserve o resto do talo para fazer caldo ou chá.

Ensopados, chilis e curries

ENSOPADO DEFUMADO À MODA INCA

rendimento: 6 a 8 porções · tempo total: 45 minutos · tempo de preparo: 20 minutos

Se você coloca quinoa numa receita, ela automaticamente se torna inca. Será que os povos da América pré-colombiana passavam dia e noite comendo ensopado? Provavelmente não, mas é que eu precisava diminuir o nome, sabe? Ensopado de quinoa, feijão e pimenta chipotle com batata-doce e milho ia acabar estourando o espaço da página! O sabor de defumado fica por conta da chipotle. A quinoa e o feijão-preto dão sustância ao prato, e a batata-doce, um toque naturalmente adocicado. Se puder, use milho fresco em vez do congelado, pois vale muito a pena. Como ele é adicionado no final do cozimento, preserva a consistência e o frescor de cada grão.

- 1 colher (sopa) de azeite
- 1 cebola média picada em cubos
- ¾ de colher (chá) de sal, mais uma pitada
- 3 dentes de alho bem picados
- ¼ de xícara de pimenta chipotle (sem sementes) em conserva
- ¾ de xícara de quinoa vermelha (ela dá um efeito mais bonito)
- 4 xícaras de caldo de legumes
- pimenta-do-reino moída na hora
- 700 g de batata-doce descascada e cortada em pedaços de 2 cm
- 1½ xícara de milho-verde cozido, de preferência fresco (veja Observações da p. 189; congelado também serve)
- 1 lata (420 g) de tomate pelado escorrido (reserve o suco) e esmagado (veja Observações)
- 1½ xícara (420 g) de feijão-preto cozido e escorrido
- ½ xícara de coentro fresco picado

Preaqueça uma panela com capacidade para 4 litros em fogo médio. Despeje o azeite. Refogue a cebola no azeite com uma pitadinha de sal por cerca de 5 minutos, até ficar translúcida. Junte o alho e refogue por cerca de 30 segundos, até ele soltar o aroma. Adicione a chipotle, a quinoa, o caldo, o restante de sal e a pimenta-do-reino. Tampe a panela e ferva por 7 minutos, até a quinoa ficar quase pronta.

Diminua a chama e acrescente a batata-doce. Tampe a panela e ferva em fogo brando por cerca de 12 minutos. Depois desse tempo, a batata deverá estar macia, e a quinoa, totalmente cozida. Junte o milho, o tomate, o feijão-preto e o coentro. Ferva por cerca de 7 minutos, até a mistura esquentar bem. O ensopado fica mais saboroso se descansar alguns minutos, pois os sabores apuram mais. Se quiser afiná-lo, junte parte do suco de tomate reservado previamente. Sirva quente.

NO CALOR DO MOMENTO

Manipular pimenta chipotle é uma tarefa bem chatinha, mas vale muito a pena! Corte a pimenta ao comprido com uma faquinha afiada. Com a parte de trás da lâmina, raspe para retirar as sementes. Descarte-as. Não tem problema se não conseguir retirar todas as sementes, faça o melhor que puder. Quanto menos sementes, menos picante fica a receita, ou seja, você pode juntar mais chipotle para dar um sabor forte de defumado, mas com ardor mais controlado.

O ideal é ter pimentas chipotle extras. Guarde-as na geladeira num saquinho plástico e use em até 1 semana. Só acho difícil usar chipotle duas vezes na mesma semana. Gosto de colocá-las num saquinho e congelar. Assim, sempre que quero dar um toque picante a um prato, quebro um pouco da pimenta congelada e uso.

OBSERVAÇÕES:

- A receita pede uma lata inteira de tomates, mas a princípio somente eles são usados. O suco da conserva pode ser incorporado ao ensopado, mas quem sabe não rende um bom Bloody Mary, ou outro drinque? Na hora de usar os tomates, você pode esmagá-los nas mãos. Eu os esmago por cima da panela na hora de adicioná-los. Retire um da lata e esprema. É uma bagunça divertida! Você também pode usar tomate fresco em vez do enlatado, mas acrescente junto com a quinoa para dar tempo de desmanchar. Use cerca de 1½ xícara de tomate fresco picado.
- Mais uma coisa: mexer na pimenta pode causar queimaduras. Manipule-a rápido e com cuidado, e lave as mãos imediatamente com água e sabonete. Se quiser mais segurança, use luvas de borracha.

GUMBO DE QUIABO,
grão-de-bico e feijão-vermelho
rendimento: 6 porções · tempo total: 1 hora · tempo de preparo: 25 minutos

- 3 colheres (sopa) de azeite
- ¼ de xícara de farinha de trigo
- 1 cebola média picada grosseiramente
- 1 colher (chá) de sal
- 3 dentes de alho bem picados
- 2 talos de salsão picados fininho
- 1 xícara cheia de pimentão vermelho cortado em cubos
- 2 xícaras de tomate picado
- pimenta-do-reino moída na hora
- 2 folhas de louro
- 2 colheres (chá) de páprica defumada
- 8 raminhos de tomilho fresco, mais um pouco para decorar
- 2½ a 3 xícaras de caldo de legumes em temperatura ambiente
- 2 xícaras (cerca de 300 g) de quiabo cortado em rodelas de 1 cm
- 1½ xícara (420 g) de feijão-vermelho cozido e escorrido
- 1½ xícara (420 g) de grão-de-bico cozido e escorrido
- 1 colher (sopa) de suco de limão-siciliano
- arroz cozido, para acompanhar

Eu me sinto tão sortuda quando acho quiabo na feira! Só de olhar, já sei o que vou fazer. Não tenho a menor dúvida: gumbo. A minha versão, encorpada e com um toque ácido, leva hortaliças e dois tipos de leguminosa. Um roux bem torradinho, tomate fresco, bastante alho e cebola, tomilho fresco e, é claro, quiabo. Se você ainda não está habituado a usar esse legume ou tem medo de prepará-lo, esta receita é um ótimo começo. Uso bastante caldo de legumes para afinar o roux e cozinhar o quiabo. Depois ferva em fogo brando para reduzir e formar um molho espesso, aveludado e sem baba.

Começamos fazendo um roux. O desta receita leva um pouco menos de gordura, por isso não fica tão viscoso. Se você preferir um roux mais tradicional, basta juntar mais 3 colheres (sopa) de azeite.

Preaqueça uma panela de fundo grosso em fogo médio. Quanto mais larga a panela, melhor. É importante ter bastante área para fazer o roux. Despeje o azeite e polvilhe a farinha. Use uma espátula de madeira para misturar os dois, mexendo sempre de 3 a 4 minutos, até a farinha formar grumos e ficar torrada.

Junte a cebola e o sal. Misture para cobrir bem a cebola na mistura de farinha e azeite. Cozinhe por cerca de 5 minutos, mexendo sempre. Adicione o alho e refogue por cerca de 30 segundos.

Junte o salsão, o pimentão e o tomate. Cozinhe por mais 10 minutos. Quando o tomate desmanchar, a mistura deverá estar espessa e pastosa.

Tempere com pimenta-do-reino, junte o louro, a páprica e o tomilho. Misture bem.

Despeje as 2½ xícaras de caldo lentamente, mexendo sempre para evitar que empelote. Junte o quiabo, o feijão e o grão-de-bico. Aumente o fogo e deixe ferver, mexendo de vez em quando. Depois que levantar fervura, reduza o fogo e espere o ensopado cozinhar destampado por 30 a 45 minutos. Mexa de vez em quando, até ele encorpar e o quiabo amolecer. Se ficar muito grosso, use até ½ xícara de caldo de legumes para afinar. Se não ficar tão espesso como de seu agrado, deixe cozinhar um pouco mais.

Junte o suco de limão e confira o tempero. Retire as folhas de louro e os galhos de tomilho (se conseguir achá-los) e sirva o gumbo numa tigela grande e larga, com arroz e tomilho fresco.

CHILI TAILANDÊS DE LENTILHA

rendimento: 8 a 10 porções · tempo total: 40 minutos · tempo de preparo: 15 minutos

Sabe essas revistas de culinária que você folheia quando está na fila do supermercado? Isso mesmo, aquelas que você devolve para o display, feliz por saber que pode fazer uma receita usando uma lata de sopa e 35 claras, sabe? Então... eu compro essas revistas. Todas. É a minha vergonha secreta.

Mas de vez em quando até dá para pescar boas ideias delas. É o caso desta receita, que vi na capa de uma revista e me deixou com vontade de experimentar o que sempre quis: colocar pasta de curry vermelho tailandês em tudo. Ou, pelo menos, num chili!

Esta receita não é exatamente a da revista; só aproveitei a ideia (ainda me resta um pouco de integridade). É o resultado de juntar curry tailandês com chili não decepciona. Está certo: admito que à primeira vista talvez não pareça tão espetacular, mas é, sim! Usei lentilha vermelha para um toque crocante e mantive os ingredientes principais da receita original: batata-doce e feijão-vermelho, grande e carnudo. Esta receita é ótima, muito fácil de fazer. Experimente na próxima vez para ampliar o seu repertório de chilis. E rende bastante, ou seja, você pode congelar as sobras e comer chili sempre que quiser.

- 1 colher (sopa) de azeite
- 1 cebola grande em cubos
- 1 pimentão vermelho em cubos
- 1 colher (chá) de sal, mais uma pitada
- 3 dentes de alho bem picados
- 700 g de batata-doce descascada e cortada em pedaços de 2 cm
- 1 xícara de lentilha vermelha
- 4 xícaras de caldo de legumes
- 2 colheres (sopa) de pimenta dedo-de-moça em pó
- 3 xícaras (850 g) de feijão-vermelho cozido e escorrido
- 2 colheres (sopa) de pasta de curry vermelho tailandês
- 420 ml de leite de coco light
- 800 g de tomate pelado em conserva picado
- ½ xícara de coentro fresco picado, mais um pouco para decorar
- limão-taiti, para decorar (opcional)

Preaqueça uma panela com capacidade para 4 litros em fogo médio. Despeje o azeite. Refogue a cebola e o pimentão no azeite com uma pitadinha de sal por 5 a 7 minutos. Junte o alho e refogue por mais 1 minuto.

Adicione a batata-doce, a lentilha, o caldo, a pimenta e o restante de sal. Tampe e deixe levantar fervura. Mantenha fervendo por 15 a 20 minutos, mexendo de vez em quando para evitar que queime. Quando a lentilha e a batata-doce tiverem amolecido, junte o feijão, a pasta de curry, o leite de coco, o tomate e o coentro. Deixe ferver para esquentar.

Confira o tempero. Sirva com coentro e limão, se usar.

CHILI DE DOIS FEIJÕES

rendimento: 8 a 10 porções · tempo total: 1 hora · tempo de preparo: 20 minutos

- 1 colher (sopa) de azeite
- 1 cebola média picada em cubos
- 1 pimentão vermelho em cubos
- 2 pimentas jalapeño fatiadas fino (retire as sementes se quiser menos picante)
- 1½ colher (chá) de sal, mais uma pitada
- 6 dentes de alho bem picados
- 3 a 4 colheres (sopa) de pimenta dedo-de-moça suave em pó
- 1 colher (sopa) de orégano seco
- 2 colheres (chá) de cominho em pó
- várias pitadas de pimenta-do-reino moída na hora
- ⅛ de colher (chá) de cravo-da-índia em pó
- 4 xícaras de água, mais um pouco, se necessário
- 1 xícara de lentilha
- 800 g de polpa de tomate
- 1½ xícara (420 g) de feijão-vermelho cozido e escorrido
- 1½ xícara (420 g) de feijão-preto cozido e escorrido
- 2 colheres (sopa) de suco de limão-taiti
- 1 colher (sopa) de xarope de bordo

OBSERVAÇÕES:

- Se não quiser usar os dois tipos de feijão, faça a receita apenas com um tipo.
- Comece com 4 xícaras de água e vá adicionando mais conforme a necessidade. Não dá para prever o quanto o chili vai cozinhar e desmanchar, e é mais fácil afinar um chili do que engrossar.

Posso não ser especialista em chili texano, mas em reality shows de culinária eu sou, sim. Uma coisa é certa: se um participante de competição culinária falar do Texas, ele vai falar de chili. E, quando eles falam do prato, destacam dezenas de vezes que o chili texano não leva feijão. Só faltam dizer em *slow motion*, com eco e sobre um fundo de música eletrônica: "O chili texano não leva feijão". Deu para ouvir? É sem feijão! Essa é minha homenagem invertida ao chili texano: um belo cozido cheio dos meus feijõezinhos preferidos! Ele é encorpado, substancioso e bem "carnudo", um oferecimento das lentilhas. Sirva com Muffin de milho (p. 274), Guacamole secreto do Pepe (p. 241) ou abacate.

Preaqueça uma panela com capacidade para 4 litros em fogo médio. Despeje o azeite. Refogue a cebola, o pimentão e a jalapeño no azeite com uma pitada boa de sal por 5 a 7 minutos, até a cebola ficar translúcida.

Junte o alho e refogue por cerca de 30 segundos, até soltar o aroma. Acrescente a pimenta em pó (comece com 3 colheres de sopa), o orégano, o cominho, o restante de sal, a pimenta-do-reino e o cravo-da-índia. Mexa para envolver a cebola com os temperos, deixando que estes tostem um pouco (cerca de 1 minuto).

Junte as 4 xícaras de água e raspe o fundo da panela para fazer a deglaçagem. Adicione a lentilha. Tampe a panela e aumente o fogo para que a mistura levante fervura. Cozinhe em fogo brando por cerca de 20 minutos, mexendo de vez em quando. A lentilha já deverá estar al dente.

Junte o tomate, o feijão-vermelho e o feijão-preto. Tampe a panela e diminua a chama para ferver em fogo brando. Cozinhe destampado por mais 30 minutos, mexendo de vez em quando. A lentilha deve ficar bem molinha, quase incorporada ao chili. Talvez seja necessário também juntar mais água; vai depender se o chili cozinhou bastante. Você pode adicionar até 2 xícaras extras de água.

Junte o suco de limão e o xarope de bordo. Confira o tempero. O chili fica mais saboroso se descansar cerca de 10 minutos, mas, se não der para esperar, vai nessa!

CAPÍTULO 6

REFOGADOS e SALTEADOS

Aspargo e seitan com ervas frescas 180 • Refogado de tofu e brócolis com abacate, manjericão e amendoim 183 • Yakissoba à moda de Omaha com repolho roxo e milho 184 • Pad thai para todo dia 187 • Arroz colorido com manga 188 • Seitan de verão com coentro e limão 189 • Seitan ao molho oriental de laranja 190 • Seitan e brócolis ao molho barbecue caseiro 193 • Tempeh giardino 194 • Salteado de cogumelo e tofu com aspargo 196 • Grão-de-bico e escarola ao vinho branco 197

Acho importante saber o que é "COMIDA AUTÊNTICA",

mas certamente não me deixo restringir por essa ideia. Ainda mais sendo chef vegana, pois estou sempre brincando com tradições e conceitos, traduzindo clássicos para o veganismo e oxigenando receitas antigas e queridas. Mas, no fundo, não importa a rota culinária que eu trace, a minha comida sempre refletirá o mundo pelo olhar de uma americana judia do Brooklyn. Mesmo sendo obcecada por aprender como as coisas são feitas, nunca vou reproduzir esses pratos do jeito autêntico. Algum dia vou conseguir fazer um chop suey igual a um chef cantonês? Claro que não! Para mim, a única maneira de conseguir um chop suey do jeitinho que eu gosto é refogando os ingredientes separadamente em frigideira de ferro fundido, em altíssima temperatura, e bem rápido. Parece trabalhoso, mas nem é tanto. Enquanto um ingrediente está no fogo, você pode picar o seguinte, então tudo fica pronto rápido. Abro o capítulo com os maravilhosos sabores da Ásia, mas não vou me limitar a essa região. Salteados usam métodos parecidos, e assim que você dominar as técnicas de preparo e cozimento, vai transformar hortaliças e grãos em deliciosos pratos rápidos.

ASPARGO E SEITAN
com ervas frescas

rendimento: 4 porções · tempo total: 30 minutos · tempo de preparo: 30 minutos

Acho que foi com um prato de delivery chinês do Brooklyn, à base de carne e aspargo, que provei essa belezura de ingrediente pela primeira vez. A versão desta receita é realçada com as influências do Sudeste Asiático, um oferecimento da hortelã e do manjericão tailandês. E também, claro, de uma bela dose de meu amigo apimentado, o Sriracha. O resultado é um molho espesso e marrom, de sabor forte de pimenta e ervas, que adere perfeitamente ao seitan e ao aspargo grelhados. A castanha de caju torrada dá um toque delicioso e divertido, e o broto de feijão é puro frescor crocante!

Às vezes a lista de ingredientes de chop sueys (os bons, claro) é meio longa, mas, no fundo, esta receita envolve nada mais que misturar e refogar alguns vegetais e temperos na frigideira e arrematar com um molho. Não tenha medo!

Para o molho:
- 2 colheres (chá) de amido de milho orgânico
- ½ xícara de caldo de legumes resfriado
- 6 colheres (sopa) de molho de soja
- 1 a 2 colheres (sopa) de molho Sriracha (veja Observações)
- 2 colheres (sopa) de suco de limão-taiti
- 2 colheres (sopa) de xarope de agave
- 2 colheres (sopa) de hortelã fresca picada
- 2 colheres (sopa) de manjericão fresco picado (comum ou tailandês)

Para o restante da receita:
- 2 colheres (sopa) de óleo de gergelim torrado
- 450 g de seitan cortado em tiras finas
- várias pitadas de pimenta-do-reino moída na hora
- 1 xícara de cebola cortada fininho
- 220 g de aspargo cortado em pedaços de 4 cm (corte as pontas mais grossas)
- 2 colheres (sopa) de gengibre fresco bem picado
- 2 dentes de alho bem picados
- ½ xícara de castanha de caju torrada (veja Observações)
- 1 xícara de broto de feijão

Para acompanhar:
- arroz jasmim cozido
- hortelã ou manjericão frescos

OBSERVAÇÕES:
- Se comprar a castanha de caju já torrada, não precisa torrá-la novamente. Se você gosta de torrar castanha de caju crua, acho que fica até mais gostoso. Preaqueça uma frigideira em fogo médio. Junte a castanha de caju e toste-a a seco por cerca de 5 minutos, mexendo sempre. Você pode fazer isso enquanto o seitan cozinha.
- Em relação ao molho Sriracha, gosto de usar 2 colheres (sopa) na receita, mas para algumas pessoas pode ficar picante além da conta. Comece com 1 colher (sopa) e prove para ver se gostou. Se achar que aguenta o ardor, junte a outra colher.

PREPARE O MOLHO:

Você pode fazer o molho enquanto os ingredientes estão no fogo ou de véspera. Misture o amido no caldo até dissolvê-lo bem. Junte o molho de soja, o Sriracha, o suco de limão e o xarope de agave. Misture bem. Em seguida, adicione a hortelã e o manjericão. Reserve.

PREPARE O RESTANTE DA RECEITA:

Preaqueça uma frigideira grande e pesada em fogo médio para alto. Junte 2 colheres (chá) do óleo de gergelim. Refogue o seitan no óleo com algumas pitadas de pimenta-do-reino por 5 a 7 minutos, até ele dourar dos dois lados. Transfira para uma travessa e reserve.

Refogue a cebola na frigideira com mais 2 colheres (chá) do óleo por cerca de 5 minutos, até dourar bem. Junte o aspargo e mais 1 colher (chá) do óleo. Refogue, mexendo por 3 minutos, ou até o aspargo ficar com uma cor verde bem viva. Como a ideia é preservar o toque crocante do vegetal, é importante não deixar que cozinhe demais (se deixar o aspargo passar do ponto, não tem problema. Na próxima vez, lembre-se dessa dica).

Empurre o aspargo com a cebola para o canto da frigideira. Adicione o gengibre e o alho numa parte vazia da panela. Regue com o restante de óleo de gergelim e mexa por cerca de 15 segundos, somente até os ingredientes soltarem aroma. Em seguida, junte-os aos vegetais refogados.

Devolva o seitan à frigideira. Junte o molho e aumente o fogo para levantar fervura. Ele deve engrossar e reduzir em cerca de 3 minutos. Assim que o molho engrossar, acrescente a castanha de caju e o broto de feijão. Misture para cobri-los com o molho. Sirva imediatamente com arroz jasmim e salpicado de ervas frescas.

REFOGADO DE TOFU E BRÓCOLIS com abacate, manjericão e amendoim

rendimento: 4 porções · tempo total: 30 minutos · tempo de preparo: 30 minutos

---

Esta receita, a minha preferida de chop suey, exemplifica tudo de que eu mais gosto nesse tipo de prato. Brócolis, cebola roxa e pimentão vermelho, com um tofu bem douradinho. Por si sós, eles já são uma delícia, mas o toque especial vem das guarnições. Adoro os sabores californianos desta receita: amendoim, abacate e manjericão fresco unem-se para dar um toque de cremosidade, crocância e frescor ao prato.

Preaqueça uma frigideira de ferro fundido em fogo alto. Misture os ingredientes do molho e reserve.

Deixe à mão um recipiente para colocar os ingredientes conforme ficarem prontos. Gosto de usar uma assadeira de 20 cm x 30 cm; assim, os ingredientes não ficam amontoados nem formam vapor ao cozinhar.

Assim que a frigideira estiver bem quente, adicione 2 colheres (chá) de óleo de gergelim. Adicione o tofu cortado. Tempere com ¼ de colher (chá) de sal e um pouco de pimenta-do-reino. Os ingredientes devem chiar como fritura ao entrar em contato com a frigideira; caso isso não aconteça, aumente o fogo. Refogue por cerca de 7 minutos, misturando sempre e adicionando mais óleo conforme a necessidade, até o tofu ficar bem douradinho. Não é preciso dourá-lo de todos os lados, em alguns já está de bom tamanho.

Transfira o tofu para a assadeira ou tigela e comece a refogar os brócolis. Adicione 2 colheres (chá) do óleo, junte os brócolis, o restante de sal e pimenta-do-reino. Refogue por cerca de 5 minutos, até os brócolis ficarem tostadinhos e com uma cor bem viva. Tampe a frigideira quando der pausas na mistura dos ingredientes; isso ajuda a cozinhar mais rápido. Passe os brócolis para a assadeira do tofu.

Refogue a cebola e o pimentão. Adicione o restante de óleo e mexa bem; tempere com pimenta-do-reino e o restante de sal. Refogue por cerca de 3 minutos. Os legumes devem ficar tostadinhos e crocantes. Passe os brócolis para a assadeira do tofu. Agora, vamos continuar com o molho.

Leve o alho, o gengibre e a pimenta calabresa à frigideira e refogue-os até soltarem o aroma (cerca de 1 minuto), tomando cuidado para não deixar queimar (junte mais óleo conforme a necessidade). Junte o molho, misture bem e deixe no fogo por cerca de 2 minutos, até esquentar e começar a borbulhar.

Adicione os legumes e o tofu. Misture bem para cobri-los de molho e confira o tempero. Sirva quente com quinoa ou arroz integral e decore com abacate, amendoim e manjericão.

Para o molho:

- 2 colheres (sopa) de molho hoisin
- 2 colheres (sopa) de mirin (saquê licoroso para uso culinário)
- 2 colheres (sopa) de água
- 1 colher (sopa), mais 1 colher (chá) de molho tamari ou de soja
- 1 colher (sopa) de xarope de agave

Para o restante da receita:

- 2 colheres (sopa) de óleo de gergelim torrado
- 400 g de tofu em cubos ou triângulos pequenos (se der tempo, aperte-o; caso contrário, deixe-o por cima de papel-toalha para retirar o excesso de líquido)
- ¾ de colher (chá) de sal
- várias pitadas de pimenta-do-reino moída na hora
- 450 g de brócolis separado em buquês e talos cortados em pedaços de 1 cm
- 1 cebola roxa pequena cortada em meias-luas
- 1 pimentão (vermelho, amarelo ou laranja) cortado em fatias de 1 cm de espessura
- 4 dentes de alho bem picados
- 2 colheres (chá) de gengibre fresco bem picado
- 1 colher (chá) de pimenta calabresa (use menos se for fraco para pimenta)
- quinoa cozida ou arroz integral cozido, para acompanhar

Para decorar:

- 1 avocado (ou ½ abacate pequeno) sem caroço, descascado e picado em cubinhos
- ½ xícara de amendoim torrado e salgado
- dois punhados grandes de manjericão fresco cortado em chiffonade (tirinhas bem finas)

Refogados e salteados 183

YAKISSOBA À MODA DE OMAHA com repolho roxo e milho

rendimento: 2 porções · tempo total: 20 minutos · tempo de preparo: 20 minutos

- 1 colher (sopa), mais 1 colher (chá) de óleo de gergelim torrado
- 3 xícaras de buquês de brócolis
- 2 xícaras de repolho roxo fatiado fino
- 220 g de shiitake cortado em fatias de 1 cm
- 1 xícara de milho (use 2 espigas; veja Observações da p. 189)
- 2 dentes de alho bem picados
- 1 colher (sopa) de gengibre fresco bem picado
- 3 colheres (sopa) de molho de soja
- 3 colheres (sopa) de caldo de legumes
- 2 colheres (sopa) de mirin (saquê licoroso para uso culinário)
- 2 colheres (chá) de molho Sriracha
- 340 g de macarrão de yakissoba cozido (veja Observações)
- 1 xícara de cebolinha picada

OBSERVAÇÕES:

- A frigideira precisa ficar muito quente! Os ingredientes devem fazer um barulho de "chiado" imediatamente ao entrar em contato com ela. Pingue um pouquinho de água para testá-la depois de preaquecer: a água deve evaporar quase de imediato.
- Em alguns supermercados há a opção de comprar o macarrão de yakissoba pré-cozido, na seção de alimentos refrigerados. É superprático! Passo o macarrão pré-cozido em água quente por 1 minuto para desgrudar e jogo direto na frigideira. Recomendo, no entanto, que leia as instruções da embalagem, pois cada marca é diferente.
- Se você cozinhar o macarrão em casa, use 110 g. Escolha uma massa grossa para não perder o melhor da festa.
- Esta receita serve bem duas pessoas, e, se juntar mais ingredientes, há o risco de não caber direito na frigideira. Como o preparo é bem rápido, se quiser dobrar a receita faça em duas levas separadas. Se picar os ingredientes das duas levas juntos, com certeza tudo ficará pronto em 30 minutos.

Sinceramente? Nunca tinha comido yakissoba até me mudar para Omaha. Por que não? É que fui uma nova-iorquina mal acostumada boa parte da minha vida. Os restaurantes de comida japonesa de Nova York oferecem muitas opções veganas. Os de Omaha, nem tanto. Fato é que, de nove em dez vezes em que saio para comer fora em Omaha, acabo indo a algum japonês. Mas não consigo passar só com rolinho de pepino, sabe? A minha sorte é que sempre tem uma opção de yakissoba nos cardápios.

Se você acha que enjoo de pedir sempre o mesmo prato, saiba que gosto tanto dele que até me bate desejo. Estranho, né? Mas, sério, é impossível não adorar! Nele vai um macarrão de yakissoba bem gorduchinho coberto de um molho de soja com gengibre. A profusão de hortaliças, além de deixar o prato bem farto, faz dele um banquete para os olhos. Os astros são os brócolis, o repolho roxo e o shiitake. Para ficar com a cara de Nebraska, não podemos esquecer o milho. Se quiser dar uma bela incrementada, sirva-o acompanhado de cubos de tofu ou Tofu ao gergelim (p. 247). Você pode usar também castanha de caju torrada.

Preaqueça uma frigideira grande em fogo médio. Junte 1 colher (sopa) do óleo de gergelim. Refogue os brócolis no óleo por cerca de 5 minutos até ficar com uma cor verde bem viva. Junte colheradas de água, se achar que a frigideira está muito seca. Adicione o repolho e o shiitake e cozinhe por cerca de 3 minutos, até que o repolho cozinhe, mas mantenha o toque crocante. Junte o milho e mexa para aquecer bem a mistura.

Passe o repolho, o shiitake e o milho refogado para a borda da frigideira. Na parte vazia da panela, coloque o alho e o gengibre. Regue-os rapidamente com o restante de óleo. Mexa por alguns segundos, até soltarem o aroma. Em seguida, misture-os às hortaliças refogadas.

Junte o molho de soja, o caldo, o mirin e o Sriracha à frigideira e misture bem para cobrir os ingredientes no molho que se formar. Refogue por cerca de 1 minuto. Junte o macarrão e mexa novamente para cobrir de molho. Por fim, junte a cebolinha, misture e sirva.

PAD THAI PARA TODO DIA

rendimento: 4 porções · tempo total: 30 minutos · tempo de preparo: 30 minutos

---

Este é o prato tailandês mais típico que há. E também o meu preferido. Se não fosse o risco de uma deficiência vitamínica, provavelmente comeria pad thai em todas as refeições. Nesta receita, uso meu ingrediente supersecreto: ok, como sempre, é o missô. Ele dá um sabor fermentado parecido com o de molho de peixe. Normalmente o pad thai é feito na hora, uma porção por vez, mas, a não ser que eu tenha de causar boa impressão ao convidado, não me dou ao trabalho. A receita não é tão autêntica, mas dá conta do recado com ingredientes básicos e traz um bom equilíbrio dos sabores doce, ácido, apimentado e salgado.

- 2 colheres (sopa) de óleo vegetal
- 400 g de tofu cortado em cubos de 1 cm
- ½ colher (chá) de sal

Para o molho:
- 2 colheres (sopa) de extrato de tomate
- 5 colheres (sopa) de molho de soja
- 6 colheres (sopa) de açúcar mascavo
- ¼ de xícara de suco de limão-taiti
- 2 colheres (sopa) de molho Sriracha
- 2 colheres (sopa) de missô claro
- ¼ de xícara de água

Para o restante da receita:
- 4 xícaras de buquês de brócolis e talos cortados bem fininho
- 4 dentes de alho bem picados
- 2 xícaras de cebolinha picada em pedaços de 2,5 cm
- 1 xícara de coentro fresco picado, mais um pouco para decorar (opcional)
- 220 g de talharim de arroz cozido de acordo com as instruções da embalagem e passado imediatamente em água fria
- 115 g de broto de feijão
- ¾ de xícara de amendoim torrado picado
- limão-taiti, para acompanhar

Você vai precisar de uma frigideira grande de ferro fundido para preparar o tofu, ou uma panela antiaderente que aguente fogo muito alto. Preaqueça a frigideira em fogo alto. Assim que a frigideira estiver bem quente, adicione 1 colher (sopa) do óleo. Junte o tofu cortado. Tempere com ¼ de colher (chá) de sal. O tofu deve começar imediatamente a chiar quando entrar em contato com a frigideira; caso isso não aconteça, aumente o fogo. Cozinhe por cerca de 7 minutos, mexendo sempre, até ele ficar bem dourado.

PREPARE O MOLHO:

Misture os ingredientes do molho e reserve. É possível que o missô não dissolva totalmente, mas tudo bem. Tente deixá-lo o mais liso possível.

Quando o tofu tiver dourado, transfira-o para uma travessa, cobrindo com papel-alumínio para mantê-lo aquecido. Na mesma frigideira, refogue os brócolis em 2 colheres (chá) do óleo com o restante do sal. Tampe a frigideira quando der pausas na mistura dos ingredientes; isso ajuda a cozinhar mais rápido. Os brócolis devem levar cerca de 5 minutos para ficarem prontos, levemente tostados em algumas partes. Passe os brócolis para a mesma travessa do tofu.

Está na hora de cozinhar o molho. Baixe o fogo para médio. Refogue o alho em 1 colher (chá) de óleo rapidamente, por cerca de 15 segundos. Junte a cebolinha e o coentro. Mexa até as folhas murcharem. Adicione metade do molho e esquente.

Acrescente o talharim e mexa para cobrir de molho. Devolva à panela o tofu e os brócolis; adicione também o broto de feijão e o molho restante. Mexa bem.

Sirva imediatamente com amendoim e fatias de limão. Se quiser, salpique mais coentro.

OBSERVAÇÕES:

- A quantidade de talharim de arroz na embalagem varia muito entre as marcas. Acho que 220 g é a quantidade perfeita. Se a quantidade da sua embalagem for maior, sugiro preparar o macarrão todo e usar as sobras no dia seguinte, em uma salada. Quem sabe você não mistura com sobras do Molho de amendoim com curry (p. 207)? Se você usar mais que 220 g na receita, terá dificuldade para misturá-la.
- Faço tudo na mesma frigideira. Enquanto o tofu doura, vou picando os demais ingredientes. Com duas frigideiras, você talvez até consiga agilizar um pouco o preparo, mas esse método funciona bem para mim.

ARROZ COLORIDO COM MANGA

rendimento: 4 a 6 porções · tempo total: 30 minutos · tempo de preparo: 30 minutos

¾ de xícara de castanha de caju

170 g de vagem sem as pontas, cortada em pedaços de 2,5 cm (cerca de 1½ xícara)

3 colheres (sopa) de óleo de amendoim ou canola

várias pitadas de sal

1 cebola roxa média cortada em cubos

3 dentes de alho bem picados

1 colher (sopa) de gengibre fresco bem picado

2 colheres (chá) de sementes de coentro trituradas

¼ de colher (chá) de pimenta calabresa

6 xícaras de arroz jasmim cozido resfriado

1 tomate médio picado em cubos de 1 cm

3 colheres (sopa) de molho tamari ou de soja

1 colher (sopa) de molho Sriracha

2 mangas descascadas e sem o caroço cortadas em pedaços de 1 cm (cerca de 1½ xícara)

15 folhas de manjericão fresco cortado em chiffonade (tirinhas bem finas)

2 colheres (sopa) de suco de limão-taiti

Para acompanhar:
coentro fresco (opcional)
molho Sriracha

OBSERVAÇÕES:

- Não gosto de picar manga nem nos meus maiores devaneios, então faço assim: descasco a manga com um descascador. Coloco-a em pé na tábua e, com uma faca afiada, vou cortando fatias de um lado da fruta. Depois que corto um lado, deixo a fruta apoiada no lado cortado e vou cortando a polpa o mais rente possível do caroço. Depois, corto as fatias em pedaços para o uso na receita. Não precisa ser perfeitamente uniforme, você não está no MasterChef! Existem vários vídeos na internet ensinando a cortar a manga com perfeição.

- O arroz tem que estar frio para a receita funcionar; caso contrário, o prato fica mole e grudento. Se já tiver arroz cozido e congelado em casa (veja p. 20), ponto para você!

Este arroz, de sabor bem ácido e picante, é frito na frigideira com bastante gengibre e alho e leva sementes de coentro trituradas. Fazem participações especiais a vagem bem crocante e frutas bem suculentas e docinhas. Finalizado com limão e manjericão, ele fica tão gostoso e perfumado que você talvez até pense em sair por aí vendendo. Desenvolvi esta receita com pouco óleo, mas a fritura é um dos motivos de ela ser tão viciante (se quiser, reduza a quantidade de óleo à metade).

Para mim este arroz é uma refeição completa, com as proteínas da castanha de caju e as fibras dos legumes e do arroz. Mas, se quiser, sirva-o com tofu refogado (veja p. 203) ou experimente a receita de Tofu ao gergelim (p. 247). Se usar a castanha de caju já torrada, pode pular a etapa de torrá-la e, assim, ganhar uns minutinhos.

Preaqueça uma frigideira grande de fundo grosso em fogo médio. Adicione as castanhas de caju. Torre-as a seco por cerca de 5 minutos, mexendo de vez em quando. Elas devem ficar ligeiramente douradas em alguns pontos, mas tudo bem se dourarem sem muita uniformidade (não é necessário tanta precisão). Transfira para uma travessa grande.

Agora é hora de grelhar a vagem. Aumente o fogo, de chama média para alta. Junte a vagem, 1 colher (sopa) rasa do óleo e uma pitada de sal. Refogue de 3 a 5 minutos, até a vagem ficar grelhada e com uma cor verde bem viva. Passe a vagem para a travessa da castanha de caju.

Leve a cebola ao fogo na frigideira, com mais 1 colher (sopa) de óleo e uma pitada de sal. Mexa por cerca de 3 minutos até ela ficar tostadinha, mas ainda firme. Junte o alho, o gengibre, as sementes de coentro e a pimenta calabresa à frigideira e mexa por cerca de 30 segundos, tomando cuidado para não deixar queimar.

Adicione o óleo restante e metade do arroz cozido. Mexa para misturar bem. Em seguida, junte a outra metade do arroz e mexa de novo. Cozinhe por cerca de 3 minutos, mexendo sempre, até aquecer bem o arroz.

Junte o tomate e os molhos tamari e Sriracha. Misture. Aqueça por mais 3 minutos, até o arroz dourar o suficiente e o tomate desmanchar de leve.

Adicione a vagem, a castanha de caju, a manga, o manjericão e o suco de limão. Cozinhe por 1 a 2 minutos, até a manga aquecer e o manjericão murchar. Confira o sal (não adicione mais molho tamari; se achar que precisa, junte mais sal a gosto). Sirva decorado com coentro (se usar) e um frasco de Sriracha do lado.

SEITAN DE VERÃO
com coentro e limão

rendimento: 4 porções · tempo total: 30 minutos · tempo de preparo: 30 minutos

Passei a gostar desta combinação por causa de um burrito que provei na época em que trabalhava num café do Brooklyn – e fiquei viciada desde então! Nesta receita não abuso das especiarias, pois prefiro destacar os sabores frescos e intensos dos ingredientes. O cogumelo, o coentro e o limão-taiti combinam superbem, o milho dá um toque colorido de verão e o seitan, claro, contribui com sua consistência "carnuda". Mas não precisa servir na tortilha. Por exemplo, adoro comer o prato com arroz e guacamole. Ah, sim: minha margarita é com sal, ok?

- 2 colheres (sopa) de azeite
- 1 cebola roxa média cortada em meias-luas
- 1 pimenta tipo jalapeño fatiada fino (retire as sementes se quiser menos picante)
- ½ colher (chá) de sal, mais uma pitada
- 220 g de seitan em fatias finas
- 1 xícara de milho (use 2 espigas; veja Observações)
- 220 g de cogumelo-de-paris cortado em fatias finas
- ¼ de xícara de coentro fresco picado, mais um pouco para decorar (opcional)
- várias pitadas de pimenta-do-reino moída na hora
- 3 dentes de alho bem picados
- 3 colheres (sopa) de suco de limão-taiti

Preaqueça uma frigideira grande e de fundo grosso (de ferro fundido é sempre melhor) em fogo médio para alto. Adicione 2 colheres (chá) do azeite. Refogue a cebola e a jalapeño no azeite com uma pitadinha de sal por 3 a 5 minutos, até a cebola ficar translúcida.

Junte o seitan, o milho e mais 1 colher (sopa) do óleo. Refogue por cerca de 5 minutos, mexendo sempre, até o seitan dourar de leve.

Adicione o cogumelo, o coentro, o restante do sal e a pimenta-do-reino. Refogue por cerca de 5 minutos.

Empurre os ingredientes refogados para o canto e abra espaço para refogar o alho. Junte o azeite restante e refogue o alho, mexendo sempre, por cerca de 15 segundos. Misture todos os ingredientes da frigideira e adicione o suco de limão.

Confira o tempero e sirva decorado com coentro, se quiser.

OBSERVAÇÕES:

- Para ganhar tempo na etapa de pré-preparo, você pode usar milho-verde já debulhado comprado no mercado. É um bom macete e não compromete o sabor da receita. Se não tiver jeito, pode usar milho congelado que também funciona. Mas tente usar o fresco. Sua texturinha crocante dá um ar de verão ao prato!
- Se optar pelo milho fresco, saiba que é fácil debulhá-lo sem sujar tudo. Posicione a espiga (sem a palha) de ponta-cabeça numa tigela grande. Segure-a firme pela ponta e vá passando a faca de cima para baixo. Os grãos vão cair dentro da tigela. Continue o processo nos quatro lados da espiga, e voilà: milho fresco e delicioso.
- Para melhor controle do tempo, debulhe o milho e pique o cogumelo enquanto o seitan estiver no fogo. A receita deve ficar pronta em 30 minutos.

Refogados e salteados

SEITAN AO MOLHO ORIENTAL DE LARANJA

rendimento: 4 porções · tempo total: 30 minutos · tempo de preparo: 30 minutos

- 2 colheres (sopa) de óleo de gergelim torrado
- 2 peças de seitan ao vapor cortadas em tiras de 1 cm

Para o molho:
- 1 xícara de suco de laranja fresco
- ¼ de xícara de xarope de agave
- 2 colheres (chá) de raspas de laranja
- 3 colheres (sopa) de molho de soja
- 2 colheres (sopa) de mirin (saquê licoroso para uso culinário)
- 1 colher de sopa, mais 1 colher (chá) de amido de milho orgânico

Para o restante da receita:
- 1 xícara de cebola cortada fininho
- 1 pimentão vermelho cortado em fatias finas
- 2 colheres (chá) de gengibre fresco bem picado
- 3 dentes de alho bem picados
- ½ colher (chá) de pimenta calabresa
- 170 g de vagem sem as pontas cortada em pedaços de 2,5 cm (cerca de 1½ xícara)
- arroz cozido, para acompanhar
- cebolinha picada fino, para decorar
- gergelim torrado, para decorar

Hummm! Já tive uma fase em que comia direto chop suey com molho de laranja. Esta versão é de sabor refinado, com gergelim e gengibre bem sutis, um toque picante e, claro, o delicioso sabor da laranja cobrindo as tiras de seitan. Para melhor resultado, use suco da fruta feito na hora, com 3 laranjas-baía. Sirva com arroz basmati para sugar o excesso de molho. É o paraíso da laranja!

Se quiser usar tofu em vez do Seitan de grão-de-bico (p. 249), siga as instruções do método de preparo do tofu em frigideira de ferro fundido (p. 183).

Preaqueça uma frigideira grande em fogo médio. Adicione 1 colher (sopa) do óleo de gergelim. Refogue as tiras de seitan no óleo por 5 minutos, até dourarem de leve.

PREPARE O MOLHO:

Misture bem os ingredientes do molho até dissolver o amido. Reserve.

PREPARE O MOLHO:

Quando o seitan dourar, transfira-o para uma travessa, cobrindo com papel-alumínio para mantê-lo aquecido.

Usando a mesma frigideira, em fogo médio, refogue a cebola no óleo restante por 3 minutos, até dourar de leve. Adicione o pimentão e refogue por 2 minutos, até amolecer. Leve o gengibre, o alho e a pimenta calabresa à frigideira e refogue por cerca de 30 segundos, até soltarem os aromas. Junte a vagem e refogue por cerca de 2 minutos. A ideia é que ela continue crocante.

Junte o molho e misture para cobrir os ingredientes. Quando começar a borbulhar e a engrossar (depois de cerca de 5 minutos), adicione o seitan em tiras. Cozinhe por mais alguns minutos, até o molho ficar espesso e escuro. Sirva imediatamente por cima de arroz, salpicado com cebolinha e gergelim.

SEITAN E BRÓCOLIS
ao molho barbecue caseiro

rendimento: 4 porções · tempo total: 30 minutos · tempo de preparo: 20 minutos

A maioria das marcas de molho barbecue é muito doce para o meu paladar. Então, quando quero esse molho, faço em casa com ingredientes que tenho na despensa. A grande vantagem desta receita é que você pode adaptá-la a gosto. Quer mais apimentado? Use mais Sriracha. Mais doce? Abuse do xarope de bordo. Mais ácido? Mostarda. Se joga! É facílimo.

Antigamente eu chamava este molho de barbecue 2x2, porque seu preparo levava 2 minutos e 2 colheres (sopa) de tudo (menos a fumaça líquida), então ficava fácil de decorar. Mas eu já reduzi algumas quantidades.

Não meço nada quase nunca; faço a olho mesmo. Meu ingrediente secreto é a manteiga de amendoim, que dá uma textura e um sabor deliciosos. Quem provar vai ficar curioso para adivinhar os ingredientes, mas de uma forma boa! A não ser que tenha algum alérgico à mesa. Pergunte antes.

Sirva com arroz ou purê de batata. Se quiser incluir Muffin de milho (p. 272), duvido que alguém se oponha. Ah, e não se esqueça da limonada!

PREPARE O MOLHO:

Misture todos os ingredientes do molho numa tigelinha e reserve.

PREPARE O RESTANTE DA RECEITA:

Preaqueça uma frigideira grande em fogo médio para alto. Despeje o azeite. Refogue a cebola no azeite com uma pitada grande de sal por cerca de 5 minutos, até dourar de leve. Junte o seitan e refogue por 7 a 10 minutos, até o seitan dourar. Adicione o alho e a pimenta-do-reino. Refogue por cerca de 1 minuto, até soltar o aroma. Junte um pouco mais de óleo se achar necessário.

Adicione os brócolis e tampe a frigideira. Cozinhe por 5 minutos, destampando de vez em quando para mexer, até ele ficar macio.

Junte o molho barbecue, mexa e aqueça por mais 5 minutos. O molho deve ficar espesso e começar a borbulhar. Confira o tempero e sirva.

Para o molho barbecue caseiro:

½ xícara de caldo de legumes
2 colheres (sopa) de xarope de bordo
2 colheres (sopa) de melado
2 colheres (sopa) de extrato de tomate
2 colheres (sopa) de manteiga de amendoim
1 colher (sopa) de molho de soja
1 colher (sopa) de vinagre de maçã
1 colher (sopa) de mostarda (uso a de Dijon)
½ colher (chá) de fumaça líquida
½ colher (chá) de molho Sriracha

Para o restante da receita:

1 colher (sopa) de azeite
1 cebola pequena picada fino
uma pitada grande de sal
450 g de seitan em fatias finas
3 dentes de alho bem picados
várias pitadas de pimenta-do-reino moída na hora
3 a 4 xícaras de buquês de brócolis e talos em pedaços com 1 cm de espessura

VARIAÇÃO:

Em vez de refogar o seitan, você pode grelhá-lo seguindo as instruções da p. 249. Depois, continue a receita normalmente.

TEMPEH GIARDINO

rendimento: 4 porções · tempo total: 25 minutos · tempo de preparo: 25 minutos

- 2 colheres (sopa), mais ¼ de colher (chá) de azeite
- 220 g de tempeh cortado em retângulos pequenos
- ½ colher (chá) de sal, mais algumas pitadas
- 1 cebola roxa pequena cortada em meias-luas
- 1 abobrinha amarela média (com cerca de 200 g), cortada em meias-luas de 1 cm
- pimenta-do-reino moída na hora
- 5 dentes de alho bem picados
- 1½ xícara de tomate picado (1 tomate grande)
- ½ colher (chá) de pimenta calabresa
- ⅓ de xícara de manjericão fresco (só as folhas)

Retângulos miudinhos de tempeh refogados com hortaliças e bastante alho e manjericão. Em 25 minutos você se transporta para uma horta na Itália. Ou algo parecido. A abobrinha amarela fica incrível na receita: cozida de leve, só até ficar macia, ela fica maravilhosa e bem temperada de alho. Sirva com batata, arroz ou até mesmo polenta mole. Pode usar a abobrinha italiana no lugar da amarela, se quiser. Na verdade, esta receita fica ótima com qualquer tipo de abobrinha.

Preaqueça uma frigideira grande, de fundo grosso, em fogo médio. Despeje 1 colher (sopa) de azeite. Refogue o tempeh no azeite com uma pitadinha de sal por 5 minutos, mexendo sempre, até dourar de leve.

Junte a cebola à frigideira e regue com 1 colher (chá) de azeite. Tempere com mais uma pitada de sal. Refogue por 3 minutos, até a cebola ficar translúcida, e passe o tempeh e a cebola refogados para uma tigela grande.

Junte mais 2 colheres (chá) de azeite à frigideira e adicione a abobrinha, mexendo bem. Tempere com uma pitada de sal e pimenta-do-reino. Deixe refogar por 5 a 7 minutos, mexendo sempre, até dourar de leve. A ideia é deixá-la al dente.

Passe a abobrinha refogada para a borda da frigideira. Adicione o restante de azeite na parte vazia da panela com o alho picado. Seja rápido para não deixá-lo queimar. Junte o tomate ao alho refogado mais a pimenta calabresa e o sal restante. Mexa bem.

Aqueça essa mistura de tomate e alho por cerca de 1 minuto, para os sabores se mesclarem. Em seguida, junte a abobrinha e o tempeh e a cebola reservados. Misture tudo, junte o manjericão e aqueça por mais 2 minutos, até o manjericão murchar. Confira o tempero e sirva.

SALTEADO DE COGUMELO E TOFU COM ASPARGO

rendimento: 4 porções · tempo total: 30 minutos · tempo de preparo: 30 minutos

- 2 colheres (sopa) de azeite
- 400 g de tofu extrafirme cortado em tiras de 1 cm
- ½ colher (chá) de sal, mais algumas pitadas
- pimenta-do-reino moída na hora
- 1 cebola média cortada em quatro e em fatias finas
- 220 g de cogumelos eryngui cortados em fatias de 1 cm (veja Observação)
- 2 colheres (sopa) de tomilho fresco picado
- 110 g de aspargo cortado em pedaços de 4 cm (retire as pontas mais grossas)
- 5 dentes de alho bem picados
- 1 xícara de vinho branco seco

OBSERVAÇÃO:

O cogumelo eryngui não é encontrado o ano todo. Uma boa opção para substituí-lo é usar o tipo portobello. Nesta receita, você pode usar uma colher para raspar as lamelas (as fibras embaixo do "chapéu" do cogumelo): assim você não afeta a cor da preparação. Além disso, refogue o portobello por apenas 3 minutos, já que ele cozinha bem mais rápido que o eryngui. Se o chapéu do cogumelo for muito grande, sugiro cortá-lo ao meio antes de fatiar.

Cogumelos silvestres, aspargos verdejantes, alho e vinho branco: esta receita é tudo de bom! O cogumelo eryngui tem a incrível capacidade de continuar firme e suculento ao mesmo tempo. Ele fica ótimo com tiras de tofu grelhado. Deixo o aspargo bem firme e crocante para formar um contraste entre as hortaliças do quintal e os cogumelos da floresta. Sirva com purê de batata ou arroz. Esta receita também fica excelente com massas: basta juntar 220 g de macarrão cozido ao final do preparo.

Preaqueça uma frigideira grande, de fundo grosso, em fogo médio. Despeje 1 colher (sopa) de azeite. Refogue as tiras de tofu no azeite com uma pitadinha de sal e algumas de pimenta-do-reino. Refogue por 5 minutos, mexendo sempre, até dourar de leve. Use uma espátula fina de metal para virar o tofu: ela passa bem rente aos pedaços e evita que eles se quebrem ou percam a casquinha crocante para a frigideira. Se alguns quebrarem, não tem problema. Transfira para um prato e reserve.

Refogue a cebola em 2 colheres (chá) de azeite com uma pitadinha de sal por cerca de 3 minutos, até ficar translúcida. Junte o cogumelo, o sal restante e o tomilho. Refogue por mais 3 minutos, até o cogumelo soltar líquido. Adicione o aspargo e cozinhe por mais 3 minutos.

Passe o aspargo e o cogumelo refogados para a borda da frigideira. Coloque o azeite restante na parte vazia da panela, junto com o alho picado. Refogue por cerca de 10 segundos. Em seguida, junte-o ao aspargo e ao cogumelo refogados.

Despeje o vinho e aumente o fogo para que levante fervura em 30 segundos. Reduza a chama e junte o tofu. Confira o tempero e sirva.

GRÃO-DE-BICO E ESCAROLA
ao vinho branco

rendimento: 2 a 4 porções · tempo total: 20 minutos · tempo de preparo: 20 minutos

A escarola até que é parecida com a alface, mas não se deixe enganar pelo disfarce. Ela é ainda mais gostosa quando cozida. A parte superior das folhas fica macia e absorve os sabores, enquanto o talo branco permanece crocante. Quando eu era menina, comia muita escarola refogada em restaurantes italianos. Como nem sempre está na época, toda vez que encontro, compro na hora! Esta receita é rústica e sofisticada ao mesmo tempo. Gosto de servi-la com batata assada, mas com purê de batata também é uma ótima opção. Se quiser, pode servir com pão também. Se a fome for grande e você não pretende preparar outro prato para servir junto, é bem possível que as quatro porções se tornem duas.

- 1 colher (sopa) de azeite
- 1 cebola roxa pequena cortada em meias-luas
- ½ colher (chá) de sal, mais uma pitada
- 4 dentes de alho bem picados
- 1 colher (chá) de tomilho seco
- ½ xícara de vinho branco seco
- várias pitadas de pimenta-do-reino moída na hora
- ½ xícara de caldo de legumes
- 450 g de escarola (1 pé grande) picada grosseiramente em pedaços grandes
- 1½ xícara (420 g) de grão-de-bico cozido e escorrido
- 2 colheres (sopa) de alcaparra
- 1 colher (sopa) de suco de limão-siciliano
- ½ colher (chá) de pimenta calabresa (opcional)

Preaqueça uma frigideira grande em fogo médio. Despeje o azeite. Refogue a cebola no azeite com uma pitadinha de sal por cerca de 5 minutos, até dourar de leve. Junte o alho e o tomilho e refogue por mais 1 minuto.

Adicione o vinho, o sal restante e a pimenta-do-reino. Aumente o fogo para que o vinho levante fervura em cerca de 30 segundos. Junte o caldo, a escarola, o grão-de-bico e a alcaparra. Tampe a frigideira e refogue a escarola por 5 minutos, mexendo de vez em quando. Regue com o suco de limão, confira o tempero e sirva. Se você for como eu, polvilhe pimenta calabresa antes de servir!

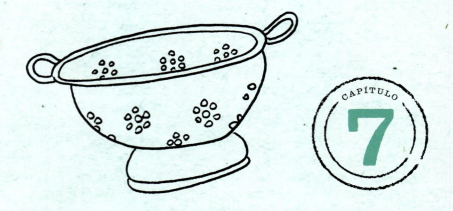

PARA COMER NA TIGELA

CAPÍTULO 7

Macarrão com couve-flor ao molho de tahine 200 • Brócolis e seitan ao molho de lentilha 203 • Burrito de espinafre e feijão na cumbuca 204 • Tofu e couve ao molho de amendoim com curry 207 • Tofu empanado com ranch de pepino 208 • Tigelinha delícia com homus 209 • Acelga chinesa e tofu grelhado ao tahine cítrico 210 • Pizza de verduras, linguiça e azeitona na tigela 212 • Abóbora ao chimichurri 215 • Salada morna de batata com seitan e aspargo 216 • Tempeh agridoce com polenta grelhada 219 • Tigelinha de queijo cremoso de castanha com crocante de couve 221

Para mim, o JANTAR dos SONHOS

é uma comidinha na tigela com muitos grãos, hortaliças, uma proteína e um belíssimo molho. Criei estas receitas para mostrar minhas combinações preferidas, mas saiba que dá para improvisar e dar seu toque pessoal a todas elas. Você pode e deve fazer suas próprias combinações com os grãos e as hortaliças que tiver em casa. O importante é servir na tigelinha! Os molhos também oferecem múltiplas possibilidades. Se o acompanhamento for um legume assado, você pode servi-lo com o Molho de missô com tahine. Use o molho da pizza na tigelinha na... vejamos... pizza de verdade! O queijo vegetal cremoso apresentado aqui fica ótimo com nachos e tacos. Este capítulo é relativamente curto, mas traz tudo de que mais gosto na culinária vegana: uma mudança no paradigma segundo o qual a carne deve ser o destaque da refeição. Em vez disso, proponho pratos com boa variedade de ingredientes, tudo preparado de modo simples para formar sabores extraordinários.

MACARRÃO COM COUVE-FLOR AO MOLHO DE TAHINE

rendimento: 4 porções · tempo total: 30 minutos (ou 45 minutos se não tiver adiantado o preparo da lentilha) · tempo de preparo: 15 minutos

- 1 couve-flor média cortada em buquês grandes
- 220 g de espaguete de trigo-sarraceno
- 1 colher (sopa) de azeite
- ¼ de colher (chá) de sal
- várias pitadas de pimenta-do-reino moída na hora

Para o molho de missô com tahine:
- ½ xícara a ¾ de xícara de água
- ¼ de xícara de missô claro
- ¼ de xícara de tahine
- 1 dente de alho

Para o restante da receita:
- 2 xícaras de lentilha cozida
- brotos ou ervinhas frescas para decorar (opcional; endro, coentro e salsinha são boas opções)

Vamos começar o capítulo em grande estilo, com a mãe de todas as refeições na tigela! Ou, pelo menos, a que eu mais consumo. O delicioso e nutritivo macarrão de trigo-sarraceno é servido com lentilha, couve-flor assada e bastante molho de missô com tahine. Não são poucos ingredientes, mas o preparo é bem simples. É por causa desta receita que sempre tenho lentilha cozida na geladeira. Gosto de servi-la com algo verde e fresquinho; broto de girassol e rabanete são ótimas opções. Aliás, com qualquer ervinha fresca também fica muito bom!

Preaqueça o forno a 220 °C. Leve ao fogo uma panela com água; ela será usada para cozinhar o espaguete. Enquanto espera a água ferver, corte a couve-flor em buquês grandes. É fácil: corte a couve-flor pela metade ao comprido. Retire a base de folhas e puxe os buquês com as mãos.

Assim que a água ferver, cozinhe o macarrão conforme as instruções da embalagem. Escorra, enxágue com água fria para evitar que grude e reserve.

Forre uma assadeira grande e baixa com papel-manteiga. Disponha a couve-flor na assadeira e tempere com azeite, sal e pimenta-do-reino. Asse por cerca de 20 minutos, mexendo uma vez, até a couve-flor soltar o aroma e ficar assada e tostadinha.

PREPARE O MOLHO:

Enquanto a couve-flor assa, bata todos os ingredientes do molho no liquidificador até formar um purê. Comece com ½ xícara de água. Se precisar afinar o molho, junte mais ¼ de xícara.

PARA MONTAR:

Distribua o macarrão cozido em tigelas individuais. Sirva por cima a lentilha cozida e a couve-flor assada. Cubra com bastante molho. Decore com brotos ou ervas e sirva.

BRÓCOLIS E SEITAN
ao molho de lentilha

rendimento: 4 porções · tempo total: 30 minutos · tempo de preparo: 30 minutos

Ah, lentilha, do que você não é capaz? Nesta receita, ela une forças com o missô e vira um molho bem aveludado e gostoso. Acho que você vai querer usá-lo em tudo. Aliás, pode e deve usar em tudo, sim! Mas comecemos por aqui: com quinoa, seitan refogadinho e brócolis no vapor, bem fresco e crocante. Para um ar mais orgânico, rasgue o seitan em pedaços médios com as mãos em vez de cortá-lo com a faca. A receita rende mais molho do que é usado no prato, mas você pode guardá-lo para comer com torrada ou pãozinho no café da manhã.

Prepare o molho: preaqueça uma panela com capacidade para 2 litros em fogo médio. Despeje o azeite. Refogue a cebola e o alho no azeite com uma pitadinha de sal por 5 a 7 minutos, até dourarem de leve.

Enquanto isso, dissolva o amido em ½ xícara do caldo de legumes, mexendo com um garfo para dissolver, e reserve.

Quando a cebola tiver dourado, junte o tomilho, a sálvia e a pimenta-do-reino. Refogue por cerca de 30 segundos. Adicione a lentilha, o missô e o restante do caldo (não o que foi misturado ao amido), e deixe a mistura esquentar. Quando amornar, bata a mistura com um mixer de mão até formar um purê relativamente liso. Se não tiver o mixer, transfira a mistura para o liquidificador ou processador e bata até formar um purê. Depois de bater, devolva à panela.

Despeje lentamente o caldo misturado com amido, sem parar de mexer. Aqueça a mistura por 7 minutos, até ficar espessa e lisa. Confira o sal e mantenha aquecida até a hora de servir.

Prepare o seitan: preaqueça uma frigideira grande (de preferência de ferro fundido) em fogo médio para alto. Despeje o azeite. Refogue o seitan no azeite com algumas pitadas de pimenta-do-reino por 5 a 7 minutos, até dourar dos dois lados. Reserve até a hora de usar.

Prepare os brócolis: coloque os brócolis na panela a vapor e salpique uma pitada de sal. Cozinhe de 5 a 7 minutos, até ficar com uma cor verde bem viva. Retire a panela do fogo imediatamente.

Para montar: distribua a quinoa nas tigelinhas de servir. Por cima, disponha os brócolis cozidos e o seitan refogado. Cubra com bastante molho e sirva!

Para o molho de lentilha e missô:
- 2 colheres (chá) de azeite
- 1 cebola média picada em cubos
- 3 dentes de alho picados
- uma pitada de sal
- 1½ colher (sopa) de amido de milho orgânico
- 1½ xícara de caldo de legumes
- 3 colheres (sopa) de tomilho fresco picado
- ½ colher (chá) de sálvia seca
- várias pitadas de pimenta-do-reino moída na hora
- 1½ xícara de lentilha cozida
- 2 colheres (sopa) de missô claro

Para o seitan:
- 2 colheres (chá) de azeite
- 2 xícaras de seitan (comprado pronto ou caseiro; veja receita na p. 248) cortado ou rasgado em pedaços médios
- várias pitadas de pimenta-do-reino moída na hora

Para o restante da receita:
- 4 xícaras de buquês de brócolis
- 4 xícaras de quinoa cozida

VARIAÇÕES:
- **Com batata**
sirva por cima de uma base de purê de batata (veja p. 239) em vez de quinoa.
- **Com batata-doce**
sirva por cima de uma base de purê de batata-doce (veja p. 168) em vez de quinoa.
- **Com tofu empanado**
substitua o seitan refogado pelo tofu da receita de Massa ao pesto com couve-flor e tofu empanado (p. 134).

Burrito de Espinafre e Feijão na Cumbuca

rendimento: 4 porções · tempo total: 20 minutos · tempo de preparo: 20 minutos

Para o espinafre:
- 1 colher (sopa) de azeite
- 1 cebola média cortada em quatro e em fatias finas
- ¾ de colher (chá) de sal, mais uma pitada
- 4 dentes de alho bem picados
- 1 tomate médio picado
- 1½ colher (chá) de cominho em pó
- ½ xícara de vinho branco seco
- 6 xícaras (220 g) de espinafre baby
- 3 xícaras (850 g) de feijão-preto cozido e escorrido

Para acompanhar:
- 4 xícaras de arroz integral ou quinoa cozidos
- Guacamole secreto do Pepe (p. 241)
- coentro fresco picado (opcional)
- molho de pimenta (opcional)

Juro para você que eu já servia burrito na tigelinha antes de virar moda, viu? Esta combinação é simples, porém deliciosa. O espinafre, bem temperadinho com vinho branco e alho, é salpicado por grãos do delicioso feijão-preto. Sirva tudo misturado com arroz integral e guacamole, e você vai ter mais um motivo para viver. Ou, se preferir, para jantar. Gosto de usar espinafre baby nesta receita porque é muito prático (não requer pré-preparo). Se não tiver o baby, use o comum rasgado em pedaços pequenos. Para dar ao prato um ar de taqueria, você pode servi-lo com tortilhas de milho ou chips de tortilha quebrados.

PREPARE O ESPINAFRE:

Preaqueça uma frigideira grande e de fundo grosso em fogo médio para alto. Despeje o azeite. Refogue a cebola no azeite com uma pitadinha de sal por cerca de 5 minutos, até ficar translúcida. Junte o alho e refogue por cerca de 30 segundos, até soltar o aroma.

Junte o tomate, o cominho e o restante de sal e refogue por 1 minuto para que o tomate solte líquido.

Despeje o vinho branco. Aumente o fogo para a mistura ferver por 1 minuto. Abaixe o fogo e junte o espinafre aos poucos, mexendo para cozinhar bem. Adicione o feijão-preto e aqueça a mistura por cerca de 2 minutos.

PARA MONTAR:

Confira o tempero e sirva por cima de arroz (ou quinoa) e guacamole. Se quiser, salpique coentro. Ah, claro, um molho de pimenta também é ótima pedida.

TOFU E COUVE
ao molho de amendoim com curry

rendimento: 4 porções · tempo total: 25 minutos · tempo de preparo: 25 minutos

Este molho — de amendoim, gengibre e curry — é dos deuses! Você vai ficar com vontade de lamber a colher, o prato e, depois que acabar, ainda vai procurar qualquer gotinha que tenha deixado cair. Adoro esse molho com couve no vapor e tofu grelhado em cubos. Sirva com arroz, quinoa ou macarrão de arroz.

PREPARE O TOFU:

Você vai precisar de uma frigideira de ferro fundido ou uma antiaderente que aguente temperaturas muito altas. Preaqueça a frigideira em fogo alto. Assim que ela estiver bem quente, adicione o azeite. Junte o tofu e tempere com sal. O tofu deve começar imediatamente a chiar quando entrar em contato com a frigideira; caso isso não aconteça, aumente o fogo. Aqueça por cerca de 7 minutos, mexendo sempre, até ele ficar bem dourado.

PREPARE O MOLHO:

Preaqueça uma panela com capacidade para 2 litros em fogo médio. Despeje o azeite. Refogue o gengibre e o alho no azeite por cerca de 30 segundos. Junte a água para deglaçar a frigideira e aumente o fogo. Quando a água estiver morna, adicione a manteiga de amendoim, o curry em pó, o vinagre de arroz, o molho tamari, o xarope de agave e o Sriracha. Quando a mistura aquecer, a manteiga de amendoim vai se diluir melhor conforme você continuar mexendo. Esse processo deve levar cerca de 5 minutos, mexendo sempre. Confira o tempero, principalmente a quantidade de curry, e adicione mais a gosto.

PREPARE A COUVE:

Coloque a couve na panela a vapor e salpique uma pitada de sal. Cozinhe por cerca de 5 minutos, até a couve ficar macia, mas ainda um pouco firme.

PARA MONTAR:

Distribua o arroz em tigelinhas. Disponha a couve cozida e o tofu grelhado por cima. Cubra com o molho de amendoim. Sirva com Sriracha e coentro, se quiser.

Para o tofu:

1 colher (sopa) de azeite

400 g de tofu extrafirme cortado em cubos de 2 cm

¼ de colher (chá) de sal

Para o molho de amendoim com curry e a couve:

2 colheres (chá) de azeite

1 colher (sopa) de gengibre fresco bem picado

3 dentes de alho bem picados

1 xícara de água

½ xícara de manteiga de amendoim cremosa

2 colheres (chá) de curry em pó (veja Observação)

2 colheres (sopa) de vinagre de arroz

2 colheres (sopa) de molho tamari

2 colheres (sopa) de xarope de agave

1 colher (chá) de molho Sriracha

1 maço de couve rasgada em pedaços (sem os talos)

uma pitada de sal

Para acompanhar:

4 xícaras de arroz integral, quinoa ou macarrão de arroz cozidos

molho Sriracha (opcional)

coentro fresco (opcional)

OBSERVAÇÃO:

A marca de curry em pó que uso leva anis-estrelado. A combinação da manteiga de amendoim com o anis fica excelente. Claro que a receita fica boa com qualquer tipo de curry, mas, se puder misturar um pouco de anis em pó ao seu, experimente!

TOFU EMPANADO
com ranch de pepino

rendimento: 4 porções · tempo total: 30 minutos (mais o tempo de molho da castanha de caju) · tempo de preparo: 30 minutos

Para o tofu empanado e os brócolis:

- 3 colheres (sopa) de molho tamari ou de soja
- ½ xícara de farinha de rosca fina e seca (uso a de pão integral)
- ¼ de xícara de levedura nutricional
- ½ colher (chá) de tomilho seco (esfregue-o entre os dedos)
- 1 colher (sopa) de alho em pó
- 400 g de tofu extrafirme cortado em cubos de 1 cm
- 1 colher (sopa) de azeite, mais um pouco se for necessário
- 4 xícaras de buquês de brócolis
- sal a gosto

Para o molho ranch:

- ½ xícara de castanha de caju deixada de molho por 2 horas, no mínimo (veja o boxe "Sempre de molho", p. 22)
- ½ xícara de caldo de legumes
- ¼ de xícara de suco de limão-siciliano
- 2 xícaras de pepino picado
- ¼ de xícara de cebola picada
- 2 dentes de alho descascados
- 2 colheres (sopa) de levedura nutricional (opcional)
- ½ colher (chá) de sal
- ¼ de xícara de endro fresco picado, mais um pouco para decorar (opcional)

Para acompanhar:

- 4 xícaras de arroz integral ou quinoa cozidos

OBSERVAÇÕES:

- A levedura nutricional dá uma outra dimensão de cremosidade ao molho. Adoro usá-la, mas não tem problema se não tiver na sua despensa.
- Quando o molho cremoso e o empanado crocante se encontram, é quase como o amor proibido de Romeu e Julieta. Mas, se você estiver num dia preguiçoso (ou não muito romântico), pode também usar o tofu refogado da receita de Tofu e couve ao molho de amendoim com curry (p. 207), que não perderá nada em sabor.

A cidade onde moro não oferece um mundo de opções veganas, mas um restaurante aqui perto tem um molho ranch de pepino maravilhoso! Faço sempre para acompanhar meus legumes no vapor. E foi assim que nasceu o tofu ao molho ranch de pepino! A minha versão leva castanha de caju, uma boa dose de suco de limão-siciliano, endro fresco e, é claro, bastante pepino refrescante. É azedinho e muito gostoso! Adoro com tofu empanado.

Para preparar o tofu empanado, preaqueça uma frigideira antiaderente grande, de preferência de ferro fundido, em fogo de médio a alto.

Separe dois pratos. Despeje o tamari em um deles. No outro, misture à mão a farinha de rosca, a levedura nutricional, o tomilho e o alho.

Coloque os cubos de tofu no prato de molho de soja para cobri-los. Em seguida, empane-os na farinha de rosca (manipule o tofu na farinha de rosca com as mãos secas, para evitar sujá-las demais). Passe os cubinhos já empanados para a borda e continue com os demais até terminar.

Despeje o azeite na frigideira preaquecida, formando uma camada fina. Disponha os cubos de tofu já empanados, para grelhá-los. Cuidado para não encher a frigideira demais; se ela não tiver espaço, faça a receita em duas levas. Deixe o tofu fritar por alguns minutos, depois vire os cubos usando uma espátula fina de metal para que a camada de empanado não se solte. Deixe-os no fogo por cerca de 7 minutos no total, regando com mais azeite se achar necessário e virando de vez em quando até eles dourarem de todos os lados.

Para fazer os brócolis, coloque-os na panela a vapor preaquecida e salpique com uma pitada de sal. Cozinhe de 5 a 7 minutos, até ficar com uma cor verde bem viva. Retire a panela de vapor do fogo imediatamente.

PREPARE O MOLHO RANCH:

Escorra a castanha de caju. Coloque-a no liquidificador com o caldo de legumes, o suco de limão, o pepino, a cebola, o alho, a levedura nutricional (se usar) e sal. Bata até formar um purê relativamente liso. A ideia é preservar um pouco da textura do pepino, da cebola e do alho. Com uma espátula de borracha, raspe o copo do liquidificador para aproveitar tudo. Bata o endro em modo pulsar até deixar o molho bem verdinho. Confira o tempero.

PARA MONTAR:

Disponha o arroz em cada tigelinha com os brócolis e o tofu empanado por cima. Cubra com o molho. Sirva com mais endro, se preferir.

TIGELINHA DELÍCIA
com homus

rendimento: 4 porções · tempo total: 15 minutos (se o tofu e o arroz já estiverem prontos) · tempo de preparo: 15 minutos

O homus tem em si algo de tipicamente vegano. Quem sabe até a nossa adoração por ele faça de nós, veganos, alvo de todo tipo de piada. Fato é que é uma delícia. A meu ver, não tem nada mais reconfortante e confortavelmente vegano. E, para ser bem clichê, recorro ao homus algumas vezes na semana. É por isso que um livro com os meus pratos preferidos para as noites de semana não convenceria se não incluísse esta receita: a incrível tigelinha hippie vegana com homus! Tem tofu assado, arroz integral, saladinha e uma bela concha de homus cobrindo tudo. O tofu assado em casa é o mais indicado, mas use o tofu defumado comprado pronto, se quiser.

Para o homus:
- 1½ xícara de grão-de-bico cozido (veja Observações)
- 1 dente de alho
- ¼ de xícara de tahine
- 3 colheres (sopa) de suco de limão-siciliano
- 2 colheres (sopa) de azeite
- ½ colher (chá) de sal
- ¼ de xícara de azeitona kalamata sem caroço

Para o restante da receita:
- 4 xícaras de arroz integral cozido
- 8 xícaras de folhas para salada variadas
- 1 receita de Tofu clássico assado (p. 246)
- 1 tomate grande cortado em cubos
- 1 xícara de pepino cortado em cubos
- 1 xícara de broto de alfafa

Bata o grão-de-bico e o alho no modo pulsar do liquidificador ou do processador. Junte o tahine, o suco de limão, o azeite e o sal, adicionando algumas colheradas de água ou água do cozimento do grão-de-bico até o homus ficar liso. Ele deve ficar com consistência cremosa, mas não muito firme, já que será usado para cobrir os ingredientes da tigelinha na finalização.

Assim que atingir a consistência desejada, acrescente as azeitonas e bata em modo pulsar até elas ficarem picadas, mas não deixe virar um purê. Confira o sal e os temperos. Não bata o homus novamente, senão as azeitonas vão ficar picadas em excesso.

Guarde em recipiente bem fechado na geladeira até a hora de usar.

PARA MONTAR:

Disponha o arroz integral nas tigelinhas e arrume-o concentrado num lado do recipiente. No outro lado, coloque a salada. Arrume o tofu por cima do arroz e despeje uma bela colherada de homus. Decore com tomate, pepino e brotos.

OBSERVAÇÕES:
- Usar um pouco da água de cozimento do grão-de-bico é uma ótima forma de dar consistência ao homus. Reserve algumas colheradas se precisar afiná-lo.
- Gosto do contraste de quente com o frio da salada, mas você pode substituir as folhas cruas por legumes no vapor ou couve-flor assada, se preferir.

ACELGA CHINESA E TOFU GRELHADO
ao tahine cítrico

rendimento: 4 porções · tempo total: 20 minutos (mais o tempo para pressionar e marinar o tofu) · tempo de preparo: 20 minutos

Para a marinada:
- ½ xícara de suco de laranja
- 2 colheres (sopa) de suco de limão-taiti
- 2 colheres (sopa) de molho de soja
- 2 colheres (chá) de óleo de gergelim torrado
- 2 dentes de alho bem picados
- 1 colher (sopa) de gengibre fresco bem picado
- 1 colher (chá) de xarope de agave
- ½ colher (chá) de pimenta calabresa

Para o restante da receita:
- 1 bloco de 400 g de tofu extrafirme escorrido e pressionado
- azeite, para a bistequeira
- 4 acelgas chinesas pequenas (retire os talos duros)
- ¼ de xícara de tahine
- 4 xícaras de quinoa vermelha cozida
- 2 xícaras de gomos de laranja (use 2 laranjas-baía; veja Observações da p. 78)

Para decorar (opcional):
- cebolinha picada
- coentro fresco
- gergelim torrado

VARIAÇÃO:
Uma opção é grelhar a acelga chinesa em vez de cozinhar. Corte-a ao meio, pincele com azeite e tempere com sal. Grelhe com a parte cortada virada para baixo por cerca de 5 minutos, até aparecerem as marcas escuras de grelhado.

Este prato traz um tofu temperado com notas delicadas de laranja, limão-taiti e gengibre, o toque crocante e o sabor verdejante da acelga chinesa e deliciosos gomos de laranja, tudo envolto num belíssimo molho cítrico de tahine. O que eu adoro nesta receita é que não há desperdício, pois a marinada que sobra é usada no preparo do molho. E adoro também, claro, porque é uma delícia! A combinação de tahine e laranja é uma surpresa irresistível, e ainda tem o toque picante da pimenta calabresa.

PREPARE A MARINADA:

Numa tigela grande, misture todos os ingredientes da marinada.

Corte o tofu em 8 retângulos no sentido transversal. Agora, corte cada retângulo ao meio para formar quadrados. Deixe o tofu marinando por 1 hora ou mais, ou por uma noite inteira. Vire os quadrados de tofu no mínimo uma vez.

Grelhe os quadrados. Preaqueça uma bistequeira grande em fogo médio. Pincele com azeite. Coloque os quadrados marinados de tofu na bistequeira (reserve a marinada) e deixe que grelhem por 3 a 5 minutos, até ficarem com marcas de grelhado. Vire os pedaços, pincelando a superfície da bistequeira com mais azeite antes de devolvê-los ao fogo. Deixe grelhar por 3 a 5 minutos e retire-os da bistequeira.

Enquanto o tofu grelha, coloque a acelga chinesa na panela a vapor e cozinhe por cerca de 5 minutos, até a couve ficar al dente e com uma cor verde bem viva.

Enquanto isso, transfira a sobra da marinada para o liquidificador. Adicione o tahine e bata até ficar liso. Confira o tempero: se o tofu tiver absorvido muita marinada, junte mais um pouco de suco de laranja.

Disponha a quinoa em tigelinhas de servir. Sirva a couve, o tofu e os gomos de laranja por cima da quinoa. Regue com o molho, salpique os ingredientes opcionais (se usar) e sirva!

COMO SE TORNAR O MESTRE DA CHAPA:
dicas para fazer grelhados em ambiente fechado

Não perca mais as marquinhas de grelhado do tofu! Veja algumas dicas:

- Esquente bem a bisteira antes de pincelar óleo e grelhar o tofu. Deixe-a aquecendo por 5 minutos, para garantir.

- Use uma espátula fina de metal para virar (veja p. 15). As de madeira e plástico acabam sendo muito grossas; para manter as marquinhas de grelhado, é preciso passar a espátula por baixo do tofu.

- Uma boa opção é borrifar o óleo na bisteira. Simplesmente despejar o óleo faz com que ele se acumule nas fendas da panela, sem cobrir corretamente os sulcos. Você também pode pincelar o óleo usando um pincel resistente a altas temperaturas.

- Não tem problema se fizer fumaça! É assim que dá para saber se está funcionando. Não se preocupe se esfumaçar o ambiente. Ligue o exaustor, abra uma janela e continue firme! Talvez os vizinhos reclamem um pouco...

PIZZA DE VERDURAS,
linguiça e azeitona na tigela

rendimento: 4 porções · tempo total: 30 minutos (mais o tempo de molho da castanha de caju) · tempo de preparo: 30 minutos

Existem várias opções incríveis de pizza vegana. Esta receita, no entanto, é para aqueles dias em que você está doido por uma pizza, mas prefere carboidratos mais saudáveis e muitas hortaliças. Servida na tigelinha com couve refogada, cebola, alho e linguiça por cima de uma bela porção de arroz integral, a delícia é arrematada por um molho cremoso de "queijo" muito fácil de fazer. Com azeitonas pretas e tomilho, este prato é um verdadeiro banquete de pizza, e bem melhor que a de delivery! Mas, se quiser, sirva na caixa de pizza de delivery. Quem sou eu para criticar?

Para a couve e a linguiça:
- 2 colheres (sopa) de azeite
- 8 dentes de alho em fatias finas
- 1 cebola roxa pequena cortada em rodelas finas
- ¼ de colher (chá) de sal, mais uma pitada
- 4 linguiças veganas (industrializadas ou caseiras; p. 245), cortadas em meias-luas
- 1 maço de couve (220 g) cortado em pedaços grandes e sem os talos duros

Para o molho:
- ½ xícara de castanha de caju deixada de molho por 2 horas, no mínimo (veja o boxe "Sempre de molho", p. 22)
- 2 dentes de alho descascados
- 3 colheres (sopa) de extrato de tomate
- 1 pimentão vermelho assado (em conserva ou caseiro; veja Observações da p. 126)
- ½ xícara de caldo de legumes
- 1 colher (sopa) de suco de limão-siciliano
- ¼ de colher (chá) de sal

Para acompanhar:
- 4 xícaras de arroz integral cozido
- ½ xícara de azeitonas pretas conservadas em azeite, em fatias (ou qualquer azeitona de boa qualidade)
- 2 colheres (sopa) de tomilho fresco
- pimenta calabresa

OBSERVAÇÃO:

A receita básica por si só já é incrível, mas, se quiser incrementar, acrescente outras coberturas: pignoli tostados, manjericão, cogumelos refogados e até pedaços de abacaxi, se estiver se sentindo tropical. E, claro, não precisa se restringir ao arroz. Boas opções para substituí-lo são farro ou polenta mole, que dá um ar italiano.

PREPARE A COUVE E A LINGUIÇA:

Preaqueça uma frigideira grande em fogo baixo. Adicione 2 colheres (chá) de azeite. Refogue o alho no azeite até ficar levemente dourado (esse processo deve levar cerca de 1 minuto). Passe o alho para um prato e use a mesma frigideira para refogar os demais ingredientes.

Aumente o fogo para médio. Refogue a cebola em 2 colheres (chá) de azeite com uma pitadinha de sal por cerca de 3 minutos, até ficar translúcida. Em seguida, junte a linguiça e o restante de azeite. Refogue-as por cerca de 4 minutos, até dourarem de leve.

Adicione a couve e tempere com o sal restante. A couve não vai caber toda de uma vez na frigideira; vá juntando aos poucos com algumas colheradas de água, misture até murchar e em seguida adicione a leva seguinte. Esse processo deve levar de 2 a 3 levas, num total de 5 minutos. Devolva o alho para a frigideira e confira o sal.

PREPARE O MOLHO:

Enquanto a couve cozinha, leve todos os ingredientes do molho ao processador e bata até formar um purê bem liso. Esse processo pode levar de 1 a 5 minutos, dependendo da potência do aparelho. Com uma espátula de borracha, raspe o copo do processador para aproveitar tudo. Prove para conferir a quantidade de sal e limão e mantenha na geladeira até a hora de usar. Como o molho engrossa na geladeira, adicione um pouco de água para afiná-lo se for preciso.

PARA MONTAR:

Disponha o arroz integral nas tigelinhas com a couve e a linguiça refogada por cima. Regue com uma boa quantidade de molho. Salpique azeitona, tomilho e pimenta calabresa e sirva.

ABÓBORA AO CHIMICHURRI

rendimento: 4 porções · tempo total: 1 hora · tempo de preparo: 20 minutos

---

A abóbora assada ganha outra vida com chimichurri, molho argentino geralmente usado com carnes. O conceito dele é parecido com o do pesto, com uma base de ervas frescas maceradas. Nesta versão, juntei salsinha e coentro com semente de abóbora e uma boa dose de vinagre de vinho tinto. O resultado é um molho espesso, com sabor de castanhas e um toque de acidez perfeito para levantar até os mortos! Adoro o contraste da doçura da abóbora com a intensidade de ervas do chimichurri. O feijão-preto arremata a receita com perfeição. Se não achar moranga, pode usar outro tipo de abóbora. Na receita uso macarrão como opção de carboidrato, mas pode substituir por quinoa.

Para a abóbora e o macarrão:
- 1 moranga (1,3 kg) cortada ao meio e sem sementes
- 220 g de espaguete de trigo-sarraceno ou de espelta (como o da foto)

Para o chimichurri:
- 2 dentes de alho descascados
- ½ xícara de sementes de abóbora
- 2 xícaras de salsinha picada, mais um pouco para decorar (opcional)
- 1 xícara de coentro fresco picado, mais um pouco para decorar (opcional)
- ¼ de xícara de vinagre de vinho tinto
- ¼ de xícara de água
- 1 colher (sopa) de azeite
- 1 colher (chá) de sal
- ½ colher (chá) de pimenta calabresa

Para acompanhar:
- 3 xícaras (850 g) de feijão-preto cozido e escorrido
- ¼ de xícara de sementes de abóbora

PREPARE A ABÓBORA E O MACARRÃO:

Comece assando a abóbora. Preaqueça o forno a 220 °C. Forre uma assadeira grande e baixa com papel-manteiga. Unte levemente com óleo.

Disponha as metades da abóbora na assadeira com a parte aberta virada para baixo. Asse por cerca de 45 minutos, ou até ela ficar bem macia.

Enquanto isso, leve ao fogo uma panela grande com água e sal para ferver. Cozinhe o macarrão conforme as instruções da embalagem. Escorra-o, devolva-o à panela e reserve.

PREPARE O CHIMICHURRI:

Enquanto a abóbora assa, leve o alho ao liquidificador ou processador e bata-o no modo pulsar, até picar bem. Junte as sementes de abóbora e pulse até triturar. Adicione os demais ingredientes do chimichurri e bata novamente, até formar um purê. Ele deve ficar espesso e com uma textura rústica, por conta das sementes de abóbora. Confira o tempero.

PARA MONTAR:

Misture o macarrão cozido com ⅓ de xícara do chimichurri e distribua-o entre as tigelinhas de servir. Disponha pedaços de abóbora assada em cada tigelinha e cubra com o feijão-preto. Sirva mais chimichurri e sementes de abóbora por cima. Se quiser, decore com ervas frescas e sirva.

SALADA MORNA DE BATATA
com seitan e aspargo

rendimento: 4 porções · tempo total: 30 minutos · tempo de preparo: 30 minutos

Para a salada de batata:
- 900 g de batata asterix cortada em pedaços de 2 cm
- ¼ de colher (chá) de sal, mais algumas pitadas
- 1 colher (sopa) de azeite
- 1 cebola média cortada em quatro e picada fininho
- 2 dentes de alho bem picados
- ½ xícara de maionese vegana light
- ½ xícara de mostarda extraforte
- ½ xícara de caldo de legumes
- pimenta-do-reino preta moída na hora

Para o seitan e o aspargo:
- 220 g de seitan cortado em fatias de 1 cm
- 2 colheres (sopa) de azeite
- ¼ de colher (chá) de sal
- várias pitadas de pimenta-do-reino moída na hora
- 220 g de aspargo sem a parte dura do talo

OBSERVAÇÕES:
- O preparo da receita fica mais rápido usando uma chapa que pegue duas bocas do fogão ou uma churrasqueira de área externa, mas também funciona com uma bistequeira menor. Ela só demora um pouco mais porque os ingredientes têm que ser grelhados em várias levas. Feita numa bistequeira menor, a receita fica pronta em 40 minutos, em vez de 30. Nada de mais.
- Se não tiver bistequeira ou não quiser usá-la mesmo, dá para fazer a receita refogando o seitan e os aspargos na frigideira por 5 minutos para cada leva.

Não tenho certeza se batata morna e seitan grelhado ainda constituem uma salada, mas não criemos polêmica por isso. O que importa é que este prato, que tem um pouco de influência francesa, é uma delícia. A batata é a estrela do prato, na qual também faz o papel de molho. Não, ela não fica carregada de molho, mas a mostarda da receita ajuda a temperar o seitan. É importante as cebolas estarem bem finas e caramelizadas, para que a salada ganhe um toque adocicado.

Prepare as batatas: Leve as batatas ao fogo numa panela média e cubra com água. Junte uma boa quantidade de sal. Quando levantar fervura, reduza o fogo imediatamente e deixe ferver em fogo baixo por 10 minutos, ou até conseguir furar as batatas com o garfo. Fique de olho para não cozinhá-las demais; deixe-as ligeiramente firmes. Escorra e reserve.

Enquanto as batatas cozinham, prepare o molho. Preaqueça uma frigideira grande em fogo médio. Despeje o azeite. Refogue a cebola no azeite com uma pitadinha de sal por cerca de 10 minutos, até ficar bem dourada. Junte o alho e refogue por cerca de 30 segundos, até soltar o aroma.

Adicione a maionese, a mostarda e o caldo e misture. Assim que a mistura amornar, junte as batatas cozidas, o restante de sal e a pimenta-do-reino. Misture para cobrir as batatas com o molho. Apague o fogo e tampe a frigideira. Confira o tempero. Se achar que não formou tanto molho durante o cozimento, junte um pouco de água.

Prepare o seitan e o aspargo: preaqueça uma bistequeira em fogo médio para alto. Disponha as fatias de seitan num prato, regue com 1 colher (sopa) de azeite, tempere com sal e pimenta-do-reino e mexa para envolver com os temperos. Quando a bistequeira estiver bem quente, pincele azeite de leve e grelhe o seitan por 3 minutos de cada lado, até se formarem marcas de grelhado. Talvez seja necessário fazer em 2 levas. Deixe o seitan já grelhado num prato coberto com papel-alumínio, até a hora de servir.

Enquanto o seitan grelha, coloque o aspargo no prato onde preparou o seitan. Regue com o azeite restante, tempere com sal e pimenta-do-reino. Misture bem. Quando terminar de grelhar o seitan, grelhe os aspargos por cerca de 4 minutos, virando-os de vez em quando, até ficarem com uma cor verde bem viva e tostadinhos em algumas partes.

Arrume os ingredientes em pratos fundos e sirva!

TEMPEH AGRIDOCE
com polenta grelhada

rendimento: 4 a 6 porções tempo total: 45 minutos (mais o tempo para marinar o tempeh).
tempo de preparo: 45 minutos

O molho agridoce da receita, à base de tomate, é surpreendente: sua doçura, de sabor caramelado e complexo, vem da caramelização lenta da cebola com açúcar mascavo. Sua acidez vem dos dois tipos de vinagre usados: o de vinho tinto, com uma acidez suave, e o balsâmico, mais acentuado. A canela dá um ar de mistério, e o manjericão, a sensação de que você está num bistrô italiano. Ou, quem sabe, numa rede de restaurantes italianos. Mas dos bons!

Escolhi o tempeh como a proteína da receita porque queria dar um contraste suculento e saboroso. Ele também é marinado em vinagre tinto, então há uma bela harmonia de sabores. Sirvo-o por cima de polenta grelhada, mas ele também fica bom com polenta mole, se você estiver com preguiça de grelhar. O importante é ser algo que absorva o molho. Uma regrinha: couve-flor assada acompanha maravilhosamente pratos agridoces.

Apesar dos vários componentes, esta receita tem preparo bem fácil!

PREPARE O TEMPEH:

Coloque o tempeh na panela a vapor e deixe cozinhar por cerca de 15 minutos. Numa tigela rasa, misture os ingredientes da marinada. Quando o tempeh estiver pronto, mergulhe-o imediatamente na marinada por 1 hora, no mínimo, ou no máximo por uma noite. Quanto maior o tempo na marinada, mais sabores o tempeh vai absorver. Depois que o tempeh marinar, faça o molho.

PREPARE O MOLHO AGRIDOCE:

Preaqueça uma panela em fogo médio. Despeje o azeite. Cozinhe a cebola no azeite por cerca de 10 minutos. Tampe a panela, destampando-a de vez em quando para mexer. A ideia é a cebola cozinhar no vapor para ficar bem suculenta. Destampe e aumente o fogo, de médio para alto. Doure a cebola por cerca de 5 minutos. Junte o alho e mexa para refogar por cerca de 30 segundos.

Adicione o açúcar mascavo e cozinhe por mais 5 minutos para que ele derreta, escureça e forme uma calda lisa. Não pare de mexer.

Esmague os tomates com as mãos e adicione-os à mistura da panela. Depois que esmagar e acrescentar todos os tomates, junte o suco da conserva. Adicione os dois tipos de vinagre, o sal, a canela, a pimenta-do-reino e a pimenta calabresa. Cozinhe, destampado, por cerca de 20 minutos. São 20 minutos de cozimento para que o molho engrosse e os sabores apurem. Nos últimos minutos, junte o manjericão. Confira o tempero.

Para o tempeh:
450 g de tempeh cortado em fatias de 1 cm

Para a marinada:
½ xícara de vinagre de vinho tinto
2 colheres (sopa) de molho de soja
1 colher (sopa) de xarope de bordo
1 colher (sopa) de azeite, mais um pouco para o tempeh

Para o molho agridoce:
1 colher (sopa) de azeite
1 cebola grande cortada em quatro e picada em fatias finas
3 dentes de alho bem picados
3 colheres (sopa) de açúcar mascavo
700 g de tomate pelado em conserva
2 colheres (sopa) de vinagre de vinho tinto
1 colher (sopa) de vinagre balsâmico
1 colher (chá) de sal
¼ de colher (chá) de canela em pó
várias pitadas de pimenta-do-reino moída na hora
uma pitada de pimenta calabresa
8 folhas de manjericão rasgadas

Para montar:
uma receita de Polenta grelhada, assada ou mole (p. 220)

GANHE TEMPO:

Você pode cozinhar o tempeh no vapor de manhã e deixá-lo marinando durante o dia. Assim você ganha tempo no preparo do jantar.

(continua)

Para comer na tigela 219

Enquanto o molho engrossa no fogo, prepare o tempeh:

Preaqueça uma frigideira de fundo grosso em fogo médio. Regue com um fio de azeite e grelhe o tempeh por cerca de 15 minutos, virando várias vezes até dourar dos dois lados. Tempere com um pouco de sal enquanto o tempeh estiver no fogo.

Sirva-o por cima da polenta, coberto com bastante molho.

Polenta grelhada, assada ou mole

rendimento: 4 porções

> A polenta funciona como uma tela bonita, fresca e gostosa para você criar sua arte com diferentes molhos. Veja três modos de preparo diferentes.

Para a polenta:
- 4 xícaras de caldo de legumes
- ½ colher (chá) de sal
- 1¼ xícara de fubá pré-cozido
- várias pitadas de pimenta-do-reino moída na hora
- azeite, para pincelar

Forre uma assadeira quadrada (20 x 20 cm) com papel-manteiga se for assar ou grelhar a polenta.

Leve o caldo de legumes e o sal para ferver numa panela com capacidade para 2 litros. Diminua a chama e ferva em fogo brando. Adicione o fubá de forma lenta e constante, mexendo sem parar com um batedor manual por cerca de 5 minutos, até a polenta engrossar. Junte algumas pitadas de pimenta-do-reino. Ainda em fogo brando, tampe e cozinhe por cerca de 10 minutos, mexendo de vez em quando. Se a ideia for servir polenta mole, ela já está pronta! Se for grelhar ou assar, continue.

Deite a massa de polenta na assadeira forrada, espalhando-a com uma espátula. Quando ela parar de soltar vapor, cubra-a com papel-alumínio e deixe esfriar por várias horas, até firmar e esfriar completamente.

Apoie a assadeira com a polenta numa tábua para desenformá-la. Retire o papel. Corte a polenta em 4 quadrados e depois corte cada um na diagonal, para formar triângulos.

Para grelhar: pincele uma bistequeira de ferro fundido com azeite e preaqueça em fogo médio. Pincele cada pedaço com azeite e leve-os para grelhar de 6 a 8 minutos de cada lado. A maioria das bistequeiras acomoda 4 triângulos de cada vez. Use uma espátula fina de metal para virá-los, tomando cuidado para não perder as marcas de grelhado.

Para assar: preaqueça o forno no modo grill, posicionando a grade a uma distância de 7 cm da fonte de calor. Arrume os pedaços de polenta numa assadeira baixa levemente untada com azeite. Pincele cada pedaço com um pouco de azeite. Leve a assadeira ao forno e asse a polenta por cerca de 5 minutos de cada lado, até dourar bem.

TIGELINHA DE QUEIJO CREMOSO
de castanha com crocante de couve

rendimento: 4 porções · tempo total: 30 minutos (mais o tempo de molho da castanha de caju) · tempo de preparo: 20 minutos

---

Os nachos foram a minha inspiração para criar esta receita! A couve, assada no forno até ficar bem crocante, é servida com arroz e feijão. Por cima, um molho cremoso bem temperadinho de "queijo" com cebola e jalapeño.

Esta receita é mais que a soma das partes: o crocante de couve também pode virar um petisco delicioso. E o molho de queijo, é claro, pode ser comido com nachos (veja p. 240) ou tacos, ou servido como pastinha numa reunião com amigos. Felizmente o molho de queijo rende mais que o necessário para a receita. Refrigerada, a sobra fica bem firme, podendo até ser usada para passar em biscoitos!

PREPARE A COUVE:

Preaqueça o forno a 160 °C. Forre duas assadeiras grandes e baixas com papel-manteiga.

A couve deve estar totalmente seca ao ser levada ao forno; caso contrário, pode ficar mole. Distribua os pedaços de couve nas duas assadeiras. Regue-os ou borrife-os com azeite. Para cada assadeira, tempere com ¼ de colher (chá) de sal. Misture para cobrir bem a couve com o azeite e o sal, espalhando-a numa camada única nas assadeiras. Leve para assar por cerca de 15 minutos, até ela ficar crocante. Gire as assadeiras na metade desse tempo.

PREPARE O MOLHO DE QUEIJO:

Escorra a castanha de caju e descarte a água. Leve-a ao liquidificador ou processador com o caldo de legumes, o missô, a levedura nutricional, o alho, o cominho, o sal e o suco de limão. Bata até formar um purê liso. Esse processo pode levar de 1 a 5 minutos, dependendo da potência do aparelho. Com uma espátula de borracha, raspe o copo do aparelho para aproveitar tudo.

Preaqueça uma panela com capacidade para 2 litros em fogo médio. Despeje o azeite. Refogue a cebola e a pimenta no azeite com uma pitadinha de sal por cerca de 3 minutos, até amolecerem. Junte o creme de castanha de caju e diminua o fogo para médio. Cozinhe por cerca de 10 minutos, mexendo de vez em quando com uma colher de pau, até o creme ficar quente e espesso. Mantenha-o aquecido até a hora de servir.

PARA MONTAR:

Distribua o arroz em cada tigelinha. Disponha o feijão e os crocantes de couve por cima do arroz, cobrindo tudo com o molho cremoso de queijo. Sirva com abacate, tomate e coentro (se usar).

Para a couve:
- 1 maço grande de couve (450 g) cortada em pedaços grandes (cerca de 10 cm)
- 2 colheres (sopa) de azeite
- ½ colher (chá) de sal

Para o molho de queijo:
- ¾ de xícara de castanha de caju deixada de molho por 2 horas, no mínimo (veja o boxe "Sempre de molho", p. 22)
- 1¼ xícara de caldo de legumes
- 1 colher (sopa) de missô claro
- 3 colheres (sopa) de levedura nutricional
- 2 dentes de alho descascados
- 2 colheres (chá) de cominho em pó
- ¼ de colher (chá) de sal, mais uma pitada
- 2 colheres (sopa) de suco de limão-siciliano
- 2 colheres (chá) de azeite
- 1 cebola pequena picada em cubinhos pequenos
- 2 pimentas tipo jalapeño sem sementes picadas bem fino

Para o restante da receita:
- 4 xícaras de arroz integral ou quinoa cozidos
- 3 xícaras (850 g) de feijão-rajado cozido e escorrido morno
- 1 avocado (ou ½ abacate pequeno) sem caroço, descascado e picado em cubos
- 1 tomate grande cortado em cubos
- coentro fresco picado, para decorar (opcional)

Para comer na tigela

CAPÍTULO 8
ALMOÇO DE DOMINGO

Malai kofta da Chandra 224 • Empadão de massa filo 227 • Nhoque de batata-doce com couve-de-bruxelas ao creme de estragão 231 • Enchilada de forno maravilhosa 233 • Legumes assados com mix de arroz e cereais 236 • Escondidinho mexicano 239 • Festança de nachos 240

Os domingos pedem uma comidinha **GOSTOSA** e RECONFORTANTE

saída do forno. A ideia deste capítulo é descomplicar receitas que normalmente dão trabalho. Não digo que os pratos fiquem prontos num piscar de olhos, mas certamente são perfeitos para o domingo, quando você tem mais tempo para cozinhar e muita vontade de comer algo especial. São receitas ideais para preparar para a família ou os amigos. Pegue uma segunda tábua de cortar para um eventual ajudante, coloque música para tocar, peça que as crianças descasquem a cenoura, o amigo meça os ingredientes, ou simplesmente coloque alguém para lavar os pratos! Acho que o domingo é um bom dia para criar momentos legais na cozinha, que deixam a gente com vontade de passar o resto da semana nessa parte da casa. Uma observação sobre utensílios: um bom refratário de cerâmica ajuda a deixar seus pratos mais gostosos. Além disso, é lindo de ter e ver. Claro que você pode forrar uma assadeira de metal com papel-alumínio, tudo bem. Mas cá para nós: não é legal à beça tirar uma bela e fumegante comidinha do forno e servir direto na mesa numa travessa linda? A apresentação é de tirar o fôlego, e você vai se sentir especial como a comida: forte, seguro, capaz e, claro, delicioso!

MALAI KOFTA DA CHANDRA

rendimento: 4 porções · tempo total: 1 hora (mais o tempo de molho da castanha de caju) · tempo de preparo: 30 minutos

Para o kofta:

¾ de xícara (220 g) de grão-de-bico cozido e escorrido

½ xícara de amêndoa em lascas

1½ colher (chá) de semente de cominho

220 g de abobrinha ralada (veja Observações da p. 226)

¼ de xícara de coentro fresco bem picado

1 colher (sopa) de gengibre fresco bem picado

2 dentes de alho bem picados

½ colher (chá) de sal

várias pitadas de pimenta-do-reino moída na hora

1¼ xícara de panko

Para o molho:

1 xícara de castanha de caju deixada de molho por 2 horas, no mínimo (veja o boxe "Sempre de molho", p. 22)

2 xícaras de caldo de legumes

1 colher (sopa) de óleo de coco

1 cebola média picada em cubos

3 dentes de alho bem picados

1 colher (sopa) de gengibre fresco bem picado

1 colher (sopa) de curry suave em pó

1 colher (chá) de garam masala

1 colher (chá) de cominho em pó

400 ml de leite de coco light

3 colheres (sopa) de extrato de tomate

1 colher (chá) de sal

1 xícara de ervilha congelada

Para o restante da receita:

2 colheres (sopa) de óleo de coco, para fritar

arroz basmati cozido, para acompanhar

coentro fresco, para decorar (opcional)

Kofta, para quem não sabe, é a almôndega indiana. No nosso caso, faremos a versão vegana. Malai significa "creme". E Chandra é meu nome do meio. Esta é a minha história.

Por 15 anos minha mãe morou num apartamento minúsculo no Upper East Side, em Nova York. E não era uma caixa de sapato de adulto, não! Estava mais para caixa de sapatinho de bebê. A sala de estar fazia as vezes de sala de jantar e de quarto. Quando eu ia visitá-la, às vezes passava dias lá, e a gente conseguia viver no mesmo ambiente com cada uma cuidando da sua vida. A gente se acomodava no futon, com ela provavelmente pagando contas ou estudando sânscrito e eu lendo alguma revista de culinária ou pintando as unhas. Claro, com a TV sintonizada em *Law & Order*, que fazia o som ambiente. Como você pode imaginar, a cozinha era mínima. Embora fizéssemos pratos maravilhosos no fogãozinho, era comum pedirmos comida pronta. A gaveta de talheres vivia entulhada de folhetos com cardápios.

Um dos nossos preferidos era um restaurante indiano. Ele tinha um prato que gostávamos de dividir, kofta, que vinha com a seguinte descrição: "Impossível explicar, mas você vai adorar". Até pode ser impossível, mas vou tentar. É um bolinho coberto por um molho cremoso de curry. O que pedíamos era um banquete de sabores e texturas a cada garfada. Mergulhe no molho para pescar o bolinho de casca crocante. Sua massa leva abobrinha e amêndoas. Com arroz basmati, para sugar bastante molho, é a perfeição.

Esta é a minha tentativa de reproduzir o prato em casa. Claro, sem as embalagens de entrega.

PREPARE A MASSA DE KOFTA:

Numa tigela média, amasse o grão-de-bico até formar uma massa, mas não ao ponto de purê.

Preaqueça uma frigideira grande e pesada em fogo médio. Toste as amêndoas por cerca de 7 minutos, mexendo sempre, até dourar de leve. Passe-as imediatamente para a tigela. Em seguida, toste as sementes de cominho por cerca de 3 minutos, até soltarem o aroma e dourarem um pouco. Passe-as para a tigela também.

Junte a abobrinha, o coentro, o gengibre, o alho, o sal e a pimenta-do--reino. Misture bem.

Adicione o panko e misture com as mãos até dar liga. Cubra com filme de PVC (ou prato) e leve à geladeira por, no mínimo, 30 minutos.

(continua)

GANHE TEMPO:

Você pode fazer a massa do kofta de véspera. Deixe-a na geladeira até a hora de usar.

OBSERVAÇÕES:

- Esta receita serve 4 pessoas, com 3 koftas para cada um. Com arroz vira um prato farto, mas gosto de incrementar com mais legumes, como couve-flor ou abobrinha refogadas. Se não for servi-la com arroz, vai sobrar bastante molho. Mas sobrar é sobrar, eu garanto! Em outro dia, você pode aproveitar o que restou do molho — afinado com um pouco de caldo de legumes — misturado a legumes e fazer um delicioso curry. Ou então pode servi-lo com batata assada!
- É fácil ralar a abobrinha à mão no ralo grosso do ralador, já que não é uma quantidade muito grande. Prefiro a abobrinha ralada mais curta do ralador manual aos fios mais compridos obtidos no processador.
- Adoro a facilidade do preparo desta receita. Não é preciso refogar os ingredientes do kofta antes de misturá-los. Só precisa tostar o cominho e as lascas de amêndoa, mas são uns minutinhos de esforço que valem a pena! Você pode tostá-los enquanto mistura os demais ingredientes. E o melhor é que você pode usar a mesma frigideira para fritar os bolinhos depois, sem precisar lavá-la.

PREPARE O MOLHO:

Escorra a castanha de caju. Leve-a ao liquidificador com o caldo de legumes e bata até formar um creme liso. O processo pode levar até 5 minutos, dependendo da potência do aparelho. Vá fazendo pausas a cada minuto para poupar o motor e ir testando a consistência do molho. Ele deve ficar liso, mas um pouco granulado. Com uma espátula de borracha, raspe o copo do aparelho para aproveitar tudo.

Preaqueça uma panela com capacidade para 4 litros em fogo médio. Junte o óleo de coco. Refogue a cebola no óleo por cerca de 3 minutos, até ficar translúcida. Adicione o alho e o gengibre. Refogue por cerca de 15 segundos, até soltar o aroma. Junte o curry em pó, o garam masala e o cominho. Mexa para cobrir a cebola com os temperos, deixando que estes tostem um pouco.

Acrescente o leite de coco, o extrato de tomate, o creme de castanha de caju e o sal. Cozinhe em fogo brando por cerca de 15 minutos, mexendo de vez em quando. O molho deve engrossar bem. Junte as ervilhas e deixe-as no fogo até esquentar bem. Confira o tempero, apague o fogo e deixe a panela tampada até a hora de servir.

FRITE O KOFTA:

Preaqueça uma frigideira grande de ferro fundido ou uma frigideira antiaderente (boa para frituras) em fogo médio. Forre a bancada com papel-manteiga para evitar que as bolinhas de kofta grudem. Retire ¼ de xícara da mistura. Enrole-a nas mãos, para moldar o formato de bolinhas. Coloque-as sobre a superfície coberta de papel e continue moldando o restante da massa.

Quando a frigideira já estiver bem quente, adicione óleo de coco para cobrir o fundo da panela. Disponha os bolinhos, rolando-os na frigideira para cobri-los de óleo. Use um pouco mais de óleo, se for necessário.

Frite as bolinhas de kofta por cerca de 7 minutos, rolando-as na frigideira até dourarem de todos os lados (mas não precisa dourá-las uniformemente). Desligue o fogo quando todas as bolinhas já tiverem dourado.

PARA MONTAR:

Distribua o arroz basmati em cada prato com 3 koftas por cima de cada porção, e cubra com o molho. Se quiser, decore com coentro. Sirva logo em seguida.

EMPADÃO DE MASSA FILO

rendimento: 8 porções · tempo total: 45 minutos · tempo de preparo: 30 minutos

O empadão é um daqueles pratos guerreiros da mesa norte-americana; afinal, são poucos os clássicos da culinária que sobreviveram aos anos 1970! Mas o empadão segue firme e forte. E o que dizer dele? Quem já chegou em casa depois de um dia frio e sentiu o aroma de empadão assando na cozinha vai entender que é um prato que dispensa apresentações. Mas vejamos assim mesmo: uma massa macia com recheio de molho cremoso, batata, cenoura, salsão e ervilha. Ah, e as proteínas? Bom, no nosso caso, tirinhas de seitan! O seitan usado na receita é à base de grão-de-bico. Cortado em cubinhos, fica perfeito para substituir frango. Aliás, não tenha medo de oferecer este prato aos onívoros! Sirva-o — com muita confiança e autoridade — no meio da mesa de um almoço de família.

Para simplificar o preparo, abri mão da massa tradicional de empadão e passei a adotar a superprática massa filo. Sabendo que ela pode ser um pouco trabalhosa, façamos o seguinte: em vez de pincelar cada folha de massa com azeite, vamos cortá-la em fitas. Depois vamos misturá-las com azeite e colocá-las por cima dos ingredientes do recheio de um jeito displicente, mas bonito. E tem mais: o empadão é assado na frigideira de ferro fundido, que pode ir direto ao forno assim que você dispuser as fitas de massa filo. Ou seja? Menos louça para lavar e mais tempo para folhear os velhos livros de receita dos anos 1970.

- 2 colheres (sopa) de azeite
- 1 cebola média picada em cubos
- 1 colher (chá) de sal, mais uma pitada
- ¾ de xícara de cenoura descascada e picada em cubinhos (1 cm)
- 2 talos de salsão picados em pedaços de 1 cm
- 3 dentes de alho bem picados
- 2 colheres (sopa) de tomilho fresco
- 2 colheres (chá) de sálvia seca (esfregue nos dedos)
- 3 colheres (sopa) de vinho branco
- várias pitadas de pimenta-do-reino moída na hora
- 2 batatas médias descascadas e picadas em pedaços de 1 cm
- 3 xícaras de caldo de legumes
- ¼ de xícara de farinha de trigo
- 1 xícara de água
- 2 peças de Seitan de grão-de-bico (p. 249) cortado em cubos de 1 cm
- ½ xícara de ervilha congelada
- 10 folhas de massa filo descongelada
- 2 colheres (sopa) de azeite

Preaqueça uma frigideira grande de ferro fundido ou frigideira que possa ir ao forno em fogo médio para alto. Despeje o azeite (veja as Observações caso não tenha esse tipo de panela). Refogue a cebola no azeite com uma pitadinha de sal por mais ou menos 3 minutos, até amolecer.

Junte a cenoura e o salsão. Refogue por cerca de 5 minutos, até a cebola dourar de leve. Adicione o alho, o tomilho e a sálvia e refogue por 1 minuto. Em seguida, junte o vinho branco para deglaçar a frigideira, junto com o restante de sal e a pimenta-do-reino. Deixe o xerez reduzir por alguns minutos.

(continua)

Almoço de domingo

OBSERVAÇÕES:

- Se você disser: "Isa, obrigado pela receita fácil de empadão, mas não abro mão da massa tradicional", a minha primeira resposta é: "De nada!". Em segundo lugar, veja só esta ideia: use duas massas de torta prontas (22 cm de diâmetro). Leve-as para assar parcialmente por 10 minutos a 180 °C. Preencha cada massa assada com metade do recheio, cubra com as fitas de massa filo e leve ao forno!
- Se não tiver frigideira de ferro fundido grande ou nenhuma panela que possa ir ao forno, não se preocupe. Ainda dá para fazer, sim! Prepare o recheio numa frigideira comum grande e transfira para uma assadeira ou refratário de 22 cm. Coloque as fitas de massa por cima e leve para assar normalmente.
- Se você tiver azeite em spray, essa é a hora de usar. Ele é ótimo para cobrir as fitas de massa filo perfeitamente. Se não tiver, regue com fios de azeite aos poucos.
- Se não quiser usar o seitan de grão-de-bico, use 2 xícaras de grão-de-bico ou feijão-branco.

Acrescente a batata e o caldo de legumes. Tampe a panela e deixe levantar fervura. Quando isso acontecer, abaixe o fogo e ferva em fogo baixo por cerca de 5 minutos, até as batatas ficarem macias. Cuidado para não cozinhá-las demais; elas não devem ficar muito moles.

Preaqueça o forno a 200 °C.

Num copo medidor, misture a farinha com a água. Mexa com um garfo até tirar os grumos da mistura. Despeje-a lentamente na panela, mexendo bem, e deixe engrossar por cerca de 5 minutos. Adicione o seitan e a ervilha e continue cozinhando. Depois de cerca de 5 minutos a mistura deverá estar espessa, mas ainda lisinha. Confira o tempero.

Enquanto o forno esquenta e o ensopado engrossa no fogo, prepare a massa filo. Corte as folhas de massa empilhadas em fitas com cerca de 4 cm de largura e 15 cm de comprimento. Ajuste para mais ou para menos conforme o tamanho das folhas. Coloque as fitas de massa numa tigela, separando-as o máximo possível. Regue com um fio de azeite e mexa para cobrir bem as fitas.

Quando o recheio estiver pronto, espalhe-o com uma espátula e cubra com as fitas de massa filo. Leve ao forno e asse por 12 minutos, até dourar de leve. Sirva!

NHOQUE DE BATATA-DOCE
com couve-de-bruxelas ao creme de estragão

rendimento: 4 porções · tempo total: 1h30 (mais o tempo de molho da castanha de caju) · tempo de preparo: 30 minutos

Ah, essas deliciosas almofadinhas de massa. Na visão de muita gente, pessoas que fazem o próprio nhoque estão a anos-luz de nós, reles mortais. Saiba que você pode ser essa pessoa! Dominar o preparo de nhoque de batata-doce é bem mais simples, pois obtém-se com facilidade uma textura cremosa e fofinha sem necessidade de conhecimentos ou utensílios especiais.

Esta versão caseira parece comida de restaurante, e acho que vai agradar a todos. O creme de estragão complementa o sabor rústico do nhoque. Junte couves-de-bruxelas grelhadas e voilà: um jantar maravilhoso na mesa.

Não precisa se preocupar em fazer o nhoque no formato perfeito. O importante não é a perfeição: é fazer com amor. E seja com amor ou nhoque, o bom é ser descomplicado.

Para o nhoque:
450 g de batata-doce
1 colher (sopa) de azeite
1 colher (sopa) de missô claro
½ colher (chá) de sal
1½ a 1¾ de xícara de farinha de trigo
2 colheres (sopa) de amido de milho orgânico

PREPARE O NHOQUE:

Preaqueça o forno a 190 °C. Leve as batatas-doces ao forno direto na grade, com uma assadeira grande embaixo para recolher o líquido que cair. Asse-as por 40 minutos, ou até ficarem bem macias. Retire-as do forno e deixe esfriar.

Assim que esfriarem, leve ao fogo uma panela grande com água e sal para ferver.

Descasque as batatas e amasse a polpa, misturando-a com o azeite, o missô e o sal numa tigela grande. Adicione a farinha junto com o amido, ½ xícara de cada vez, até completar a quantidade de 1½ xícara. A massa deve ficar macia e levemente pegajosa, mas não ao ponto de grudar toda na mão e ficar difícil de manipular. Se precisar, adicione mais farinha de trigo às colheradas até a mistura atingir a consistência desejada.

Polvilhe uma superfície limpa com um pouco de farinha. Divida a massa em 4 partes, moldando-as em um cordão de 2,5 cm de circunferência.

Polvilhe farinha na faca e vá cortando os cordões em pedaços de 2,5 cm. Se quiser, role cada nhoque nas costas de um garfo para fazer sulcos na superfície. Essa etapa requer certa prática e não é de todo necessária. Se quiser, pule essa parte e continue o preparo.

(continua)

Para o creme de estragão e a couve-de-bruxelas:

½ xícara de castanha de caju deixada de molho por 2 horas, no mínimo (veja o box "Sempre de molho", p. 22)

1½ xícara de caldo de legumes

2 colheres (sopa) de azeite

220 g de couve-de-bruxelas sem os talos e cortadas em quatro

¾ de colher (chá) de sal, mais uma pitada

várias pitadas de pimenta-do-reino moída na hora

1 cebola média cortada em quatro e picada fininho

¼ de xícara de alho cortado bem fino

1 xícara de vinho branco seco

¼ de xícara rasa de estragão fresco

Abaixe um pouco o fogo para reduzir a ebulição da água. Use uma escumadeira para colocar os nhoques na água fervente. Depois que todos estiverem na água, espere boiarem até a superfície. Cozinhe-os mais um pouco e retire-os com a escumadeira. Transfira para uma travessa até a hora de servir. Se precisar esquentá-los antes de servir, refogue-os rapidamente em azeite.

PREPARE O MOLHO E A COUVE-DE-BRUXELAS:

Escorra a castanha de caju. Leve-a ao liquidificador com o caldo de legumes e bata até formar um creme liso. Esse processo pode levar de 1 a 5 minutos, dependendo da potência do aparelho. Com uma espátula de borracha, raspe o copo do aparelho para aproveitar tudo. O creme deve ficar liso, mas um pouco granulado.

Enquanto isso, grelhe as couves-de-bruxelas. Preaqueça uma frigideira grande de ferro fundido em fogo médio. Adicione 1 colher (sopa) de azeite. Refogue-as no azeite com ¼ de colher (chá) de sal e pimenta-do-reino, por 5 minutos, até ficarem ligeiramente douradas. Adicione ¼ de xícara de água e tampe imediatamente para finalizar o cozimento. Deixe cozinhar no vapor por 1 minuto. A água deverá ser absorvida. Retire da frigideira e reserve.

Diminua o fogo para chama média, junte 1 colher (sopa) de azeite e refogue a cebola e o alho com uma pitada de sal por cerca de 7 minutos, até dourarem de leve.

Junte o vinho, o restante de sal e pimenta-do-reino, misture e aumente o fogo. Deixe o vinho reduzir à metade, o que deve levar cerca de 5 minutos. Reduza o fogo para médio.

Adicione o estragão e o creme de castanha de caju. Mexa para incorporar bem e cozinhe por cerca de 5 minutos, até engrossar. Se necessário, afine o molho com um pouco de água ou caldo de legumes; o molho não deve ficar muito grosso. Confira o tempero. Adicione as couves-de-bruxelas e misture bem.

Distribua o nhoque em tigelinhas. Cubra com o molho e as couves-de-bruxelas. Sirva.

ENCHILADA DE FORNO MARAVILHOSA

rendimento: 8 porções · tempo total: 1h10 (mais o tempo de molho da castanha de caju) · tempo de preparo: 30 minutos

---

Sejamos sinceros: fazer enchilada dá trabalho. Vale a pena, mas não é moleza. Esta versão, feita na assadeira, é um pouco menos trabalhosa. Não se iluda: ela ainda gera uma quantidade razoável de louça, mas é bem mais fácil porque não precisa rechear cada tortilha.

Agora que já assustei vocês com essa introdução agourenta, vou contar um segredinho: a receita é mesmo maravilhosa! São camadas de tortilha de milho cobertas por um molho de tomate delicioso e perfumado, recheadas com cogumelo, feijão-rajado e batata assada. Por cima, um maravilhoso creme de castanha de caju que vai deixar todo mundo revirando os olhos como zumbi — um zumbi "papa-enchilada".

É uma ótima opção para o almoço de domingo, mas, se quiser fazer durante a semana, também é possível. Prepare o molho da enchilada de véspera e não se esqueça de demolhar a castanha de caju. Assim fica pronto rapidinho! Apesar de a receita ter quatro etapas, elas são simples para facilitar sua vida e minimizar a trabalheira.

PREPARE AS BATATAS:

Preaqueça o forno a 220 °C. Forre uma assadeira grande e baixa com papel-manteiga.

Disponha as batatas na assadeira e cubra com o azeite. Salpique com sal e pimenta-do-reino. Misture para cobrir as batatas com o azeite e os temperos. Asse-as por 15 minutos, reduza a temperatura do forno para 180 °C, vire-as e deixe assar por mais 10 minutos. Retire do forno e reserve. Deixe o forno ligado a 180 °C, pois a enchilada será assada a essa temperatura.

PREPARE O MOLHO DA ENCHILADA:

Preaqueça uma panela com capacidade para 4 litros em fogo médio. Toste as sementes de cominho e coentro sem óleo por cerca de 2 minutos, mexendo sempre, até soltarem o aroma e escurecerem um pouco. Tome cuidado para que não queimem. Adicione o azeite e refogue a cebola, a jalapeño, o alho, o orégano e uma pitada de sal por cerca de 5 minutos, até a cebola ficar translúcida. Junte o tomate, o xarope de agave e o restante de sal, tampe a panela e aumente a chama para a mistura ferver em fogo alto. Cozinhe por cerca de 20 minutos.

(continua)

Para as batatas:
- 700 g de batata-inglesa picada em pedaços de 1 cm
- 1 colher (sopa) de azeite
- ½ colher (chá) de sal
- pimenta-do-reino moída na hora

Para o molho da enchilada:
- 4 colheres (chá) de semente de cominho
- 1 colher (sopa) de semente de coentro
- 1 colher (sopa) de azeite
- 1 cebola média picada
- 1 pimenta tipo jalapeño sem sementes picada (use 2 unidades se quiser mais picante)
- 6 dentes de alho picados
- 2 colheres (chá) de orégano seco
- 1 colher (chá) de sal, mais uma pitada
- 1,6 kg de tomate em conserva
- 1 colher (chá) de xarope de agave

Para o recheio:
- 1 colher (sopa) de azeite
- 1 cebola média cortada em quatro e picada fino
- ½ colher (chá) de sal, mais uma pitada
- 2 dentes de alho bem picados
- 220 g de cogumelos-de-paris cortados em fatias finas
- 3 xícaras (850 g) de feijão-rajado cozido e escorrido
- 2 colheres (sopa) de suco de limão-taiti

Para o molho branco:
- 1 xícara de castanha de caju deixada de molho por 2 horas, no mínimo (veja o boxe "Sempre de molho", p. 22)
- ¾ de xícara de água
- 2 colheres (chá) de amido de milho orgânico
- ½ colher (chá) de sal

Para montar:
- 18 unidades de tortilhas de milho (20 cm)
- sementes de abóbora (opcional)
- coentro fresco picado (opcional)

Depois que o molho cozinhar, bata-o até formar um purê com um mixer de mão ou no liquidificador. Se usar o liquidificador, destampe-o de vez em quando para deixar o vapor escapar (assim você evita acidentes). Se usar o mixer de mão, é preciso bater bem para não deixar pedaços de sementes. Confira o sal e reserve até esfriar.

PREPARE O RECHEIO:

Preaqueça uma frigideira grande em fogo médio. Despeje o azeite. Refogue a cebola no azeite com uma pitadinha de sal por cerca de 5 minutos, até ficar translúcida. Junte o alho e refogue por cerca de 15 segundos, até soltar o aroma. Adicione o cogumelo e o restante de sal. Deixe refogar por cerca de 5 minutos, até os cogumelos soltarem bastante líquido. Junte o feijão e o suco de limão e deixe aquecer por cerca de 2 minutos.

Junte a batata assada e misture bem ao recheio. Confira o tempero e reserve.

PREPARE O MOLHO BRANCO:

Escorra a castanha de caju. Leve todos os ingredientes do molho branco para o liquidificador e bata até formar um purê liso. Esse processo pode levar até 5 minutos, dependendo da potência do aparelho. Como fica bem espesso, raspe o copo do liquidificador com uma espátula de borracha para aproveitar tudo. Deixe-o na geladeira até a hora de usar.

PARA MONTAR O PRATO:

A ideia é formar camadas de molho de tomate, tortilhas, recheio e arrematar com o molho branco. Comece untando levemente um refratário de 20 cm x 30 cm. Cubra o fundo com uma camada fina de molho. Disponha 6 tortilhas por cima. Agora é a hora da bagunça! Por cima ponha mais uma camada de molho de enchilada (cerca de 1 xícara) e vire cada tortilha para cobrir os dois lados de molho. Elas devem ficar cobertas, mas ainda visíveis; ou seja, não é para afundá-las. Arrume as tortilhas, deixando-as ligeiramente sobrepostas e cobrindo o fundo da assadeira.

Agora disponha metade do recheio e cubra com cerca de ½ xícara de molho de enchilada. Forme mais uma camada de 6 tortilhas e repita o processo de cobri-las com 1 xícara de molho. Espalhe o recheio restante e cubra com mais ½ xícara de molho de enchilada. Finalize com a última camada de tortilhas e cubra-as com 1 xícara de molho. Reserve o restante do molho (se sobrar) para acompanhar na hora de servir.

Por fim, cubra com o molho branco. Despejo-o diretamente do copo do liquidificador. Não precisa ficar perfeitinho; o prato vai ficar bonito de qualquer jeito.

Asse a enchilada descoberta por cerca de 30 minutos. A cobertura deve ficar ligeiramente dourada.

Retire do forno, salpique as sementes de abóbora e o coentro fresco (se decidir usá-lo). Está pronto para servir!

ETAPAS:

Siga as etapas nesta ordem para preparar a receita em pouco mais de 1 hora:

1. Preaqueça o forno, limpe e corte as batatas. Separe os demais ingredientes.
2. Coloque as batatas para assar.
3. Comece a fazer o molho de enchilada.
4. Comece a fazer o recheio.
5. Enquanto ambos estiverem no fogo, bata a castanha de caju no liquidificador.
6. Monte, leve para assar e relaxe!

OBSERVAÇÕES:

- Se o prato não for para muitas pessoas, você pode fazer a receita pela metade, levando-a para assar num refratário quadrado de 20 cm. Use um recipiente fundo, senão você corre o risco de ter uma enchilada monstruosa e transbordante.
- Se quiser um sabor picante mais pronunciado, sugiro alguns métodos. Refogue 1 jalapeño sem sementes cortadas em rodelinhas com a cebola para o recheio, ou experimente usar mais 1 jalapeño no molho.
- O molho branco não é essencial, mas é fácil de fazer, bonito e delicioso. Se você se enrolar ou tiver esquecido de deixar a castanha de caju de molho, pode cobrir a enchilada apenas com guacamole. Se quiser usar seu queijo vegano preferido, tudo bem: essa eu deixo passar.
- Adoro o feijão-rajado, que é bem molinho, mas você pode substituí-lo por feijão-preto. Acho que com lentilha também fica bom — o que não é surpresa nenhuma, pois eu sempre acho lentilha uma excelente pedida.

Almoço de domingo 235

LEGUMES ASSADOS
com mix de arroz e cereais

rendimento: 4 a 6 porções · tempo total: 1 hora · tempo de preparo: 20 minutos

Para o arroz:
- 1½ xícara de mistura de arroz integral e cereais integrais lavada
- 3 xícaras de água
- ¼ de colher (chá) de sal

Para os legumes:
- 450 g de berinjela cortada em pedaços de 2 cm
- 220 g de cogumelos-de-paris inteiros
- ¼ de xícara de azeite
- 1 colher (chá) de sal
- pimenta-do-reino preta moída na hora
- 700 g de tomate picado
- 1 cebola média cortada em meias-luas finas
- 10 raminhos de tomilho fresco
- 4 dentes de alho bem picados

Para o restante da receita:
- ⅓ de xícara de pignoli
- 1½ xícara (420 g) de feijão-branco cozido e escorrido
- vinagre balsâmico, para servir

OBSERVAÇÃO:
Compro cogumelos pequenos e os uso inteiros na receita. Além de poupar tempo, eles ficam bem suculentos. Se houver algum cogumelo grande infiltrado, corte-o ao meio.

Às vezes só quero uma comidinha feita no forno e bem tostadinha. Faço pratos assim quando quero algo delicioso e não muito trabalhoso e, de quebra, ainda deixo a casa quentinha. E não falo apenas da temperatura: o ambiente fica tomado pelo aroma quente das especiarias tostadas. Você vai basicamente colocar legumes para assar, cozinhar o arroz, tostar os pignoli e misturar tudo. Em pouco tempo o jantar estará na mesa. O mix de arroz e cereais fica com textura al dente. Os legumes — cogumelo, berinjela e cebola — ficam lindamente caramelizados. Os tomates arrematam tudo, deixando o prato suculento e delicioso. O feijão entra com as proteínas e os pignoli, com o toque crocante. E estamos conversados.

Há alguns métodos importantes que podem melhorar e muito a qualidade das suas receitas. Saber assar os alimentos é uma habilidade necessária, é claro. Você também vai aprender meu método especial de assar alho picado sem deixá-lo queimar. Deixar os ramos de tomilho inteiros para cozinhar com o tomate, além de reduzir o pré-preparo, deixa a preparação ainda mais saborosa. Depois que você aprender do meu jeito, vai poder aproveitar o que aprendeu em outras receitas. Não é rapidíssimo na primeira vez, mas, conforme você incorporar o hábito de assar os alimentos, a tarefa vai ficando mais fácil. Eu juro!

PREPARE O ARROZ:

Preaqueça o forno a 200 °C. Comece a fazer o arroz levando ao fogo uma panela com capacidade para 2 litros com água e sal. Tampe e leve para ferver. Assim que levantar fervura, diminua a chama. Deixe ferver em fogo brando por cerca de 25 minutos, até o arroz amolecer. Retire do fogo e reserve. Mantenha aquecido.

PREPARE OS LEGUMES:

Para assar os legumes, vamos usar duas assadeiras grandes e baixas. Forre-as com papel-manteiga. Em uma assadeira coloque a berinjela e os cogumelos. Regue com 2 colheres (sopa) de azeite e salpique com ½ colher (chá) de sal e algumas pitadas de pimenta-do-reino. Misture os legumes com os temperos e leve para assar por cerca de 30 minutos, mexendo uma vez. Como o tomate e a cebola assam mais rápido,

leve-os para assar 5 minutos depois da berinjela. Arrume os tomates picados de um lado da assadeira e a cebola do outro. É importante assá-los separados para o cozimento ficar uniforme. Junte aos tomates 2 colheres (chá) de azeite, ¼ de colher (chá) de sal, pimenta-do-reino e os raminhos de tomilho. Junte 2 colheres (chá) de azeite e ¼ de colher (chá) de sal à cebola.

Agora vamos aplicar meu método de assar o alho. Ainda na tábua onde o alho foi picado, regue-o com as 2 colheres (sopa) restantes de azeite. Regue os tomates com essa mistura de azeite e alho. Não misture.

Leve a segunda assadeira ao forno e deixe assar por 25 minutos, mexendo na metade desse período. É nessa hora que você pode misturar o alho.

Enquanto isso, faça os pignoli. Preaqueça uma frigideira de fundo grosso em fogo médio para baixo. Toste-os por cerca de 5 minutos, mexendo sempre, até escurecerem um pouco. Retire da frigideira e reserve.

Quando os ingredientes estiverem bem assados e deliciosos, retire-os do forno. Remova os ramos de tomilho da assadeira do tomate. Algumas folhas devem cair naturalmente; se houver alguma teimosa, tire do raminho e misture ao tomate assado. Descarte os raminhos.

Transfira o tomate e a cebola assados para a assadeira da berinjela, junte o feijão-branco e misture. Disponha o arroz em tigelinhas, os legumes assados por cima, regue com um pouco de vinagre balsâmico (1 colher de chá), salpique com os pignoli tostados e sirva.

ESCONDIDINHO MEXICANO

rendimento: 8 a 10 porções · tempo total: 1 hora · tempo de preparo: 30 minutos

Quem não ama purê de batata? Com um recheio bem gostoso, temperadinho e borbulhante, esse amor pode acabar se tornando obsessão.

Este prato leva uma camada cremosa de purê de batata ao perfume de limão por cima de um belo cozido de feijão-preto, cogumelo, tomate, pimenta poblano e milho, com alguns sabores típicos da região Sudoeste dos Estados Unidos. Para dar à preparação um toque mexicano, quebro chips de tortilha e misturo com o recheio. Adoro o efeito que a batata asterix confere ao prato, com seus pontinhos cor-de-rosa misturados no purê. Esta receita rende bastante. E o melhor? Dá uma sobra deliciosa!

Leve as batatas ao fogo numa panela média e cubra com água. Adicione bastante sal. Tampe e deixe levantar fervura. Assim que isso acontecer, diminua a chama e ferva por 15 minutos, até as batatas ficarem macias.

Escorra as batatas e devolva-as imediatamente à panela. É importante usá-las enquanto ainda estão quentes. Dê uma primeira amassada rápida. Adicione o leite, o azeite, as raspas de limão e o sal. Amasse até formar uma mistura cremosa. Confira o sal, tampe e reserve.

Enquanto as batatas cozinham, comece a preparar o recheio. Preaqueça uma frigideira grande de fundo grosso em fogo médio para alto. Despeje o azeite. Refogue a cebola e a pimenta poblano no azeite com uma pitadinha de sal por cerca de 7 minutos, até amolecerem.

Junte o alho e refogue por cerca de 30 segundos, até soltar o aroma. Adicione o cogumelo e o coentro. Cozinhe por cerca de 5 minutos, até os cogumelos soltarem bastante líquido. Junte o tomate, o milho, o vinho, o cominho, o sal restante e a pimenta calabresa. Aumente o fogo e tampe a frigideira. Cozinhe por 5 a 7 minutos, mexendo de vez em quando. Os tomates vão se desmanchar e formar um molho (caso use o milho congelado, esse processo pode demorar um pouco mais).

Pegue os chips de tortilha e quebre-os nas mãos. Não tem problema se ficarem pedaços grandes, mas tente formar migalhas. Junte-os ao recheio na frigideira e misture bem. Como esses chips são bem salgados, só confira o sal depois de adicioná-los. Acrescente o suco de limão, o molho de pimenta e o feijão-preto. Misture e esquente. Confira o tempero.

Para montar: preaqueça o forno a 180 °C. Unte levemente um refratário fundo de 27 cm x 33 cm (azeite em spray é uma boa opção). Transfira o recheio para o refratário, alisando com a espátula. Coloque o purê por cima, às colheradas, espalhando para formar uma camada homogênea.

Leve ao forno e asse por 25 minutos, até o purê dourar de leve. Sirva quente decorado com pimenta, coentro e fatias de limão.

Para o purê de batata:
- 1,3 kg de batata asterix cortada em pedaços de 4 cm
- ¾ de colher (chá) de sal
- ½ xícara de leite vegetal sem açúcar em temperatura ambiente
- 2 colheres (sopa) de azeite
- 1 colher (chá) rasa de raspa de limão-taiti

Para o recheio:
- 2 colheres (sopa) de azeite, mais um pouco se for necessário
- 1 cebola média picada
- 1 pimenta poblano sem sementes picada em cubinhos
- ¾ de colher (chá) de sal, mais uma pitada
- 4 dentes de alho bem picados
- 220 g de cogumelo-de-paris cortado ao meio e em fatias de 1 cm de espessura
- 1 xícara de coentro fresco picado
- 550 g de tomate para molho (cerca de 6 unidades) picado
- ½ xícara de milho (fresco ou congelado; veja Observações da p. 189)
- ¼ de xícara de vinho tinto seco
- 1 colher (chá) de cominho em pó
- ½ colher (chá) de pimenta calabresa
- 60 g de chips de tortilha (4 punhados cheios)
- 2 colheres (sopa) de suco de limão-taiti
- 2 colheres (sopa) de molho de pimenta, mais um pouco para acompanhar
- 3 xícaras (850 g) de feijão-preto cozido e escorrido

Para decorar:
- pimenta dedo-de-moça
- coentro picado
- limão-taiti

OBSERVAÇÃO:
Você pode deixar a preparação mais ou menos picante, conforme sua preferência, (obviamente) ajustando a quantidade de molho de pimenta e de pimenta calabresa. Esta receita é meio picante, mas sem exagero.

FESTANÇA DE NACHOS

rendimento: 6 porções · tempo total: 45 minutos (mais o tempo de molho da castanha de caju) · tempo de preparo: 45 minutos

Para o molho de queijo:

¾ de xícara de castanha de caju deixada de molho por 2 horas, no mínimo (veja o boxe "Sempre de molho", p. 22)

1¼ xícara de caldo de legumes

1 colher (sopa) de missô claro

3 colheres (sopa) de levedura nutricional

2 dentes de alho descascados

2 colheres (chá) de cominho em pó

¼ de colher (chá) de sal, mais uma pitada

2 colheres (sopa) de suco de limão-siciliano

2 colheres (chá) de azeite

1 cebola pequena bem picada

2 pimentas tipo jalapeño sem sementes picadas

Para a mistura de temperos:

½ colher (chá) de orégano seco

2 colheres (chá) de pimenta ancho em pó

1 colher (chá) de cominho em pó

½ colher (chá) de coentro em pó

½ colher (chá) de sal

Para a lentilha:

2 colheres (chá) de azeite

1 cebola pequena bem picada

2 dentes de alho bem picados

uma pitada de sal

2½ xícaras de lentilha cozida

3 colheres (sopa) de extrato de tomate

2 colheres (sopa) de molho de pimenta mexicano

Esta receita é um conglomerado de várias receitas do livro. Como odeio ir e voltar procurando as receitas em vários volumes, juntei tudo aqui para facilitar. Mas vamos ao que interessa. Festança de nachos!

Molho cremoso de queijo, lentilha bem condimentada, guacamole cremoso e refrescante, pico de gallo e alface crocante. É pura diversão sentar à mesa (ou em frente à TV) e comer com as mãos, provando combinações diferentes em cada nacho.

Use os chips como paleta! Você pode aumentar ou diminuir as quantidades da receita. Se quiser algo mais simples, use feijão-preto em vez de lentilha e o abacate em fatias em vez de guacamole. Se quiser juntar mais hortaliças, saiba que com abobrinha assada fica muito bom. Outras ótimas opções são cogumelos refogados e abóbora assada em cubinhos. Se quiser um toque crocante, junte sementes de abóbora.

A foto desta receita está no início do livro, na página 2.

PREPARE O MOLHO DE QUEIJO:

Escorra a castanha de caju. Leve-a ao liquidificador com o caldo de legumes, o missô, a levedura nutricional, o alho, o cominho, ¼ de colher (chá) de sal e o suco de limão. Bata até formar um purê bem liso. Esse processo pode levar de 1 a 5 minutos, dependendo da potência do aparelho. Com uma espátula de borracha, raspe o copo do liquidificador para aproveitar tudo.

Preaqueça uma panela com capacidade para 2 litros em fogo médio. Despeje o azeite. Refogue a cebola e o jalapeño no azeite com uma pitadinha de sal por cerca de 3 minutos, até amolecerem. Junte o creme de castanha de caju e diminua o fogo para médio. Cozinhe por cerca de 10 minutos, mexendo de vez em quando com uma colher de pau, até o creme de queijo ficar quente e espesso. Mantenha-o aquecido até a hora de servir.

PREPARE A MISTURA DE TEMPEROS E A LENTILHA:

Comece misturando todos os ingredientes do tempero. Reserve. Deixe um copo de água à mão, pois você vai precisar de algumas colheradas durante o preparo da receita.

Preaqueça uma frigideira grande em fogo médio para alto. Despeje o azeite. Refogue a cebola e o alho no azeite com uma pitadinha de sal por cerca de 3 minutos, até dourarem de leve. Junte o mix de temperos e misture por 30 segundos para tostar.

Diminua a chama para média. Junte a lentilha cozida, algumas colheradas de água, o extrato de tomate e o molho de pimenta; use a espátula para amassar a lentilha durante o cozimento, até dar liga. Se a espátula não funcionar bem para essa função, use um garfo. Siga esse processo por cerca de 5 minutos, juntando colheradas de água se achar que o refogado está muito seco. Confira o tempero; talvez seja necessário juntar mais especiarias ou molho de pimenta. Mantenha aquecido até a hora de servir.

PREPARE O PICO DE GALLO:

Simples: misture todos os ingredientes numa tigela!

PREPARE O GUACAMOLE:

Corte os avocados ao meio, retire o caroço e passe a polpa para uma tigela. Junte o tomate, a cebola e o sal. Amasse tudo com um amassador de batata. Adicione o suco de laranja e confira o tempero.

PARA MONTAR:

Sirva todos os elementos da receita em tigelas diferentes. Assim cada pessoa monta seu pratinho como quiser. Afinal, é dia de nachos!

Para o pico de gallo:
450 g de tomate picado
1 cebola roxa pequena bem picada
1 pimenta jalapeño sem sementes bem picada
¼ de xícara de coentro fresco picado
2 colheres (sopa) de suco de limão-taiti
uma pitada de sal

Para o Guacamole secreto do Pepe:
2 avocados (ou 1 abacate grande) maduros
⅓ de xícara de tomate picado
3 colheres (sopa) de cebola bem picada
½ colher (chá) de sal
¼ de xícara de suco de laranja

Para acompanhar:
1 saco grande de chips de tortilha
alface-romana picada
cebolinha picada
coentro fresco picado

OBSERVAÇÕES:
- Não está a fim de lentilha? Substitua por feijão, usando 1½ xícara de feijão-preto cozido e escorrido.
- Seitan também é uma ótima opção para servir com os nachos. Refogue 2 xícaras de seitan em fatias.

COMO MONTAR UM BOM NACHO

Gente, nacho vegano é pura diversão. Já fui algumas vezes a Kansas City com o único objetivo de comer no meu restaurante vegano preferido, o FüD. Uma coisa que adoro é que lá eles também entendem que cobertura de nacho não precisa ficar só por cima. O legal é ter um creme gostoso para passar até o último pedaço de chips! Nesse restaurante eles montam o prato com várias camadas de chips e coberturas, formando um montinho. É um jeito de servir. Outro é pegar um prato bem grande e espalhar uma camada de chips e as coberturas por cima. Assim, cada chip terá todas as opções. As duas formas são aceitáveis e muito divertidas. Só peço que você não faça uma pilha de nachos secos com cobertura só em cima, combinado?

Almoço de domingo

ALGUMAS PROTEÍNAS BÁSICAS

CAPÍTULO 9

Tempeh ao alho e tomilho 244 • Linguiça vegana 245 • Tofu clássico assado 246 • Tofu ao gergelim 247 • Seitan caseiro 248 • Seitan de grão-de-bico 249

Neste capítulo

ENSINO
A PREPARAR

algumas proteínas que caem bem em saladas, massas e outras receitas. Ah, sim! Em sanduíches também.

TEMPEH AO ALHO E TOMILHO

rendimento: 2 a 4 porções · tempo total: 1h10 · tempo de preparo: 15 minutos

220 g de tempeh

Para a marinada:

2 colheres (sopa) de molho tamari ou de soja

4 dentes de alho amassados

½ xícara de caldo de legumes

2 colheres (sopa) de vinagre balsâmico branco, ou 1 colher (sopa) de vinagre balsâmico comum

3 colheres (sopa) de suco de limão-siciliano

½ xícara de tomilho fresco (pique os raminhos moles e deixe as folhas inteiras)

2 colheres (sopa) de azeite

OBSERVAÇÕES:

- Não se assuste com o tempo total de preparo, pois ele engloba o tempo de marinada do tempeh. Você pode deixá-lo marinando uma noite ou um dia inteiro. Deixe-o no tempero, saia, vá fazer compras, participe de uma passeata, faça o que quiser. Daí, volte para casa e prepare a receita.
- Gosto de cortar o tempeh fininho para que absorva bem os sabores. Veja as sugestões de corte em formatos retangulares ou quadrados. Trapézios e losangos, nem pensar.

Este tempeh fica ótimo em massas e saladas, acompanhando purê de batata ou em sanduíches.

Para quem é novato no assunto, fica a dica: cozinhe o tempeh no vapor antes de usar. Assim ele perde o gosto forte e fica pronto para absorver os sabores dos temperos usados. Deixe-o marinando no tempero antes de grelhar ou assar. Fica gostoso e suculento.

Retiro as folhas do tomilho deslizando a mão no raminho de cima para baixo. Se o raminho for macio, pode usá-lo também. Não se assuste com as quantidades. Lembre-se de que é só uma marinada, e você não vai consumir esses ingredientes no produto final. A função deles é dar o máximo de sabor à preparação.

Separe sua panela para cozinhar a vapor.

Se o tempeh vier em formato retangular, corte-o para formar 2 quadrados. Corte esses 2 quadrados ao meio, no sentido do comprimento, para formar duas fatias finas. Agora, corte cada quadrado na diagonal, formando triângulos. A ideia é formar 8 triângulos finos.

Se o tempeh vier no formato quadrado, divida ao meio, formando 2 retângulos. Corte cada retângulo ao meio, no sentido do comprimento, para formar duas fatias finas. Corte-os ao meio, formando quadrados. A ideia é formar 8 quadrados finos.

Cozinhe o tempeh no vapor por 10 minutos. Ele solta um aroma de pão assando!

PREPARE A MARINADA:

Enquanto isso, misture os ingredientes da marinada numa tigela grande. Quando o tempeh estiver cozido, passe-o direto para a marinada. Deixe marinar por 1 hora ou uma noite inteira, virando de vez em quando.

PARA GRELHAR:

Preaqueça uma chapa levemente untada (para uso interno ou externo) em fogo de médio para alto. Grelhe o tempeh 5 minutos de cada lado, virando-o com uma espátula de metal para evitar que grude. Para deixar o tempeh ainda mais gostoso, você pode esfregar o tomilho e o alho da marinada em cada lado. Alguns caem, mas outros aderem à superfície.

PARA ASSAR NO MODO GRILL:

Preaqueça o forno em modo grill. Disponha o tempeh marinado na assadeira, posicionando-a a uma distância de 5 a 7 cm da fonte de calor. Sem tirar os olhos do forno, deixe o tempeh assar de 3 a 5 minutos de cada lado. Na hora de virar o tempeh no forno, regue-o com o molho da marinada.

LINGUIÇA VEGANA

rendimento: 4 porções · tempo total: 50 minutos · tempo de preparo: 10 minutos

Fazer linguiça vegana em casa não é nenhum bicho de sete cabeças. Dá para fazer no fogão com ingredientes e equipamentos acessíveis. O processo é simples: amasse feijão, junte farinha de glúten e temperos, molde no formato, enrole em papel-alumínio e cozinhe no vapor. Depois de 40 minutos, você terá linguiças veganas incríveis, versáteis e deliciosas, perfeitas para usar em refogados e cozidos ou para fazer gestos obscenos. Que coisa melhor?

½ xícara de feijão-rajado cozido e escorrido
1 xícara de caldo de legumes
1 colher (sopa) de azeite
2 colheres (sopa) de molho de soja
1¼ xícara de farinha de glúten
¼ de xícara de levedura nutricional
1 colher (chá) de alho granulado
1½ colher (chá) de semente de erva-doce triturada
2 colheres (chá) de páprica defumada
½ colher (chá) de tomilho seco
várias pitadas de pimenta-do-reino moída na hora

Antes de misturar os ingredientes, separe a panela para cozimento a vapor, levando a água para ferver. O resto da receita fica pronto bem rápido.

Deixe separadas 4 folhas quadradas de papel-alumínio. Numa tigela grande, amasse o feijão até não sobrar nenhum inteiro. Junte o caldo de legumes, o azeite e o molho de soja. Adicione os demais ingredientes da lista e misture com um garfo. Em seguida, sove a massa de leve com as mãos.

Divida a massa em 4 porções iguais. Coloque cada porção numa folha de papel-alumínio e molde no formato de uma linguiça de 12 cm. Enrole no papel, como um bombom longo. Não se preocupe tanto em deixar perfeito: durante o cozimento a linguiça vai ficar no formato certo. Não falei que esta receita é o máximo?

Coloque as linguiças enroladas na panela a vapor e deixe cozinhar por 40 minutos. E só! Você pode consumir as linguiças imediatamente após o cozimento. Outra opção é enrolá-las em filme de PVC e deixá-las na geladeira até o momento de consumir (até 5 dias).

OBSERVAÇÕES:

- A linguiça vegana congela bem. Se quiser fazer uma quantidade grande, pode dobrar a receita. Deixe esfriar antes de congelá-la. Retire do papel-alumínio e guarde a vácuo em saquinho próprio para congelamento. A linguiça dura até 1 mês no freezer. Sempre descongele antes de usar.
- Se não tiver páprica defumada, substitua pela doce, mas perde-se o sabor de defumado. Outra opção para substituir é usar 2 colheres (chá) de fumaça líquida, se tiver. Caso contrário, não se preocupe. Fica bom do mesmo jeito!

TOFU CLÁSSICO ASSADO

rendimento: 8 fatias · tempo total: 30 minutos (mais 1 hora para marinar) · tempo de preparo: 5 minutos

1 bloco de 400 g de tofu extrafirme cortado em 8 fatias

Para a marinada:
3 colheres (sopa) de molho de soja
1 colher (sopa) de mostarda amarela
1 colher (sopa) de azeite
¾ de xícara de caldo de legumes
2 colheres (chá) de alho em pó

Este tofu é necessário na sua vida. É o tofu que você pode deixar na geladeira para usar em sanduíches e saladas. É o tofu que você serve quentinho com verduras e molho de tahine. É o tofu que você espeta no garfo e come direto do forno antes de servir para o resto da turma. Suculento e gostoso, ele tem um tempero suave, o que permite usá-lo em qualquer refeição.

Numa tigela grande para acomodar o tofu todo, misture os ingredientes da marinada. Junte o tofu e deixe marinando por 1 hora (ou a noite toda), virando pelo menos uma vez.

Preaqueça o forno a 220 °C. Forre uma assadeira grande e baixa com papel-manteiga.

Disponha os pedaços de tofu na assadeira formando uma camada única, cubra com papel-alumínio e leve para assar por 15 minutos. Retire a folha de papel-alumínio, vire o tofu e regue com mais marinada. Asse (sem cobrir) por mais 12 a 15 minutos. O tofu deve ficar dourado nas bordas.

Sirva-o imediatamente ou deixe esfriar e leve à geladeira, na qual ele dura até 5 dias.

TOFU AO GERGELIM

rendimento: 4 porções · tempo total: 15 minutos · tempo de preparo: 5 minutos

Esta é a receita mais fácil do mundo! Fico até com vergonha de chamar de receita. Faço seguindo a intuição. Quando você fizer uma vez, nunca mais vai precisar medir os ingredientes. Este tofu leva apenas três ingredientes, é delicioso e cai superbem em saladas e sanduíches. Você pode grelhar na chapa ou assar no modo grill. A vida é bela.

- 3 colheres (sopa) de molho tamari ou de soja
- 1 colher (sopa) de óleo de gergelim torrado
- 1 bloco de 400 g de tofu extrafirme prensado (prense se tiver tempo, se não der, tudo bem) cortado na transversal em 8 fatias

Misture o molho de soja e o óleo de gergelim numa travessa de servir. Molhe o tofu nessa mistura para cobri-lo dos dois lados.

PARA GRELHAR:

Preaqueça uma bistequeira grande de ferro fundido em fogo médio para alto. Regue com um pouco de óleo. Grelhe o tofu de 3 a 5 minutos de cada lado, virando-o com uma espátula de metal.

PARA ASSAR:

Preaqueça o forno no modo grill. Disponha o tofu marinado na assadeira, posicionando-a a uma distância de 15 cm da fonte de calor. Sem tirar os olhos do forno, asse o tofu de 3 a 5 minutos de cada lado.

Sirva em fatias ou tiras, dependendo do prato.

SEITAN CASEIRO

rendimento: cerca de 1 kg · tempo total: 1 hora · tempo de preparo: 10 minutos

- 8 xícaras de caldo de legumes
- 6 dentes de alho amassados
- 2 xícaras de farinha de glúten
- 5 colheres (sopa) de levedura nutricional
- 1 xícara de água fria
- ½ xícara de molho de soja
- 2 colheres (sopa) de extrato de tomate
- 1 colher (chá) rasa de raspas da casca de limão-taiti

OBSERVAÇÕES:

- Faça um caldo bem temperado e com boa quantidade de sal, pois é ele que vai dar gosto ao seitan.
- O segredo é cozinhar o seitan em fogo brando, e não em água fervente. Principalmente nos primeiros 15 minutos, fique de olho para não deixar o caldo entrar em ebulição intensa. Ele deve ferver em fogo brando. Ajuste a chama conforme a necessidade.
- Para utilizar o seitan em receitas, esprema-o sobre a pia para retirar o excesso de líquido. Assim ele vai dourar mais facilmente na hora do preparo.
- O seitan congela superbem! Esprema-o para retirar o excesso de líquido e guarde-o em saquinho a vácuo próprio para congelamento. Dura até 1 mês no freezer.

Conhecido como "carne vegetal" graças à consistência e ao aspecto semelhantes ao produto de origem animal, o seitan é muito mais que uma carne falsa. É uma iguaria que dispensa comparações. Não se conhece ao certo a sua origem, mas ele ganhou popularidade nos anos 1960 graças a monges budistas, e desde então conquista cada vez mais fãs.

No método artesanal de produção do seitan perfeito, lava-se e sova-se intensivamente uma bola de massa de farinha de trigo até sobrar apenas o glúten, que é a proteína do trigo. Mas existe um método mais fácil, infalível e rápido! Em 1 hora você terá seu seitan pronto para uso. O segredo? Farinha de glúten. Essa farinha com alto teor de glúten é encontrada em lojas de produtos naturais, mas é cada vez mais comum nas prateleiras dos supermercados.

Claro que você sempre pode comprar o seitan pronto, mas o método de preparo caseiro é fácil: faça uma massa bem temperada, coloque-a em água fervente e cozinhe em fogo brando por 1 hora. É fácil e fica uma delícia.

Leve ao fogo um panelão com o caldo de legumes e o alho. Tampe e deixe levantar fervura.

Enquanto isso, numa tigela grande, misture a farinha de glúten e a levedura nutricional. Abra um buraco no centro e adicione a água, o molho de soja, o extrato de tomate e as raspas de limão. Misture com um garfo e depois sove com as mãos por cerca de 3 minutos, até formar uma massa elástica e bem homogênea. Molde a massa no formato de um rocambole e, com a faca, divida-o em 3 partes. Deixe descansar até o caldo começar a ferver.

Assim que levantar fervura, diminua a chama. Detalhe importante: a água de cozimento não pode estar em ebulição intensa, caso contrário o seitan pode ficar encharcado de água (com aspecto de cérebro). Adicione os pedaços de glúten e deixe a panela semitampada para o vapor escapar. Cozinhe em fogo brando por 45 minutos, mexendo de vez em quando. Fique de olho no fogo porque a água pode entrar em ebulição intensa. Nesse caso, reduza a chama até o mínimo.

Quando o seitan estiver pronto, você pode deixá-lo esfriar no caldo ou usá-lo imediatamente. Depois que esfriar, leve-o à geladeira mergulhado no caldo em recipiente hermeticamente fechado. Dura até 5 dias na geladeira.

SEITAN DE GRÃO-DE-BICO

rendimento: 4 peças · tempo total: 50 minutos · tempo de preparo: 10 minutos

Chegou! Este seitan de grão-de-bico é uma excelente opção para substituir frango. Eu adoro. Ele é totalmente cozido no vapor. Seu preparo, muito fácil, lembra o da linguiça vegana, mas aqui o seitan é cozido em trouxinhas. Você pode cortar em tiras compridas ou grelhar para servir com salada Caesar. Se não tiver sálvia em pó, pode usar a versão desidratada. Esfregue-a nos dedos para deixá-la bem fina. Recomendo comprar a sálvia em pó, mesmo que seja para usar apenas nesta receita. Mas juro que você vai prepará-la sempre! Se você tiver em casa um caldo saboroso e bem salgadinho, saiba que é a melhor opção para fazer este seitan.

1 xícara (280 g) de grão-de-bico cozido e escorrido
1 xícara de caldo de legumes forte e salgado
1 colher (sopa) de azeite
3 colheres (sopa) de molho de soja
1 1/3 de xícara de farinha de glúten
1/3 de xícara de levedura nutricional
2 colheres (chá) de cebola em pó
1 colher (chá) de alho granulado
1 colher (chá) de sálvia seca em pó
1/2 colher (chá) de sal
várias pitadas de pimenta-do-reino moída na hora

Antes de misturar os ingredientes, separe a panela para cozimento a vapor, levando a água para ferver. O resto da receita acontece bem rápido.

Deixe separadas 4 folhas quadradas de papel-alumínio. Numa tigela grande, amasse o grão-de-bico até não sobrar nenhum inteiro. Junte o caldo de legumes, o azeite e o molho de soja. Adicione os demais ingredientes da lista. Misture com um garfo. Em seguida, sove a massa de leve com as mãos.

Divida a massa em 4 porções iguais. Molde cada porção no formato de um hambúrguer de 10 a 12 cm de largura. Coloque cada porção no meio do papel-alumínio e dobre-o, formando uma trouxinha (mas não aperte muito, pois o seitan incha).

Coloque as trouxinhas na panela a vapor e cozinhe por 40 minutos. E só! Você pode tirar do papel e consumir imediatamente ou guardar na geladeira. Sob refrigeração (embrulhado em filme de PVC a vácuo) a sua durabilidade é de até 5 dias. No freezer, dura até 3 meses.

SEITAN GRELHADO

Meu método de preparo preferido para seitan é na grelha, e não precisa ser complicado. As partes mais tostadinhas dão ao seitan um sabor mais intenso e defumado. O cozimento rápido impede o ressecamento, deixando-o suculento. Para grelhar, preaqueça uma bistequeira em fogo médio para alto. Corte o seitan em tiras compridas com cerca de 1 cm de espessura. Disponha as tiras numa tigela, regue com um fio de azeite, salpique com sal e pimenta-do-reino moída na hora e mexa para temperá-las bem. Unte a bistequeira com um pouco de azeite. Grelhe o seitan de 3 a 5 minutos de cada lado, até ele ficar com marquinhas de grelhado. Esse seitan em tirinhas fica ótimo em saladas ou sanduíches (experimente o de homus, abacate, alface, tomate e seitan) ou com purê de batata e molho.

CAFÉ DA MANHÃ, e BRUNCH DELÍCIAS MATINAIS

CAPÍTULO 10

Tofu mexido à moda mediterrânea 252 • Tofu mexido à moda tailandesa 254 • Miniomeletes 255 • Batata com linguiça vegana e chipotle 257 • Mexido de grão-de-bico 258 • Panquecas fofinhas 261 • Panquecas de cenoura 262 • Rabanada de coco 265 • Waffle integral 266 • Muffin integral de mirtilo 269 • Muffin de banana e nozes 270 • Muffin de milho 272 • Bolo de limão e mirtilo 273 • Biscoito de banana e framboesa 275 • Bolo marmorizado de banana 276

MEU CAFÉ DA MANHÃ
de quase todo dia

é uma tigela de aveia, banana, xarope de bordo e nozes. Nem precisa de receita, né? Por isso, neste capítulo trago receitas rápidas de lanches salgados para o café da manhã e outras delícias que podem ajudar a compor um belo brunch. Claro que não podem faltar muffins e pãezinhos: eles marcam presença por aqui também!

TOFU MEXIDO À MODA MEDITERRÂNEA

rendimento: 4 porções · tempo total: 20 minutos · tempo de preparo: 20 minutos

- 400 g de tofu extrafirme
- ¼ de xícara de azeitona kalamata sem caroço picada
- 1 pimentão vermelho assado (em conserva ou caseiro; veja Observações da p. 126)
- 2 colheres (sopa) de suco de limão-siciliano
- 2 colheres (sopa) de levedura nutricional
- ½ colher (chá) de tomilho seco
- 2 colheres (sopa) de manjericão fresco picado
- 2 dentes de alho bem picados
- ¼ de colher (chá) de cúrcuma em pó
- ¼ de colher (chá) de pimenta calabresa (opcional)
- ¼ de colher (chá) de sal
- várias pitadas de pimenta-do-reino moída na hora
- 1 colher (sopa) de azeite

Tirando 10 minutos na véspera para misturar os ingredientes, no dia seguinte você faz tofu mexido em 7 minutos para o café da manhã. Este mexido fica perfeito em sanduíches de pão folha com abacate, homus e alface. Experimente também com bagel. E, claro, você pode guardar um bocadinho para comer com batata assada, como um ser humano civilizado. O mais incrível é a facilidade do preparo. Sim, precisa picar alguns ingredientes, mas nada que não possa ser feito antes de dormir. O resto é facílimo: amasse o tofu com as mãos mesmo e junte os ingredientes que vão temperá-lo à noite. De manhã você refoga tudo rapidinho, e pronto.

Claro, nada impede que você prepare e coma o lanche logo numa tacada. Nesse caso, nem precisa deixar descansar à noite.

Esfarele o tofu dentro de uma tigela. Amasse-o com as mãos até deixá-lo em pedaços bem pequenos, mas não deixe formar uma pasta. Adicione os ingredientes restantes (exceto o azeite). Misture bem com as mãos. Cubra com filme de PVC e deixe uma noite na geladeira.

De manhã, preaqueça uma frigideira grande e de fundo grosso em fogo médio para alto. Despeje o azeite. Cozinhe o tofu de 5 a 7 minutos, mexendo de vez em quando, até esquentar e ficar ligeiramente dourado. Sirva.

TOFU MEXIDO À MODA TAILANDESA

rendimento: 4 porções · tempo total: 20 minutos · tempo de preparo: 20 minutos

- 400 g de tofu extrafirme
- 2 colheres (sopa) de suco de limão-taiti
- 1 colher (sopa) de pasta de curry vermelho tailandês (ou a gosto)
- ½ xícara de shiitake cortado bem fino
- ½ xícara de cebolinha bem picada
- 2 colheres (sopa) de panko
- ½ colher (chá) de tomilho seco
- 2 colheres (sopa) de manjericão fresco picado (comum ou tailandês)
- 2 colheres (sopa) de coentro fresco picado
- 2 dentes de alho bem picados
- 2 colheres (chá) de gengibre fresco bem picado
- ¼ de colher (chá) de cúrcuma em pó
- ¼ de colher (chá) de pimenta calabresa (opcional)
- 1 colher (sopa) de molho tamari ou de soja
- 1 colher (sopa) de azeite

Este mexido também pode ser iniciado de véspera. Neste caso, faremos uma rápida parada na Tailândia via (como sempre) Brooklyn. O panko ajuda a absorver bem o sabor, mas quem segue uma alimentação sem glúten pode fazer a receita sem ele. Como há variação entre as marcas de pasta de curry vermelho, comece com 1 colher (sopa). Se achar que precisa de mais curry, misture 1 colher (chá) com 1 colher (sopa) de água e adicione ao final do preparo. Este mexido fica ótimo no pão folha com abacate e broto de feijão!

Esfarele o tofu dentro de uma tigela. Amasse-o com as mãos até deixá-lo em pedaços bem pequenos, mas não deixe formar uma pasta. Numa xícara ou ramequim, misture o suco de limão com a pasta de curry para dissolvê-la. Junte essa mistura ao tofu. Adicione os ingredientes restantes (exceto o azeite). Misture bem com as mãos. Cubra com filme de PVC e deixe uma noite na geladeira.

De manhã, preaqueça uma frigideira grande e de fundo grosso em fogo médio para alto. Despeje o azeite. Deixe o tofu cozinhar de 5 a 7 minutos, mexendo de vez em quando, até esquentar e ficar ligeiramente dourado. Confira o tempero e sirva.

MINIOMELETES

rendimento: 12 miniomeletes · tempo total: 45 minutos · tempo de preparo: 10 minutos

Você já deve conhecer a minha receita de omelete — ela está no meu site há anos. Mas você já deve ter pensado: "Quero fazer omeletes de tofu, mas não quero ter que fazer um a um na frigideira, não, quero resolver tudo de uma vez. E quero continuar fazendo as minhas coisas enquanto eles cozinham, então ia ser irado se desse para fazer no forno. E eles podem ser pequeninhos para eu poder comer com pão no café. E o processo todo poderia ser uma belezura". Viu? Esta receita é para você! Basta bater os ingredientes no processador, distribuir a massa na fôrma de muffins e levar ao forno. O resultado são omeletinhos pequenos e perfeitos para usar em sanduíches, abrir e rechear como um sanduíche, ou para acompanhar batatas no brunch. Deixo uns prontos na geladeira para beliscar. Adoro comê-los frios também.

- 2 dentes de alho descascados
- 400 g de tofu macio
- ½ xícara de água
- 2 colheres (sopa) de levedura nutricional
- 1 colher (sopa) de azeite
- ½ colher (chá) de cúrcuma em pó
- 1 colher (chá) de sal
- ½ xícara de farinha de grão-de-bico
- 1 colher (sopa) de araruta ou amido de milho orgânico

Preaqueça o forno a 180 °C.

Pique o alho no processador. Junte o tofu, a água, a levedura nutricional, o azeite, a cúrcuma e o sal. Bata até formar um purê bem liso. Adicione a farinha de grão-de-bico e a araruta e bata novamente por 10 segundos, até o purê ficar homogêneo. Raspe o copo do aparelho para incorporar bem os ingredientes.

Pincele levemente com óleo uma fôrma para muffins de 12 cavidades. Distribua a massa em cada abertura até mais ou menos metade. Leve para assar por 25 minutos ou até as bordas desgrudarem um pouco da fôrma e a parte de cima ficar firme ao toque.

Para obter um bom resultado, deixe os omeletinhos descansarem por, no mínimo, 10 minutos. Vire a fôrma de muffins sobre a grade de resfriamento e bom apetite! Os omeletinhos também ficam ótimos em temperatura ambiente.

Batata com linguiça vegana e chipotle

rendimento: 4 porções · tempo total: 45 minutos · tempo de preparo: 20 minutos

Este prato é bem interessante por vários motivos: é feito numa frigideira só, tem texturas variadas e é fácil. Fica bom com qualquer tempero que você tiver à mão. Nesta receita usei duas coisas que eu adoro no brunch: chipotle e curry, além de outros ingredientes tradicionais de café da manhã inglês: batata-inglesa, linguiça (está certo, linguiça vegana não é tão tradicional, mas você entendeu) e cebola. Este prato tem sabores defumados e picantes, e o suco de limão dá um toque fresco e vibrante à preparação. Também gosto dele no jantar. Sirva-o na hora que quiser!

Geralmente este prato de batata e linguiça é servido com um ovo poché por cima. E quer saber? Eu entendo totalmente. Como ele tende a ser seco, servi-lo com algo untuoso, úmido e gostoso cai superbem. Neste caso, sirvo o prato com molho de tahine e abacate picado. Eles dão um toque cremoso e um bom contraste de sabores. E o molho é superfácil de fazer. Também gosto de servi-lo com couve cozida. Na verdade, sirvo quase tudo com couve cozida: além de ela absorver bem o molho, tem uma textura que me agrada. Outras boas opções são uma saladinha verde ou simplesmente folhas de espinafre cru.

Para a batata com linguiça:
- 2 colheres (sopa) de azeite
- 450 g de batata-inglesa picada em pedaços de 1 cm
- ½ colher (chá) de sal
- 1 cebola pequena bem picada
- 2 linguiças veganas (industrializadas ou caseiras; p. 245) cortadas em meias-luas
- ¼ de xícara de coentro fresco picado
- 1 colher (chá) de orégano seco
- 1 colher (chá) de curry suave em pó
- ⅓ de xícara de pimenta chipotle em conserva (sem sementes) bem picada
- 2 colheres (sopa) de suco de limão-taiti

Para o molho de tahine:
- 1 dente de alho descascado
- ¼ de xícara de tahine
- 2 colheres (sopa) de levedura nutricional
- 2 colheres (sopa) de missô claro
- ½ a ¾ de xícara de água

Para acompanhar:
- 1 abacate maduro, sem caroço, descascado e picado em cubinhos
- coentro ou cebolinha frescos picados

PREPARE A BATATA COM LINGUIÇA:

Preaqueça uma frigideira grande em fogo médio. Adicione 1 colher (sopa) de azeite. Refogue as batatas no azeite com o sal por cerca de 12 minutos com a frigideira tampada. Mexa as batatas dando pequenos intervalos. A essa altura elas devem estar al dente e ligeiramente douradas. Você pode fazer o molho enquanto as batatas cozinham (veja o modo de fazer abaixo).

Adicione a cebola e 1 colher (sopa) de azeite e refogue por mais 5 minutos, mexendo sempre, até a cebola amolecer (não precisa mais tampar a frigideira).

Junte a linguiça, o coentro, o orégano e o curry. Deixe aquecer por mais 2 minutos para dourar e cozinhar um pouco mais. Adicione a pimenta chipotle e cozinhe para a batata pegar bem o sabor e ficar macia. Junte o suco de limão e confira o tempero.

PREPARE O MOLHO:

Leve todos os ingredientes ao liquidificador ou processador e bata até formar um purê liso. Comece com ½ xícara de água e veja se precisa adicionar mais. Deixe na geladeira até a hora de usar.

Use o molho para regar a batata com linguiça. Sirva com abacate e coentro picados.

OBSERVAÇÕES:

- Vale a pena picar as batatas em pedaços bem pequenos. Assim elas cozinham mais rápido e se misturam bem com os demais ingredientes.
- Se for usar a linguiça vegana caseira, bastam 2 unidades. Se for usar a versão industrializada, recomendo que use 3 unidades por elas serem menores.
- Eu me esforço ao máximo para retirar as sementes da pimenta chipotle. Assim, o prato ganha um toque defumado sem ficar muito picante. Mesmo com essa medida o prato fica picante, mas se você for fraco para pimenta, comece com metade da quantidade de pimenta chipotle e ajuste a gosto.

Café da manhã, brunch e delícias matinais

MEXIDO DE GRÃO-DE-BICO

rendimento: 4 porções · tempo total: 20 minutos · tempo de preparo: 20 minutos

- 2 colheres (sopa) de azeite
- 1 cebola roxa média cortada em quatro e picada fino
- ½ colher (chá) de sal, mais uma pitada
- 3 xícaras (420 g) de grão-de-bico cozido e escorrido
- ½ colher (chá) de cúrcuma em pó
- várias pitadas de pimenta-do-reino moída na hora
- 3 dentes de alho bem picados
- 3 colheres (sopa) de endro fresco picado, mais um pouco para decorar
- 2 colheres (sopa) de suco de limão-siciliano

Porque tem vezes que nem amassar o tofu a gente quer, né? Este prato é simples, mas maravilhoso. Leva grão-de-bico ao alho com cebola caramelizada, endro fresco e limão, ingredientes perfeitos para um belo café da manhã. Adoro comê-lo com batata, pãozinho, um bom molho ou simplesmente na torrada com tomate e abacate. Se a ideia é caprichar, recomendo também o Molho de missô com tahine (p. 200).

A textura é importante nesta receita, então preste atenção: amasse o grão-de-bico, mas preserve alguns pedacinhos inteiros. Não é para deixar em ponto de homus. Em termos matemáticos, diria que 25% do grão-de-bico deve ser bem amassado para os temperos terem onde aderir. Os 75% restantes podem ficar só ligeiramente amassados.

Preaqueça uma frigideira grande em fogo baixo. Adicione 2 colheres (sopa) de azeite. Refogue a cebola no azeite com uma pitadinha de sal por cerca de 7 minutos, até ficar dourada. Adicione o grão-de-bico e misture até esquentar. Use um amassador de batata ou garfo para amassar parte do grão-de-bico, somente até sobrarem alguns inteiros (veja a descrição acima).

Junte 1 colher (sopa) do azeite e refogue o grão-de-bico por mais 7 minutos, mexendo apenas de vez em quando. A ideia é deixá-lo com algumas partes tostadinhas. Adicione o sal restante, a cúrcuma e a pimenta-do-reino, junto com 1 ou 2 colheres (sopa) de água para evitar que a mistura resseque muito. Mexa bem.

Passe o grão-de-bico para a borda da frigideira. Na parte vazia, refogue o alho em 1 colher (chá) de azeite por apenas 15 segundos. Junte o grão-de-bico ao alho, adicione o endro e o suco de limão.

A essa altura o mexido já deverá estar pronto, mas, se for preciso, adicione mais algumas colheradas de água se achar que ficou muito ressecado. Confira o tempero e sirva. Sirva com mais endro, se preferir.

PANQUECAS FOFINHAS

rendimento: 6 panquecas · tempo total: 30 minutos · tempo de preparo: 20 minutos

Criei estas panquecas inspirada no filme *Eu, meu irmão e nossa namorada*. Sinceramente, não me lembro tanto do filme em si, mas uma coisa me marcou: a cena da panqueca. Nela, Juliette Binoche virava panquecas lindas e douradas numa chapa. Acho que a personagem estava aborrecida na cena, mas eu só conseguia prestar atenção nas panquecas fofíssimas e perfeitamente douradas, alinhadas como almofadinhas na vitrine de uma joalheria. Não sosseguei testando massa de panqueca até chegar ao resultado perfeito!

Peneire a farinha, o fermento, o sal e o açúcar numa tigela grande. Faça um buraco no meio.

Meça o leite num copo medidor grande ou numa tigela pequena. Adicione o vinagre e a farinha de linhaça. Com um garfo, bata bem os três ingredientes até formar uma espuma. Esse processo leva mais ou menos 1 minuto.

Despeje essa mistura de leite e vinagre no meio dos ingredientes secos. Adicione a água, o óleo de canola e a baunilha. Misture com um garfo até formar uma massa espessa e empelotada. Esse processo leva mais ou menos 1 minuto. Não precisa deixar a massa lisa; basta incorporar os ingredientes.

Preaqueça uma frigideira ou chapa em fogo de médio para baixo enquanto a massa descansa por 10 minutos.

Unte a chapa ou frigideira levemente com óleo. Meça cada panqueca usando 1/3 de xícara da massa. Despeje sobre a chapa ou frigideira. Deixe que as panquecas fritem cerca de 4 minutos até ficarem fofinhas. Ao virar as panquecas, se for preciso, unte a frigideira ou chapa com mais óleo. Deixe que fritem por mais 3 minutos. Elas devem ficar com cerca de 3 cm de espessura e bem douradas. Deixe que descansem numa grade de resfriamento, cobertas por papel-alumínio, até a hora de servir. Para reaquecê-las, leve-as ao forno por 5 minutos, a 150 °C, cobertas por papel-alumínio.

1½ xícara de farinha de trigo
3½ colheres (chá) de fermento químico em pó
1 colher (chá) de sal
2 colheres (sopa) de açúcar cristal orgânico
1 xícara de leite de amêndoa (ou o leite vegetal de sua preferência)
2 colheres (chá) de vinagre de maçã
1 colher (sopa) de farinha de linhaça
½ xícara de água
3 colheres (sopa) de óleo de canola
½ colher (chá) de extrato de baunilha

OBSERVAÇÕES:

- Não faça a receita na batedeira. A massa muito batida tende a ficar pesada. Eu misturo só com um garfo.
- Deixe a massa descansar por cerca de 10 minutos antes de levá-la ao fogo. O vinagre e a panqueca precisam de um tempo para reagir, e o glúten precisa descansar e assentar.
- Não faça muitas panquecas de cada vez. Mesmo usando a frigideira grande, não faço mais que 2 panquecas a cada leva. Se você tiver uma chapa grande para panqueca, use! (Só para constar: eu não tenho.)
- Não use óleo demais na frigideira ou chapa, senão a parte de fora fica dura. O ideal é usar uma camada fina de óleo. Uma excelente opção é borrifar óleo de canola.
- Preaqueça a frigideira por 10 minutos. Preaqueço a minha, que é de ferro fundido, em fogo médio para baixo, mas ajuste conforme necessário. Lembre-se de que os ajustes de temperatura variam de fogão para fogão. Abaixe ou aumente o fogo conforme a necessidade. Mesmo virando só um pouco o botão, a chama pode mudar drasticamente.
- Use um copo medidor (de preferência com fundo arredondado) para retirar a massa em quantidades iguais. Unte-o com óleo para evitar que a massa grude nele.

Café da manhã, brunch e delícias matinais

PANQUECAS DE CENOURA

rendimento: 6 panquecas · tempo total: 30 minutos · tempo de preparo: 20 minutos

- 2 colheres (sopa) de farinha de linhaça
- 1 xícara de leite de amêndoa (ou o leite vegetal de sua preferência)
- 1 colher (chá) de vinagre de maçã
- ¼ de xícara de água
- ¼ de xícara de xarope de bordo, mais um pouco para servir
- 2 colheres (sopa) de óleo de canola
- 1 colher (chá) de extrato de baunilha
- 1¼ xícara de farinha de trigo
- 2 colheres (chá) de fermento químico em pó
- ½ colher (chá) de sal
- 1 colher (chá) de canela em pó
- ½ colher (chá) de gengibre em pó
- ½ colher (chá) de noz-moscada ralada
- ¼ de colher (chá) de pimenta-da-jamaica em pó
- 1 xícara de cenoura descascada e ralada (cerca de 200 g; veja Observação)

OBSERVAÇÃO:

Uma dica sobre a cenoura: ela deve ser ralada bem finamente. Como o tempo de cozimento das panquecas é curto, quanto mais fininha a cenoura estiver, melhor. Se não gostar de ralar a cenoura à mão, use a lâmina de ralo fino do processador. Retire a lâmina de ralar e coloque a lâmina normal de corte. Bata no modo pulsar até a cenoura ficar bem picadinha (sem deixar virar purê!).

Sabe quando bate aquela vontade de comer bolo de cenoura, mas ainda está muito cedo para ceder ao capricho? Panqueca de cenoura no comando! Inspirada na receita de bolo de cenoura, ela fica bem molhadinha e com sabor de especiarias. Se gostar, você também pode usar nozes ou nozes-pecãs (½ xícara).

Junte a farinha de linhaça com o leite numa tigelinha e misture com um garfo por cerca de 1 minuto. Adicione o vinagre, a água, o xarope de bordo, o óleo e a baunilha. Mexa bem.

Peneire a farinha, o fermento, o sal, a canela, o gengibre, a noz-moscada e a pimenta-da-jamaica numa tigela grande. Faça um buraco no meio e junte os ingredientes líquidos. Mexa com uma colher de pau somente até misturar os ingredientes. Incorpore a cenoura ralada e deixe a massa descansar por cerca de 10 minutos.

Preaqueça uma chapa ou frigideira grande antiaderente em fogo médio. Unte a chapa ou frigideira levemente com óleo. Use ⅓ de xícara de massa para cada panqueca. Frite por cerca de 4 minutos (ou até a parte de cima aparentar estar quase cozida), vire-a e frite por mais 4 minutos, até ficar levemente dourada.

Deixe-as empilhadas num prato, cobertas por papel-alumínio, até a hora de servir. Sirva com xarope de bordo.

RABANADA DE COCO

rendimento: 6 rabanadas · tempo total: 25 minutos · tempo de preparo: 25 minutos

Esta rabanada é para quem adora coco tostado. É uma delícia, e muito fácil de fazer. Sirva com os acompanhamentos tradicionais de rabanada, como xarope de bordo e banana. Se quiser seguir uma linha tropical, sirva com melado e manga, por exemplo. Outra combinação espetacular é rabanada com mirtilo. Use o seu pão de fôrma preferido. Gosto de usar pão de sete grãos, mas o integral, de fermentação natural ou até mesmo branco também ficam bons. É fundamental usar uma espátula metálica bem fina para conseguir virar a rabanada sem tirar a cobertura de coco. É boa demais para desperdiçar!

- ¼ de xícara de farinha de trigo
- 1 colher (sopa) de amido de milho orgânico
- ⅛ de colher (chá) de sal
- 1 xícara de leite de amêndoa (ou o leite vegetal de sua preferência)
- 1 colher (chá) de extrato de coco ou de baunilha
- ¾ de xícara de coco ralado sem açúcar
- 6 fatias de pão de fôrma de sua preferência
- óleo de coco, para usar na frigideira

Preaqueça uma chapa ou frigideira grande antiaderente em fogo médio.

Numa tigela grande, misture a farinha, o amido e o sal. Adicione o leite e misture até formar uma massa relativamente lisa. Junte o extrato de coco ou de baunilha.

Espalhe o coco ralado num prato grande. Mergulhe as fatias de pão na massa e deixe o excesso pingar. Empane as fatias de pão no coco.

Quando a frigideira estiver bem quente, cubra com uma camada fina de óleo de coco — cerca de 1 colher (sopa), espalhando bem. Deixe o pão empanado fritar 4 minutos de cada lado, até ficar dourado e tostadinho. Use mais óleo ao virar a rabanada. Sirva quente.

Café da manhã, brunch e delícias matinais

WAFFLE INTEGRAL

rendimento: 8 waffles de 15 cm · tempo total: 45 minutos · tempo de preparo: 45 minutos

- 2 xícaras de leite de amêndoa (ou o leite vegetal de sua preferência)
- 1 colher (sopa) de vinagre de maçã
- 1¾ xícara de farinha de trigo integral (pode substituir por farinha branca)
- 1 colher (sopa) de fermento em pó
- ½ colher (chá) de sal
- 2 colheres (sopa) de farinha de linhaça
- ½ xícara de água
- 3 colheres (sopa) de azeite
- 3 colheres (sopa) de xarope de bordo
- 1 colher (chá) de extrato de baunilha
- ½ xícara de aveia em flocos finos
- ¼ de xícara de gérmen de trigo

OBSERVAÇÃO:
Se você não costuma ter gérmen de trigo em casa, pode substituir a quantidade da receita por mais ¼ de xícara de aveia em flocos finos.

VARIAÇÃO:
Adicione 1 xícara de mirtilo fresco à massa (como aparece na foto).

Sim, há o momento e o lugar certos para waffle doce, e sejamos francos: terça de manhã não é o melhor dia. Os waffles desta receita ficam um pecado com frutas vermelhas e xarope de bordo. Mas a massa — com linhaça, aveia, gérmen de trigo e farinha integral — vai fazer você se sentir um anjinho!

Você pode (e deve) congelá-los. Na hora de comer, é só esquentar na torradeira. É importante deixar que esfriem antes de congelar. Corte-os num tamanho que caiba na torradeira. Coloque-os num saquinho próprio para congelar a vácuo e conserve no freezer por até 1 mês. Na torradeira comum, ficam prontos em 4 minutos.

Misture o leite e o vinagre de maçã numa tigela média. Reserve para o leite talhar.

Numa tigela grande, misture a farinha de trigo, o fermento e o sal.

Junte a farinha de linhaça ao leite e misture rápido, de 30 segundos a 1 minuto, até formar espuma. Adicione essa mistura à farinha junto com a água, o azeite, o xarope de bordo e a baunilha. Mexa com uma colher de pau somente até os ingredientes se misturarem. Em seguida, junte a aveia e o gérmen de trigo.

Preaqueça a máquina de waffle enquanto a massa descansa. Asse os waffles conforme as instruções da máquina, untando o aparelho com óleo entre uma leva e outra. Sirva com frutas vermelhas e xarope de bordo.

MUFFIN INTEGRAL DE MIRTILO

rendimento: 12 muffins · tempo total: 40 minutos · tempo de preparo: 10 minutos

Este é o meu tipo preferido de muffin: massa gostosa, com um recheio docinho e suculento de frutas. Costumo usar apenas o extrato de bordo em vez de uma quantidade grande do xarope. A ideia é deixar a receita mais econômica, já que o xarope de bordo é caro. Além disso, não contribui muito em sabor, que quase some na preparação. O extrato funciona superbem e rende bastante. É também um bom ingrediente para se ter à mão para comer com aveia, por isso recomendo o investimento. Se você não encontrar, não tem problema, aumente a quantidade do extrato de baunilha.

- óleo para borrifar
- 1 xícara de leite de amêndoa (ou o leite vegetal de sua preferência)
- 1 colher (sopa) de vinagre de maçã
- 1½ xícara de farelo de trigo
- 1 xícara de farinha de trigo branca ou integral
- ½ xícara de açúcar cristal orgânico
- 1½ colher (chá) de fermento químico em pó
- ½ colher (chá) de bicarbonato de sódio
- ½ colher (chá) de sal
- ¼ de xícara de óleo de canola
- ¼ de xícara de purê de maçã sem açúcar
- 2 colheres (sopa) de melado claro
- 1 colher (sopa) de extrato de bordo
- 1 colher (chá) de extrato de baunilha
- 1 xícara de mirtilo (fresco ou congelado)

Preaqueça o forno a 180 °C. Unte levemente com óleo uma fôrma para muffins com 12 cavidades.

Misture o leite e o vinagre numa tigela média. Reserve para deixar talhar.

Em outra tigela média, misture o farelo de trigo, a farinha, o açúcar, o fermento, o bicarbonato de sódio e o sal. Faça um buraco no meio. Dentro dele, despeje o leite talhado, o óleo, o purê de maçã, o melado, o extrato de bordo e a baunilha. Misture os ingredientes líquidos dentro dessa cavidade, depois incorpore-os aos ingredientes secos até umedecê-los. Cuidado para não misturar demais. Incorpore o mirtilo.

Preencha cada cavidade da fôrma com a massa quase até a borda. Leve para assar de 22 a 28 minutos. Se o mirtilo for congelado, deixe mais tempo no forno. Os muffins devem ficar firmes ao toque na parte de cima. O teste do palito não necessariamente deve funcionar, já que o mirtilo é úmido, mas se você enfiar um palito (ou faca), este deve sair limpo.

Retire do forno. Quando os muffins já tiverem esfriado um pouco (geralmente em 10 minutos) passe-os para uma grade para terminar de esfriar.

OBSERVAÇÃO:

Se você fizer na fôrma de 12 muffins, a massa vai crescer até um pouco depois da borda. Se quiser fazer muffins maiores, use uma fôrma para dez unidades. A massa vai chegar bem perto da borda, mas tudo bem.

MUFFIN DE BANANA E NOZES

rendimento: 12 muffins · tempo total: 40 minutos · tempo de preparo: 10 minutos

- óleo para untar
- 3 bananas grandes bem maduras
- 1/4 de xícara de leite de amêndoa (ou o leite vegetal de sua preferência)
- 1/4 de xícara de purê de maçã sem açúcar
- 2 colheres (sopa) de óleo de coco derretido ou de canola
- 1 colher (sopa) de farinha de linhaça
- 1 colher (chá) de extrato de baunilha
- 1 1/2 xícara de farinha de trigo branca ou integral
- 1 colher (chá) de bicarbonato de sódio
- 1 colher (chá) de fermento químico em pó
- 1/2 colher (chá) de sal
- 1/2 colher (chá) de canela em pó
- 1/4 de colher (chá) de pimenta-da-jamaica em pó
- 1/2 xícara de açúcar cristal orgânico
- 3/4 de xícara de nozes-pecãs picadas
- 3/4 de xícara de nozes picadas

Acho que esta é a receita de muffin que mais faço, pois sempre tenho banana em diversos níveis de maturação. Bom, o fato de fazê-la sempre já é propaganda suficiente, porque fora isso não tenho muito mais o que dizer: é um excelente muffin de banana! Além de não ser tão doce, leva pouco óleo. Esta versão é incrementada com a dose certa de nozes (ou seja: muitas). Gosto de fazer com uma mistura de nozes comuns e pecãs, mas é claro que você pode usar um tipo só também. Outras variações interessantes: use 1 xícara de frutas vermelhas da época; se quiser algo mais doce, substitua 1/2 xícara das nozes por gotas de chocolate.

Preaqueça o forno a 190 °C. Unte levemente com óleo uma fôrma para muffins com 12 cavidades.

Numa tigela grande, amasse as bananas até formar um purê, deixando apenas alguns pedaços inteiros. Adicione o leite, o purê de maçã, o óleo, a farinha de linhaça e a baunilha. Misture rápido com um garfo.

Junte a farinha de trigo, o bicarbonato de sódio, o fermento, o sal, a canela e a pimenta-da-jamaica, todos peneirados. Em seguida, acrescente o açúcar. Junte os ingredientes líquidos com os secos, tomando cuidado para não misturar demais. Incorpore as nozes.

Preencha cada cavidade da fôrma com a massa quase até a borda. Leve para assar de 18 a 20 minutos. A parte de cima de cada muffin deve ficar ligeiramente dourada, e no teste do palito, este deve sair limpo (às vezes ele sai molhado se pegar um pedaço de banana).

Retire do forno. Quando os muffins já tiverem esfriado um pouco (geralmente em 10 minutos), passe-os para uma grade para terminar de esfriar.

MUFFIN DE MILHO

rendimento: 12 muffins · tempo total: 40 minutos · tempo de preparo: 10 minutos

óleo para borrifar

1 xícara de leite de amêndoa (ou o leite vegetal de sua preferência)

2 colheres (chá) de vinagre de maçã

1 xícara de farinha de trigo branca ou integral

1 xícara de fubá ou farinha de milho fina

1/3 de xícara de açúcar cristal orgânico

2 colheres (chá) de fermento químico em pó

1/2 colher (chá) de bicarbonato de sódio

1/2 colher (chá) de sal

2 colheres (sopa) de óleo de coco derretido

2 colheres (sopa) de purê de maçã sem açúcar

1 xícara de milho-verde (se for o congelado, descongele antes de usar)

Para mim, este é o muffin de milho mais perfeito que há, excelente opção para o café da manhã ou para acompanhar um bom prato de chili. Ele fica douradinho e não muito doce, com sabor pronunciado de milho e um toque crocante, graças aos grãos de milho que entram na massa. Como sempre, o milho fresco direto da espiga é a melhor opção, mas o congelado também funciona bem. Só não se esqueça de descongelá-lo antes de usar.

Se quiser fazer muffin de milho e frutas, use 1 colher (chá) de extrato de baunilha e 1 colher (chá) de raspas de limão-siciliano junto com os ingredientes líquidos. Em seguida, incorpore 1 xícara de frutas vermelhas à massa.

Preaqueça o forno a 180 °C. Unte levemente com óleo uma fôrma para muffins com 12 cavidades.

Misture o leite e o vinagre de maçã numa tigela média. Reserve para deixar talhar.

Em outra tigela média, misture a farinha, o fubá, o açúcar, o fermento, o bicarbonato de sódio e o sal. Faça um buraco no meio. Dentro dele, despeje o leite talhado, o óleo de coco e o purê de maçã. Misture os ingredientes líquidos dentro dessa cavidade, depois incorpore-os aos ingredientes secos até umedecê-los. Cuidado para não misturar demais. Misture os grãos de milho-verde.

Preencha cada cavidade da fôrma com a massa quase até a borda. Leve para assar de 18 a 22 minutos. Os muffins devem ficar firmes ao toque na parte de cima. Faça um teste furando com uma faca, cuja ponta deve sair limpa.

Retire do forno. Quando os muffins já tiverem esfriado um pouco (geralmente em 10 minutos), passe-os para uma grade para terminar de esfriar.

BOLO DE LIMÃO E MIRTILO

rendimento: 1 bolo de 20 cm · tempo total: 1h10 · tempo de preparo: 15 minutos

Desanimado de ligar o forno no calor de verão? Este bolo, com mirtilo e cobertura de limão, é um ótimo motivo. Fica perfeito! Se quiser um sabor azedinho mais pronunciado, faça a cobertura opcional de limão, mas mesmo sem ela fica uma delícia também.

Preaqueça o forno a 180 °C. Unte de leve uma fôrma de bolo inglês de 10 x 20 cm.

Numa tigela grande, misture o leite, o suco e as raspas de limão. Junte o óleo, o purê de maçã e o açúcar. Mexa vigorosamente e adicione a baunilha.

Peneire sobre a mistura a farinha, o fermento e o sal. Mexa até formar uma massa homogênea e espessa. Incorpore os mirtilos à massa. Transfira para a fôrma untada com uma espátula de borracha.

Leve para assar de 50 minutos a 1 hora. A parte de cima do bolo deve ficar ligeiramente dourada e firme ao toque. Teste o ponto do bolo furando com uma faca, cuja ponta deve sair limpa.

Deixe esfriar um pouco na fôrma, por cerca de 15 minutos. Em seguida, passe para uma grade de resfriamento para que o bolo esfrie por completo, o que pode levar mais ou menos 1 hora.

PREPARE A COBERTURA:

Misture os ingredientes numa tigela média até ficarem homogêneos. A consistência deve ficar grossa, mas mole o suficiente para ser despejada sobre o bolo. Coloque a grade com o bolo na pia e despeje a cobertura (o excesso vai pingar na pia). Deixe a cobertura endurecer em local fresco. Corte o bolo e sirva.

½ xícara de leite de amêndoa (ou o leite vegetal de sua preferência)
3 colheres (sopa) de suco de limão-siciliano
1 colher (sopa) de raspas de limão-siciliano
¼ de xícara de óleo de canola
2 colheres (sopa) de purê de maçã sem açúcar
¾ de xícara de açúcar cristal orgânico
1 colher (chá) de extrato de baunilha
2 xícaras de farinha de trigo
2½ colheres (chá) de fermento químico em pó
½ colher (chá) de sal
1 xícara de mirtilo (fresco ou congelado; veja Observação)

Para a cobertura (opcional):
½ xícara de açúcar de confeiteiro peneirado
2 colheres (sopa) de suco de limão-siciliano
¼ colher (chá) de extrato de baunilha

OBSERVAÇÃO:

Se usar mirtilo congelado, o tempo de forno deve ser mais prolongado. Se conseguir encontrar, recomendo que use mirtilos menores, que aguentam melhor dentro do forno.

Café da manhã, brunch e delícias matinais   273

BISCOITO DE BANANA E FRAMBOESA

rendimento: 12 biscoitos · tempo total: 40 minutos · tempo de preparo: 15 minutos

Estes biscoitos ficam grandes e bonitos, e as framboesas parecem lindos rubis. O óleo de coco dá uma textura de biscoito amanteigado, e a banana, um toque adocicado. Use bananas bem maduras e amasse-as quase em ponto de purê, sem pedaços grandes. As framboesas não são misturadas à massa, mas apertadas por cima de cada biscoito, preservando o miolo crocante e deixando os biscoitos lindinhos.

2 bananas médias e bem maduras
¾ de xícara de leite vegetal
1 colher (chá) de extrato de baunilha
3 xícaras de farinha de trigo
2 colheres (sopa) de fermento químico em pó
½ xícara de açúcar cristal orgânico
½ colher (chá) de sal
½ xícara de óleo de coco frio (em estado sólido)
1 xícara de framboesas frescas
açúcar demerara para polvilhar (opcional)

Preaqueça o forno a 200 °C. Forre uma assadeira grande e baixa com papel-manteiga.

Com um amassador ou um garfo, amasse as bananas numa tigelinha até formar um purê liso e sem pedaços grandes. Misture o leite e a baunilha. Reserve.

Numa tigela grande, peneire a farinha e o fermento. Junte o açúcar e o sal.

Adicione o óleo de coco em pedaços pequenos. Incorpore-o à farinha com duas facas, até formar uma farofinha. Adicione a mistura de banana e leite. Sove levemente com as mãos até formar uma massa homogênea, mas tome cuidado para não misturar muito. A massa deve ficar bem dura.

Disponha as porções de massa na assadeira medindo cada biscoito com um copo medidor de ½ xícara. Espalhe as framboesas por cima de cada um, apertando-as de leve para fixar. Polvilhe com o açúcar demerara (se for usá-lo).

Leve para assar por 18 minutos, até a parte de baixo dourar. Deixe esfriarem totalmente em cima de uma grade de resfriamento.

Bolo Marmorizado de Banana

rendimento: 1 bolo de 20 cm · tempo total: 1h10 · tempo de preparo: 15 minutos

- 1 xícara de banana madura bem amassada (3 bananas médias)
- 3/4 de xícara de açúcar cristal orgânico
- 2 colheres (sopa) de óleo de canola
- 1/3 de xícara de leite de amêndoa (ou o leite vegetal de sua preferência)
- 1 colher (chá) de extrato de baunilha
- 1 1/2 xícara de farinha de trigo
- 3/4 de colher (chá) de bicarbonato de sódio
- 3/4 de colher (chá) de sal
- 3 colheres (sopa) de cacau em pó sem adição de açúcar
- 6 colheres (sopa) de água fervente

Esta é uma daquelas receitas que me fazem lembrar da época em que babava de olho na vitrine da doceria judaica do bairro. Doces marmorizados me fascinam desde menina. Até hoje fico um tanto admirada, me perguntando como conseguem fazer. As espirais de chocolate causam um impacto e tanto!

Dá um pouco de trabalho e suja mais de uma tigela, mas não acha que vale a pena relembrar o fascínio infantil? Este bolo tem sabor marcante de banana e não fica muito doce. A casquinha tende a ficar um pouco dura depois de assada, mas se você guardar o bolo num pote ou saquinho plástico em temperatura ambiente, ele fica bem molhadinho. Enfim, é uma delícia dos dois jeitos!

Preaqueça o forno a 180 °C.

Numa tigela grande, misture a banana com o açúcar, o óleo, o leite e a baunilha. Bata até formar uma mistura lisa.

Junte a farinha, o bicarbonato de sódio e o sal. Mexa delicadamente para incorporá-los. Não tem problema deixar pedaços de farinha aparentes. Tome cuidado para não misturar demais a massa.

Retire 1 xícara da massa e passe para uma tigela pequena. Num copo resistente ao calor, misture o cacau em pó com 3 colheres (sopa) de água fervente e mexa rapidamente para dissolver o chocolate. Adicione essa mistura à massa reservada na tigelinha. Mexa até o chocolate ficar bem incorporado à massa.

Agora volte para a massa de banana da tigela maior. Junte a ela 3 colheres (sopa) de água fervente e mexa até a mistura ficar relativamente lisa.

Agora é a parte divertida: vamos marmorizar o bolo! Unte de leve uma fôrma de bolo inglês de 10 x 20 cm. Transfira a massa para a fôrma, alternando 1/2 xícara de cada tipo de massa. Não precisa tentar fazer perfeito. Aliás, quanto mais aleatório, melhor. Quando a fôrma já estiver com toda a massa, use uma faca sem ponta para formar o efeito marmorizado, fazendo movimentos circulares por cerca de 10 segundos.

Asse por 55 minutos. Teste o bolo espetando-o com uma faca: ela talvez saia suja, mas é por causa da banana. Se sair sem massa, é porque o bolo está pronto. Deixe esfriar numa grade de resfriamento e sirva!

SOBREMESAS

Cookie de alecrim com gotas de chocolate 280 • Cookie gigante de aveia e passas 283 • Biscoito com especiarias indianas 284 • Cookie de chocolate, passas e amendoim 287 • Cookie de chocolate com especiarias e gotas de chocolate branco 288 • Cookie de limão da Norah 291 • Barrinha de amendoim e chocolate 293 • Barrinha de coco e tâmara 294 • Bolo de chocolate com ganache 295 • Bolo invertido de abacaxi e especiarias 296 • Bolo de laranja com gotas de chocolate 299 • Bolo de chocolate e abobrinha 300 • Bolinho de chocolate e cereja 302 • Cookie de amêndoas 303 • Pudim de pão e morango 305 • Cobbler de pêssego e framboesa 306

Quem nunca precisou de um DOCINHO

depois de um dia difícil? Claro, você pode matar aquela vontade de adoçar a boca com uma fruta ou um sorvetinho vegano. Só que não é difícil fazer cookies quentinhos ou um lindo bolo que te enche de orgulho. A maioria das receitas deste capítulo segue a máxima "misture e leve para assar". Só precisa ter uma tigela e um garfo (e um forno. E uma fôrma. Bem, você entendeu...). Também trago algumas opções fáceis de glacê para quando você quiser deixar seu bolo ou biscoitinho mais bonitos. Além disso, tentei fazer receitas com ingredientes acessíveis. Ninguém merece se deslocar para onde o vento faz a curva só para matar a vontade de comer cookies, certo?

COOKIE DE ALECRIM COM GOTAS DE CHOCOLATE

rendimento: 24 cookies · tempo total: 30 minutos · tempo de preparo: 15 minutos

- ½ xícara de óleo de coco em estado semissólido (veja Observações)
- 2 colheres (sopa) de alecrim fresco picado
- ⅓ de xícara de açúcar mascavo
- ¼ de xícara de açúcar cristal orgânico
- ¼ de xícara de leite de amêndoa (ou o leite vegetal de sua preferência)
- 1 colher (sopa) de farinha de linhaça (de preferência dourada)
- 2 colheres (chá) de extrato de baunilha
- 1⅓ de xícara de farinha de trigo
- ½ colher (chá) de sal
- ½ colher (chá) de bicarbonato de sódio
- ½ xícara de gotas de chocolate 70% cacau

OBSERVAÇÕES:

- Geralmente uso um garfo para misturar a massa dos cookies deste livro. Sim, demora um pouco mais e dá um certo trabalho braçal bater os óleos e o açúcar até o ponto correto, mas, para mim, ainda é melhor do que apelar para a batedeira. Bom, se você discorda da minha lógica (que nem existe mesmo), use a batedeira!
- Também uso uma colher dosadora de cookies, que na verdade é uma colher pequena para sorvete. Durante anos contei apenas com uma colher de sopa e os olhos para deixar todos os cookies do mesmo tamanho, e nada impede você de fazer o mesmo.
- Use o óleo de coco em ponto de pomada, ou seja, ele não pode estar líquido e transparente, mas levemente liso e cremoso.

A combinação de alecrim com chocolate é uma coisa de outro mundo. Este é o meu cookie preferido de todos os tempos. Será que eu já disse isso de outro cookie? Então eu menti. Os cookies desta receita são amanteigados, dourados, maravilhosos e um tantinho exóticos. Se você ainda não provou a mistura de chocolate com alecrim, prepare-se para cair de amores.

Preaqueça o forno a 180 °C. Unte levemente duas assadeiras grandes.

Numa tigela grande, use um garfo para bater o óleo de coco e o alecrim até formar uma mistura lisa. Adicione os dois tipos de açúcar e bata por mais 1 minuto.

Junte o leite e a farinha de linhaça e bata por mais 30 segundos. Adicione a baunilha.

Misture metade da farinha de trigo com o sal e o bicarbonato de sódio. Mexa bem. Misture o restante da farinha com as gotas de chocolate. Misture até ficar... bem, com aspecto de massa de cookie.

Forme cada cookie (redondo) com 2 colheres (sopa) de massa na assadeira, dando 5 cm de intervalo entre eles. Achate-os levemente com as mãos. Leve para assar por 10 a 12 minutos, até a parte de baixo dos cookies dourar.

Deixe esfriar nas assadeiras por cerca de 3 minutos. Em seguida, passe os cookies para uma grade para terminar de esfriar.

COOKIE GIGANTE DE AVEIA E PASSAS

rendimento: 10 cookies grandes · tempo total: 30 minutos · tempo de preparo: 15 minutos

Estes cookies grandões de aveia lembram os de confeitaria, e levam bastante uva-passa e um toque de canela. São perfeitos para um lanchinho depois da aula. Ou para levar na merenda. Ou para levar para o trabalho. Ou, bem, para qualquer hora.

Preaqueça o forno a 180 °C. Forre duas assadeiras grandes e baixas com papel-manteiga.

Numa tigela grande, use um garfo ou batedor manual para bater rapidamente o óleo, os dois tipos de açúcar, o purê de maçã e a farinha de linhaça. Mexa por cerca de 1 minuto, até formar uma massa homogênea. Adicione a baunilha.

Peneire a farinha de trigo, o bicarbonato de sódio, a canela e o sal, junte-os à massa e misture. Adicione a aveia e a uva-passa. Misture com as mãos.

Transfira a massa para a assadeira, usando cerca de ¼ de xícara para cada cookie. Achate-os levemente com as mãos. Como são duas assadeiras, faça 5 unidades em cada uma. Leve para assar por 12 a 14 minutos, até as bordas ficarem ligeiramente douradas.

Deixe esfriar nas assadeiras por cerca de 5 minutos. Em seguida, passe os cookies para uma grade para terminar de esfriar.

- ¼ de xícara de óleo de canola
- ⅓ de xícara de açúcar mascavo apertado na xícara
- ¼ de xícara de açúcar cristal orgânico
- ¼ de xícara de purê de maçã sem açúcar
- 1 colher (sopa) de farinha de linhaça (de preferência dourada)
- 1 colher (chá) de extrato de baunilha
- ½ xícara de farinha de trigo
- ½ colher (chá) de bicarbonato de sódio
- ½ colher (chá) de canela em pó
- ½ colher (chá) de sal
- 1½ xícara de aveia em flocos
- ¾ de xícara de uva-passa

BISCOITO COM ESPECIARIAS INDIANAS

rendimento: 24 biscoitos · tempo total: 30 minutos · tempo de preparo: 15 minutos

Para a cobertura:
- ¼ de xícara de açúcar cristal orgânico
- ¾ de colher (chá) de cardamomo em pó
- ¼ de colher (chá) de gengibre em pó
- ¼ de colher (chá) de canela em pó
- uma pitada de cravo-da-índia em pó

Para os biscoitos:
- ½ xícara de óleo de canola
- 1 xícara de açúcar cristal orgânico
- ¼ de xícara de xarope de bordo
- 3 colheres (sopa) de leite de amêndoa (ou o leite vegetal de sua preferência)
- 2 colheres (chá) de extrato de baunilha
- 2 xícaras de farinha de trigo
- 1 colher (chá) de bicarbonato de sódio
- ¼ de colher (chá) de sal
- ½ colher (chá) de canela em pó

Esta é uma versão dos tradicionais biscoitos de canela, aqui incrementados com as especiarias do chai indiano: gengibre, cardamomo e um toque de cravo-da-índia. Claro que comer um biscoitinho é sempre muito legal, mas a cobertura crocante e açucarada desta receita deixa a experiência ainda mais divertida.

Preaqueça o forno a 180 °C. Forre duas assadeiras grandes e baixas com papel-manteiga.

PREPARE A COBERTURA:

Misture os ingredientes da cobertura num prato raso. Reserve.

PREPARE OS BISCOITOS:

Numa tigela média, bata vigorosamente com um garfo o óleo, o açúcar, o xarope de bordo e o leite. Bata no mínimo por 1 minuto, até a massa ficar com aspecto de um purê de maçã. Junte a baunilha. Peneire a farinha, o bicarbonato de sódio, o sal e a canela, junte-os à massa e mexa bem. Depois de adicionar todos os ingredientes, misture até formar uma massa maleável. A maneira mais fácil de dar uma boa liga à massa é usando as mãos.

Forme bolinhas de massa do tamanho de nozes. Passe-as na cobertura de especiarias e achate-as. Transfira as bolinhas para as assadeiras com o lado açucarado para cima, dando no mínimo 5 cm de distância entre cada biscoito (eles se espalham um pouco). Vai ser fácil, pois a parte de baixo deles vai grudar nos dedos, então basta você virá-los para colocar na assadeira. Leve para assar por 10 a 12 minutos. Os biscoitos devem ficar um pouco dourados nas bordas.

Deixe esfriar nas assadeiras por cerca de 5 minutos. Em seguida, passe os cookies para uma grade para terminar de esfriar.

COOKIE DE CHOCOLATE, PASSAS E AMENDOIM

rendimento: 24 cookies · tempo total: 30 minutos · tempo de preparo: 15 minutos

Neste cookie de aveia temos a boa e velha combinação de amendoim com uva-passa. E tem chocolate também! Esses biscoitos são perfeitos para os chocólatras. E para quem adora passas. E para quem ama amendoim. E para quem não vive sem um docinho delícia.

Preaqueça o forno a 180 °C. Forre duas assadeiras baixas com papel-manteiga.

Numa tigela grande, bata por 2 minutos o açúcar, o óleo, a farinha de linhaça e o purê de maçã até formar uma mistura homogênea. Adicione a baunilha.

Peneire sobre essa mistura a farinha de trigo, o cacau em pó, o fermento e o sal. Mexa bem e em seguida junte a aveia, as gotas de chocolate, a uva-passa e o amendoim. Misture bem até formar uma massa homogênea.

Disponha a massa na assadeira às colheradas, dando uma distância de 5 cm entre cada cookie. Achate-os de leve com os dedos. Leve para assar por 10 a 12 minutos, até a parte de baixo escurecer um pouco.

Deixe esfriar nas assadeiras por cerca de 5 minutos. Em seguida, passe os cookies para uma grade para terminar de esfriar.

¾ de xícara de açúcar cristal orgânico
¼ de xícara de óleo de canola
1 colher (sopa) de farinha de linhaça
⅓ de xícara de purê de maçã sem açúcar
1 colher (chá) de extrato de baunilha
¾ de xícara de farinha de trigo
⅓ de xícara de cacau em pó sem açúcar
½ colher (chá) de fermento químico em pó
½ colher (chá) de sal
1 xícara de aveia em flocos
½ xícara de gotas de chocolate 70% cacau
½ xícara de uva-passa
½ xícara de amendoim torrado

COOKIE DE CHOCOLATE COM ESPECIARIAS

e gotas de chocolate branco

rendimento: 24 cookies · tempo total: 35 minutos · tempo de preparo: 15 minutos

- ½ xícara de óleo de canola
- ¾ de xícara de açúcar cristal orgânico
- ¼ de xícara de melado
- ¼ de xícara de leite vegetal (de qualquer tipo)
- 1 colher (chá) de extrato de baunilha
- 1 colher (chá) de extrato de chocolate (opcional; se não tiver, use um pouco mais de extrato de baunilha)
- 1⅔ xícara de farinha de trigo
- ⅓ de xícara de cacau em pó sem açúcar
- ½ colher (chá) de bicarbonato de sódio
- ½ colher (chá) de fermento químico em pó
- ¼ de colher (chá) de sal
- 1 colher (sopa) de gengibre em pó
- ¼ de colher (chá) de cravo-da-índia em pó
- ¾ de xícara de gotas de chocolate branco vegano

Adoro usar chocolate de jeitos inusitados! Nesta receita faço isso duas vezes: primeiro com o cacau, que vai na massa de um cookie que tradicionalmente só leva especiarias; segundo, com as gotas de chocolate branco em vez de amargo. O resultado é um cookie delicioso, com sabor de melado e especiarias e o toque sutil das gotas de chocolate. Ok, não é fácil achar chocolate branco vegano. Se não encontrá-lo, a receita também fica ótima com gotas de chocolate 70% cacau!

Preaqueça o forno a 180 °C. Forre duas assadeiras grandes e baixas com papel-manteiga.

Numa tigela média, misture rapidamente com um garfo o óleo, o açúcar, o melado e o leite. Mexa por, no mínimo, 1 minuto, até a massa ficar com cor de caramelo escuro. Junte os extratos de baunilha e de chocolate.

Peneire sobre a mistura acima 1 xícara de farinha, o cacau, o bicarbonato de sódio, o fermento em pó, o sal, o gengibre e o cravo em pó. Misture até formar uma massa homogênea. Adicione as gotas de chocolate e a farinha restante. Misture rapidamente e em seguida amasse com as mãos. A maneira mais fácil de dar boa liga à massa é misturando com as mãos.

Forme bolinhas do tamanho de nozes e achate-as formando disquinhos de 5 cm. Disponha os cookies dando uma distância de 5 cm entre cada um. Leve-os para assar por 10 a 12 minutos, até a parte de baixo escurecer um pouco.

Deixe esfriar nas assadeiras por cerca de 5 minutos. Em seguida, passe os cookies para uma grade para terminar de esfriar.

COOKIE DE LIMÃO DA NORAH

rendimento: 24 cookies · tempo total: 40 minutos · tempo de preparo: 15 minutos

Vamos começar com uma aula de iídiche. *Tante*/TAHN-tah (subst.): tia. *Shana*/SHEI-nah (adj.): lindo. *Punim*/PU-nim (subst.): rosto. *Keekhl*/KI-kuhl (subst.): cookie. *Ferkakte*/fer-KOCKTA (adj.): para os nossos objetivos aqui, digamos que signifique "rústico". Ok, passemos à receita!

Este biscoitinho é puro limão, e é muito bom! Criei a receita para a minha sobrinha Norah, que pediu para a vovó (minha mãe) pedir à *tante* Isa para fazer cookies de limão com glacê de limão. Como negar um *keekhl* para aquele *shana punim*? Estes cookies ficam bem amanteigados. O glacê de limão tem sabor bem azedinho. Acho que eles ficam mais gostosos e bonitos meio *ferkakte*, então não precisa tentar moldá-los perfeitamente.

Para os cookies:
- ½ xícara de óleo de coco derretido
- ¾ de xícara de açúcar cristal orgânico
- 3 colheres (sopa) de leite de amêndoa
- 2 colheres (sopa) de raspas de limão-siciliano (2 unidades), mais um pouco para polvilhar
- 1 colher (chá) de extrato de baunilha
- 1½ xícara de farinha de trigo
- 1 colher (chá) de amido de milho orgânico
- ½ colher (chá) de fermento químico em pó
- ½ colher (chá) de sal

Para o glacê:
- 2 xícaras de açúcar de confeiteiro
- 3 colheres (sopa) de suco de limão-siciliano
- ½ colher (chá) de extrato de baunilha
- 1 colher (sopa) de óleo de coco derretido

Preaqueça o forno a 180 °C. Forre duas assadeiras grandes e baixas com papel-manteiga.

Numa tigela grande, bata por 1 minuto com um garfo o óleo de coco e o açúcar. Adicione o leite de amêndoa, as raspas de limão e a baunilha. Bata por mais 1 minuto, até a massa ficar parecida com purê de maçã.

Acrescente à mistura acima metade da farinha, o amido, o fermento e o sal. Mexa bem. Junte o restante da farinha e mexa até formar uma massa macia.

Forme cada cookie usando 2 colheres (sopa) de massa na assadeira. Achate-os levemente com as mãos. Leve para assar por 10 a 12 minutos, até a parte de baixo dourar.

Deixe esfriar nas assadeiras por cerca de 3 minutos. Em seguida, passe os cookies para uma grade para terminar de esfriar.

PARA O GLACÊ:

Coloque o açúcar de confeiteiro numa tigela grande. Se o açúcar estiver duro e empedrado, desmanche com a mão. Junte o suco de limão, a baunilha e o óleo de coco. Mexa rapidamente até formar um glacê espesso e lisinho, com uma consistência espalhável. Se achar muito grosso, junte água quente às colheradas até obter a consistência desejada.

Enquanto os cookies esfriam sobre a grade, espalhe 1 colher (sopa) de glacê em cada um, deixando pingar pelas bordas. Para evitar sujar a bancada, você pode colocar um papel-manteiga por baixo da grade ou deixá-la por cima da pia. Se quiser, polvilhe com raspinhas de limão-siciliano para deixá-los ainda mais lindinhos. Deixe o glacê firmar (de 10 a 20 minutos, dependendo da temperatura ambiente) e sirva.

OBSERVAÇÃO:
Não faz mal deixar algumas rachaduras quando achatar a massa. Assim o cookie "agarra" mais glacê.

BARRINHA DE AMENDOIM E CHOCOLATE

rendimento: 8 barrinhas · tempo total: 50 minutos · tempo de preparo: 10 minutos

Esta barrinha de aveia é perfeita para levar na marmita ou em piqueniques. E pense: se tem aveia, por que não comê-la no café da manhã? Além de facílima, é bem mais gostosa que as barrinhas industrializadas. Experimente. Quem gosta de misturar doce com salgado pode usar amendoim torrado salgado, ou simplesmente juntar mais uma pitada grande de sal.

óleo para untar
½ xícara de manteiga de amendoim cremosa
⅓ de xícara de xarope de bordo
⅓ de xícara de xarope de arroz integral
1 colher (sopa) de óleo de canola
1 colher (chá) de extrato de baunilha
½ colher (chá) de sal
2 xícaras de aveia em flocos
1 xícara de flocos de arroz
½ xícara de amendoim torrado e picado
⅓ de xícara de gotas de chocolate 70% cacau

Preaqueça o forno a 180 °C. Forre uma assadeira quadrada de 20 x 20 cm com papel-manteiga, deixando um pouco de sobra, e unte-o levemente com o óleo.

Numa tigela grande, misture a manteiga de amendoim, o xarope de bordo e o xarope de arroz integral, até formar uma mistura lisa. Misturar com garfo geralmente funciona bem. Adicione o óleo, a baunilha e o sal.

Comece mexendo com o garfo. Em seguida, misture com as mãos para incorporar a aveia e os flocos de arroz. Amasse com força. Os flocos de arroz podem quebrar um pouco durante a sova. A massa deve ficar compacta e levemente quebradiça. Adicione o amendoim e as gotas de chocolate. Sove novamente para distribuí-los bem na massa.

Transfira a massa para a assadeira forrada e untada, apertando-a com força para deixá-la bem retinha. Leve para assar de 22 a 25 minutos, até as bordas ficarem ligeiramente douradas.

Deixe esfriar totalmente na assadeira. Desenforme levantando o papel-manteiga pelas abas. A melhor maneira de cortar a massa assada em barrinhas é usando uma faca afiada, num movimento firme e único. Não serre as barrinhas. Guarde-as na geladeira embaladas individualmente em filme de PVC. Sob refrigeração, duram até 5 dias.

BARRINHA DE COCO E TÂMARA

rendimento: 8 barrinhas · tempo total: 50 minutos · tempo de preparo: 10 minutos

- óleo para untar
- ½ xícara de manteiga de amêndoa cremosa
- ⅓ de xícara de xarope de bordo
- ⅓ de xícara de xarope de arroz integral
- 1 colher (sopa) de óleo de coco derretido
- 1 colher (chá) de extrato de coco ou baunilha
- ½ colher (chá) de sal
- 2 xícaras de aveia em flocos
- 1 xícara de flocos de arroz
- ¾ de xícara de coco ralado sem açúcar
- ½ xícara de tâmaras sem caroço picadas grosseiramente

Mais uma barrinha de cereais! Desta vez, com coco e tâmara. O coco fica tostadinho e bem tropical quando a massa da barrinha assa. Se tiver extrato de coco, use-o para dar um sabor mais pronunciado de coco. Claro, o de baunilha também funciona bem. Para medir a quantidade de tâmaras, aperte-as no copo medidor antes de picá-las.

Preaqueça o forno a 180 °C. Forre uma assadeira quadrada de 20 x 20 cm com papel-manteiga, deixando um pouco de sobra, e unte-o levemente com óleo.

Numa tigela grande, misture a manteiga de amêndoas, o xarope de bordo e o xarope de arroz integral, até formar uma mistura lisa. Misturar com garfo geralmente funciona bem. Adicione o óleo de coco, o extrato e o sal.

Comece mexendo com o garfo. Em seguida, misture com as mãos umedecidas para incorporar a aveia e os flocos de arroz. Amasse com força. Os flocos de arroz podem quebrar um pouco durante a sova. A massa deve ficar compacta e levemente quebradiça. Adicione o coco e as tâmaras picadas. Sove novamente para distribuí-los bem na massa.

Transfira a massa para a assadeira forrada e untada, apertando-a com força para deixá-la bem retinha.

Leve para assar de 22 a 25 minutos. As bordas devem ficar douradas.

Deixe esfriar totalmente na assadeira. Desenforme levantando o papel-manteiga pelas abas. A melhor maneira de cortar a massa assada em barrinhas é usando uma faca de chef, num movimento firme e único. Não serre as barrinhas. Guarde-as na geladeira embaladas individualmente em filme de PVC. Sob refrigeração, duram até 5 dias.

BOLO DE CHOCOLATE COM GANACHE

rendimento: 1 bolo redondo de 20 cm · tempo total: 1 hora · tempo de preparo: 20 minutos

Bolo de chocolate: às vezes, é só disso que a gente precisa. Sem frescura, sem fruta, sem hortelã, sem toque de laranja. Dizem que o chocolate imita a euforia de estar apaixonado, mas como eles sabem se não é o amor que imita o prazer do chocolate? De qualquer forma, não escolheram um parâmetro de comparação tão ruim. Se você não tiver uma fôrma redonda de fundo removível, forre uma fôrma quadrada de 20 cm com papel-manteiga e fique com um bolo quadrado e bem bonitinho.

- 1 xícara de leite de amêndoa (ou o leite vegetal de sua preferência)
- 1 colher (chá) de vinagre de maçã
- ¾ de xícara de açúcar cristal orgânico
- ⅓ de xícara de óleo de canola
- 1½ colher (chá) de extrato de baunilha
- 1 xícara de farinha de trigo
- ⅓ de xícara de cacau em pó sem açúcar
- ¾ de colher (chá) de bicarbonato de sódio
- ½ colher (chá) de fermento químico em pó
- ¼ de colher (chá) de sal

Para a ganache:
- ⅔ de xícara de leite de amêndoa (ou o leite vegetal de sua preferência)
- 220 g de chocolate 70% cacau picado ou em gotas
- 3 colheres (sopa) de xarope de bordo

Preaqueça o forno a 180 °C. Unte levemente uma fôrma redonda (20 cm) de fundo removível.

Numa tigela grande, misture o leite com o vinagre. Reserve para deixar talhar. Em seguida, junte o açúcar, o óleo e a baunilha. Mexa bem.

Em outra tigela média, peneire a farinha, o cacau em pó, o bicarbonato, o fermento e o sal. Junte-os aos ingredientes líquidos em duas levas, batendo até não sobrarem pelotas grandes na massa (não tem problema se ficarem pelotas pequenas).

Transfira a massa para a fôrma untada e leve para assar de 32 a 35 minutos. Faça o teste do palito: o bolo estará pronto quando o palito sair limpo.

Deixe esfriar totalmente sobre uma grade.

PREPARE A GANACHE:

Leve o leite ao fogo numa panela pequena, até levantar fervura. Reduza o fogo e adicione o chocolate e o xarope de bordo. Misture com um garfo. Reduza a chama e mexa até derreter tudo. Deixe esfriar por 15 minutos antes de usar.

Despeje a ganache sobre o bolo já frio, inclinando-o cuidadosamente em todos os ângulos para a cobertura escorrer pelas bordas. Deixe a ganache firmar e mande bala!

BOLO INVERTIDO DE ABACAXI E ESPECIARIAS

rendimento: 9 porções · tempo total: 1 hora · tempo de preparo: 20 minutos

- ¾ de xícara de leite de amêndoa (ou o leite vegetal de sua preferência)
- 1 colher (chá) de vinagre de maçã
- ¼ de xícara de óleo de canola, mais 2 colheres (sopa)
- ½ xícara de açúcar mascavo claro
- 6 a 9 rodelas de abacaxi (fresco ou em conserva)
- ¼ de xícara de açúcar cristal orgânico
- ¼ de xícara de purê de maçã sem açúcar
- 2 colheres (chá) de extrato de baunilha
- 1¼ xícara de farinha de trigo
- 1½ colher (chá) de fermento químico em pó
- 1 colher (chá) de canela em pó
- ½ colher (chá) de pimenta-da-jamaica em pó
- ½ colher (chá) de sal
- cerejas ao marasquino ou framboesas frescas (opcional)

Este bolo é pura diversão. Adoro o momento de virar o bolo de ponta-cabeça e tirar o papel-manteiga, revelando a camada linda de abacaxi caramelizado. Tente chamar uma galera para dividir a empolgação! Esta receita rende um bolo bonito e só suja uma assadeira. Prefiro usar o abacaxi fresco, mas pode usar em conserva também. Compre o abacaxi conservado no próprio suco, e não o que vem em calda. Se usar uma fôrma de 20 cm, o tempo de forno deverá ser mais prolongado, e talvez seja necessário usar seis rodelas de abacaxi em vez de nove. Se preferir, pode usar uma assadeira redonda funda. Sirva morno com sorvete de baunilha vegano, se preferir.

Preaqueça o forno a 190 °C. Unte levemente uma fôrma quadrada de 22 x 22 cm e forre com papel-manteiga. Misture o leite e o vinagre numa tigela pequena. Reserve para deixar talhar.

Unte o papel-manteiga com 2 colheres (chá) de óleo. Polvilhe com ¼ de xícara de açúcar mascavo, formando uma camada relativamente homogênea sobre o óleo. Arrume as rodelas de abacaxi e reserve a fôrma.

Agora prepare a massa. Numa tigela grande, bata o leite talhado, o restante de açúcar mascavo, o açúcar cristal, o restante de óleo, o purê de maçã e a baunilha. Adicione a farinha, o fermento, a canela, a pimenta-da-jamaica e o sal peneirados e misture até formar uma massa lisa.

Disponha a massa sobre as rodelas de abacaxi. Asse por 40 a 45 minutos. Faça o teste do palito: o bolo estará pronto quando o palito sair limpo.

Deixe esfriar por cerca de 15 minutos. Coloque o bolo invertido num prato e retire o papel-manteiga. Deixe esfriar mais um pouco, mas saiba que este bolo é ótimo servido morninho. Decore com as cerejas ou framboesas (se usar), corte em fatias e sirva.

BOLO DE LARANJA COM GOTAS DE CHOCOLATE

rendimento: 12 porções · tempo total: 1h10 · tempo de preparo: 15 minutos

O bolo de vovó, redondinho e com furo do meio, para mim, pede um bom papo regado a fofocas e café. Este, de laranja e gotas de chocolate, é tão fácil de fazer que você vai até querer fofocar sobre ele.

- 1 xícara de leite de amêndoa (ou o leite vegetal de sua preferência)
- ½ xícara de suco de laranja
- ⅓ de xícara de óleo de canola
- ⅓ de xícara de purê de maçã sem açúcar
- 2 colheres (sopa) de farinha de linhaça (de preferência dourada)
- 1 colher (sopa) de amido de milho orgânico
- 1 xícara de açúcar cristal orgânico
- 1 colher (sopa) de raspas de laranja
- 1 colher (sopa) de extrato de baunilha
- 2⅔ xícaras de farinha de trigo
- 1 colher (chá) de fermento químico em pó
- ½ colher (chá) de bicarbonato de sódio
- ¾ de colher (chá) de sal
- 1 xícara de gotas de chocolate 70% cacau

Preaqueça o forno a 180 °C. Unte levemente uma fôrma de furo no meio, com 25 a 30 cm de diâmetro.

Numa tigela grande, misture vigorosamente o leite, o suco de laranja, o óleo de canola, o purê de maçã, a farinha de linhaça e o amido de milho. A mistura deve formar uma espuma. Adicione o açúcar e mexa por cerca de 30 segundos, até ficar bem homogêneo. Junte as raspas de laranja e a baunilha.

Usando uma peneira fina, peneire metade da farinha, o fermento, o bicarbonato de sódio e o sal. Misture até ficar homogêneo. Em seguida, adicione o restante da farinha e mexa até formar uma massa lisa. Incorpore as gotas de chocolate.

Transfira a massa para a fôrma preparada. Leve para assar de 50 a 55 minutos. A parte de cima deverá crescer e ficar dourada e firme ao toque. Espete a massa do bolo com a ponta da faca para verificar se está pronto.

Deixe esfriar por 10 minutos. Em seguida, retire o bolo da fôrma e coloque-o sobre uma grade para que esfrie por completo. Corte em fatias e sirva! Embale as sobras em filme de PVC. Você também pode cortar o bolo em porções individuais e congelá-las.

BOLO DE CHOCOLATE E ABOBRINHA

rendimento: 12 porções · tempo total: 1h15 · tempo de preparo: 20 minutos

- 3 xícaras de farinha de trigo
- ½ xícara de cacau em pó sem açúcar
- 2 colheres (chá) de fermento químico em pó
- 1 colher (chá) de bicarbonato de sódio
- ½ colher (chá) de sal
- 1 xícara de açúcar cristal orgânico
- 1 xícara de purê de maçã sem açúcar
- ¾ de xícara de leite de amêndoa (ou o leite vegetal de sua preferência)
- ½ xícara de óleo de canola
- 1 colher (chá) de extrato de baunilha
- 2 xícaras de abobrinha ralada

Para a ganache:

- ½ xícara de leite de amêndoa (ou o leite vegetal de sua preferência)
- 2 colheres (sopa) de xarope de bordo
- 170 g de chocolate 70% cacau picado ou em gotas

Este era um dos meus bolos preferidos da confeitaria Back To Eden, em Portland, no Oregon. Apesar dos cupcakes lindos da vitrine, eu sempre pedia uma fatia desse bolinho que é simples, mas delicioso! Ele é bem molhadinho e bem achocolatado. Os pedaços de abobrinha são como raios de sol, mesmo no dia mais cinzento de Portland. A ganache é totalmente opcional. Se você não vai servir o bolo para ninguém além de si próprio e quer algo gostoso para levar nas marmitas da semana, nem precisa fazer a cobertura.

Preaqueça o forno a 180°C. Unte levemente uma fôrma de furo no meio com 25 a 30 cm de diâmetro.

Numa tigela grande, peneire a farinha, o cacau em pó, o fermento, o bicarbonato de sódio e o sal. Adicione o açúcar.

Faça um buraco no meio. Dentro dele, despeje o purê de maçã, o leite de amêndoa, o óleo e a baunilha. Com um batedor manual, misture os ingredientes líquidos que estão dentro do buraco. Em seguida, incorpore os ingredientes secos aos líquidos até ficar homogêneo. Adicione a abobrinha.

Transfira a massa para a fôrma preparada. Leve para assar por cerca de 50 minutos. Faça um teste furando o bolo com uma faca: o bolo estará pronto se a faca sair limpa.

Deixe esfriar na fôrma por cerca de 10 minutos. Em seguida, passe para uma grade para que o bolo esfrie por completo.

PREPARE A GANACHE:

Leve o leite ao fogo numa panela pequena, até levantar fervura. Junte o xarope de bordo. Desligue o fogo e adicione o chocolate, mexendo bem com um batedor manual até derreter e formar uma mistura homogênea.

Posicione a grade por cima da pia: assim, o excesso de ganache que pingar cairá na pia, não na bancada. Despeje a ganache sobre o bolo. Deixe firmar antes de cortar e sirva!

BOLINHO DE CHOCOLATE E CEREJA

rendimento: 8 bolinhos · tempo total: 45 minutos · tempo de preparo: 15 minutos

- óleo para untar
- ½ xícara de purê de maçã sem açúcar
- ¼ de xícara de manteiga de amêndoa pura
- ⅓ de xícara de leite de amêndoa (ou o leite vegetal de sua preferência)
- ⅓ de xícara de cacau em pó sem açúcar
- ⅓ de xícara de água fervente, mais 2 colheres (sopa)
- ¾ de xícara de açúcar cristal orgânico
- 1 colher (chá) de extrato de baunilha
- 1 colher (chá) de extrato de chocolate (opcional; se não tiver, use um pouco mais de extrato de baunilha)
- ⅛ de colher (chá) de extrato de amêndoa
- 1½ xícara de farinha de trigo
- ¾ de colher (chá) de bicarbonato de sódio
- ¾ de colher (chá) de sal
- 115 g de chocolate picado em pedaços de 1 cm
- 1 xícara de cerejas picadas (se usar a fruta congelada, descongele antes)

Não tem nada mais divertido que chocolate derretido com belas cerejinhas. Estes bolinhos são uma graça, e espero que consigam convencer você a comprar a fôrma para fazê-los. Caso não encontre, use uma fôrma para muffins! Nesta receita eu uso pedaços de chocolate para obter o efeito do ingrediente derretido, mas é claro que você pode substituir por gotas de chocolate.

Adoro o método de usar purê de maçã misturado com manteiga vegetal como gordura do bolo. Além de enriquecer a preparação com as fibras, proteínas e nutrientes que o óleo ou o purê de maçã puro não têm, essa mistura dá boa estrutura, consistência e sabor.

Preaqueça o forno a 180 °C. Unte levemente com óleo uma fôrma de bolinhos com 8 cavidades.

Coloque o purê de maçã, a manteiga de amêndoa, o leite e o cacau em pó numa tigela. Despeje ⅓ de xícara de água fervente nessa mistura, mexendo rápido para formar uma calda espessa de chocolate. Junte o açúcar e os extratos. Mexa bem.

Peneire metade da farinha junto com o bicarbonato de sódio e o sal e adicione à mistura de chocolate. Mexa delicadamente para incorporá-los. Junte 1 colher (sopa) de água fervente e mexa novamente. Adicione o restante da farinha e o restante de água. Mexa até formar uma massa lisa, mas cuidado para não misturar muito. Incorpore o chocolate e as cerejas.

Transfira a massa para a fôrma preparada, preenchendo as aberturas até ¾ da capacidade.

Leve para assar de 26 a 28 minutos. A parte de cima dos bolinhos deve ficar firme e estufada. Fure os bolinhos com uma faca para verificar se estão assados. Não tem problema se ela sair um pouco úmida, pois pode ser por causa do chocolate ou de uma cereja, mas o ideal é que saia seca.

Deixe esfriar por 10 minutos. Em seguida, retire os bolinhos da fôrma e coloque sobre uma grade para que esfriem por completo. Eles ficam gostosos mornos, quando os pedaços de chocolate ainda estão derretidos. Depois que esfriarem completamente, enrole-os em filme de PVC para evitar que ressequem. Se demorar mais que 1 dia para servir os bolinhos, guarde-os embalados na geladeira.

COOKIE DE AMÊNDOAS

rendimento: 24 cookies · tempo total: 35 minutos · tempo de preparo: 15 minutos

Estes cookies parecem uns bichinhos! São saborosos e amanteigados, com gosto marcante de amêndoas. Elas entram moídas na massa e em lascas por cima de cada biscoitinho. É importante que a pasta de amêndoa e o óleo de coco estejam em estado semissólido para a massa adquirir boa liga.

- 200 g de pasta de amêndoa (tipo marzipã)
- ½ xícara de óleo de coco em estado semissólido
- ⅔ de xícara de açúcar cristal orgânico
- ½ colher (chá) de extrato de amêndoa
- ½ colher (chá) de extrato de baunilha
- 1 xícara de farinha de trigo
- ½ colher (chá) de fermento químico em pó
- ½ xícara de amêndoa em lascas
- 2 a 3 colheres (sopa) de leite de amêndoa

Preaqueça o forno a 160 °C. Forre duas assadeiras baixas e médias com papel-manteiga.

Bata a pasta de amêndoa e o óleo de coco no modo pulsar do processador. Assim que ficar homogêneo, junte o açúcar. Transfira para uma tigela grande e adicione os extratos.

Agora, bata na batedeira para incorporar a farinha e o fermento. A mistura deve formar uma massa macia e compacta.

Coloque as lascas de amêndoa num prato e o leite numa xícara. Para cada cookie forme uma bolinha, usando 1 colher (sopa) de massa. Molhe as bolinhas no leite de amêndoa e passe a parte umedecida nas lascas. Se for necessário, aperte as lascas na superfície da bolinha. Disponha as bolinhas de massa na assadeira com a parte coberta de lascas para cima, dando uma distância de pelo menos 5 cm entre cada uma. Leve para assar por 14 minutos, até os cookies estufarem e se espalharem um pouco e as lascas de amêndoa dourarem de leve.

Deixe que os cookies esfriem na assadeira por cerca de 5 minutos. Em seguida, passe-os para uma grade para terminar de esfriar.

PUDIM DE PÃO E MORANGO

rendimento: 8 porções · tempo total: 1 hora · tempo de preparo: 20 minutos

Às vezes me pego olhando, com minha visão a laser, para os pães fresquinhos que comprei na padaria, tentando deixá-los velhos para fazer pudim de pão. Não costuma funcionar, não. Mas fato é que não há destino melhor para pão amanhecido que pudim de pão! Esta versão leva leite de coco e morangos docinhos e suculentos, que soltam seu suco na massa. Fica bem cremoso e deliciosamente frutado. Sirva-o morno com sorvete vegano de coco, para ficar ainda melhor.

- 6 xícaras de pão amanhecido cortado em cubos de 2,5 cm
- 3 colheres (sopa) de amido de milho orgânico
- 1 xícara de leite de amêndoa (ou o leite vegetal de sua preferência)
- 1 xícara de leite de coco
- ½ xícara de açúcar cristal orgânico
- 2 colheres (sopa) de suco de limão-siciliano
- 1 colher (chá) de extrato de baunilha
- ½ colher (chá) de canela em pó
- 2 xícaras de morangos cortados com espessura de 1 cm

Glacê para a cobertura (opcional):
- 1 xícara de açúcar de confeiteiro
- 1 colher (sopa) de leite de amêndoa
- ½ colher (chá) de extrato de baunilha
- 1 colher (sopa) de óleo de coco derretido

Preaqueça o forno a 180 °C. Unte levemente uma fôrma quadrada (20 cm).

Coloque o pão picado numa tigela grande. Em outra tigela, dilua o amido no leite de amêndoa. Adicione o leite de coco, o açúcar, o suco de limão, a baunilha e a canela. Despeje essa mistura por cima do pão e mexa para cobri-lo. Deixe descansar por, no mínimo, 15 minutos para que o pão absorva o líquido.

Incorpore os morangos. Em seguida, transfira a mistura para a assadeira. Espalhe-a para deixá-la retinha.

Leve para assar por 30 a 35 minutos, até a parte de cima ficar ligeiramente dourada e firme ao toque. Deixe esfriar por cima de uma grade. Sirva morno. Se quiser, sirva com o glacê.

PREPARE A COBERTURA DE GLACÊ:

Peneire o açúcar de confeiteiro numa tigela grande. Junte o leite de amêndoa, a baunilha e o óleo de coco. Mexa até ficar liso.

COBBLER DE PÊSSEGO E FRAMBOESA

rendimento: 6 porções · tempo total: 1 hora · tempo de preparo: 20 minutos

Para o recheio:
- 2½ xícaras de pêssegos congelados fatiados
- 2½ xícaras de framboesas congeladas
- 2 colheres (sopa) de suco de limão-siciliano
- ½ xícara de açúcar cristal orgânico
- 2 colheres (sopa) de amido de milho orgânico
- 2 colheres (sopa) de farinha de trigo
- ⅛ de colher (chá) de sal

Para a farofinha:
- 3 colheres (sopa) de leite de amêndoa (ou o leite vegetal de sua preferência)
- 2 colheres (chá) de vinagre de maçã
- 1½ xícara de farinha de trigo
- 1½ colher (chá) de fermento químico em pó
- ¼ de colher (chá) de sal
- 3 colheres (sopa) de açúcar cristal orgânico
- ¼ de xícara de óleo de coco

Para polvilhar:
- ½ colher (chá) de canela em pó
- 1 colher (sopa) de açúcar cristal orgânico

Pode comer cobbler durante a semana? Pode! Há grande variedade de frutas orgânicas congeladas de ótima qualidade, docinhas como se tivessem caído do pé. Ou da parreira. Ou de onde quer que as frutas nasçam. Esta receita tem inspiração na sobremesa de pêssego Melba. Os pêssegos e framboesas formam uma bela calda espessa e suculenta, que abre caminho pela farofinha perfumada de canela. Sirva morno com sorvete vegano e pronto: clima de verão em qualquer dia do ano!

PREPARE O RECHEIO:

Preaqueça o forno a 220 °C. Misture todos os ingredientes numa assadeira quadrada de 20 x 20 cm. Cubra com papel-alumínio e leve para assar por 20 minutos.

PREPARE A FAROFINHA:

Misture o leite e o vinagre de maçã num copo medidor. Reserve para deixar talhar. Peneire a farinha, o fermento e o sal numa tigela grande. Adicione o açúcar. Junte o óleo de coco às colheradas, mexendo com a ponta dos dedos ou com duas facas para formar uma farofinha. Adicione a mistura de leite e vinagre e mexa delicadamente algumas vezes para misturar.

Num prato separado, misture a canela e o açúcar. Retire a assadeira do forno, retire o papel-alumínio e espalhe a cobertura usando colheradas grandes da farofinha. Polvilhe com a mistura de canela e açúcar.

Leve para assar descoberto por mais 20 minutos. As frutas vão ficar cozidas e borbulhantes, e o suco vai passar pela cobertura de farofa. Disponha em tigelas e sirva morno.

AGRADECIMENTOS

Em primeiro lugar, agradeço aos meus testadores de receita, aquelas pessoas que deixaram a castanha de caju de molho, ralaram o alho, empanaram o tofu e cozinharam o seitan como especialistas. Obrigada, pessoal! Vocês me consolaram e me fizeram sorrir durante o processo.

- Alexandra Penn
- Allison Nordahl
- Amanda Sacco
- Angela White
- Angelina Kelly
- Annemarie Gasthuis
- Cara Heberling
- Claudia Weber
- Dayna Rozental
- Erin Goddard
- Eryn Hiscock
- Gabrielle Pope
- Garrick Stegner
- Heather Galaxy
- Holly Hutcheson
- Jess Sconé
- Kelly Dyer
- Lisa Coulson
- Liz Wyman
- Loz Corona
- Lucy Allbaugh
- Lyndsay Orwig
- Michelle Cavigliano
- Nadine D. Doupe
- Nikki Benecke Brandt
- Paula Simone Gross
- Shanell Dawn Williams
- Stephanie Roy
- Thalia C. Palmer

Agradeço ao meu namorado, John McDevitt, pelas valiosas contribuições e pelo apoio, e por sempre entender por que a sala precisa, sim, viver abarrotada de revistas de culinária.

Agradeço à minha mãe, Marlene Schifter Stewart, por testar as receitas e, do supermercado, me mandar perguntas via mensagem de celular. E à minha irmã e sua família: Michelle, Aaron, Norah e Max.

Agradecimentos ao pessoal de Omaha:

Por fazer o pré-preparo e a higienização dos ingredientes e ir comigo ao mercado: Leigh Ellis e Daniel Ocanto.

E minha equipe Teal Cat: Aaron Markley e Nate Welker.

Por virem sempre comer comigo e por me fazerem sentir em casa aqui em Omaha: Laura Burhenn, Tessa Wedberg, Megan Hunt, Dave Homan, James "Z" Walmsley, John Henry Muller, e, em especial, Denise Muller.

Por serem gatinhos: Kirby, Fizzle e Avocado.

E a todos os veganos de Omaha!

Agradecimento ao pessoal de Nova York:

Terry Hope Romero, por ser tudo para mim, inclusive carregadora de grelha de ferro fundido e modelo de mão.

Pelas fotos sensacionais, a talentosíssima Vanessa Rees.

Pela montagem e a decoração de pratos, especificamente da ervilha-torta, Lauren LaPenna.

Pela montagem e a decoração de pratos, especificamente na hora de regar com xarope de bordo, Kate Lewis.

Pelas ilustrações, Erica Rose Levine.

Pelo apoio moral, Marshall, o gato.

Por ser um colírio para os olhos, ou pelo menos no mesmo recinto que o nosso, Roy Rogers.

Ao meu agente incrível, Marc Gerald, obrigada pela força desde o início e talvez por também ser o início de tudo.

Agradecimentos ao pessoal da Little, Brown and Company:

Ao meu editor, Michael Sand, por acreditar no livro mesmo depois do incidente com a cumbuca de pão.

A Mario Pulice e Julianna Lee, pela direção de arte e por deixarem o meu decote no lugar.

A Peggy Freudenthal, por ser a melhor revisora de todos os tempos e vestir a camisa do projeto.

A Laura Palese, que deixou tudo redondinho com seu lindo design.

ÍNDICE

abacate
   Guacamole secreto do Pepe, 241
   Molho ranch de abacate, 72
   picado para acompanhar tacos, 121
   Salsa de maçã e abacate, 109
   Sanduíche fresquinho de pepino e abacate, 110-11
   sugestões para adiantar o preparo, 110
   tofu, abacate, manjericão e amendoim, 182-83
   Wrap de "atum" vegano com abacate, 108
Abasteça-se! Abasteça a despensa, 18-23
abóbora
   Abóbora ao chimichurri, 214-15
   abóbora-menina e japonesa, 58, 85, 131, 149
   Bisque de abóbora e coco, 58-59
   maçã como substituta, 85
   Massa Alfredo com abóbora assada, 131
   Risoto de abóbora com cranberry, 149
   Salada de couve com abóbora e lentilha, 84-85
   Tempeh giardino, 194
Abóbora ao chimichurri, 214-15
abobrinha
   Bolo de chocolate e abobrinha, 300-01
   Risoto ao pesto com abobrinha assada, 146-47
Acelga chinesa
   Acelga chinesa e tofu grelhado ao tahine cítrico, 210
   grelhada, 210
Açougue vegano, 24-29
adoçantes, 20
alecrim
   Bolinhos de alecrim, 158-59
   Cookie de alecrim com gotas de chocolate, 280-81
alergias, 32-33, 90
Algumas proteínas básicas, 242-49
   Linguiça vegana, 245
   Seitan caseiro, 248
   Seitan de grão-de-bico, 249
   Tempeh ao alho e tomilho, 244
   Tofu ao gergelim, 247

   Tofu clássico assado, 246
alho
   assado, 69, 238
   Batata rústica ao alho e curry, 94-95
   Fava ao alho e limão com cogumelo, 160
   Tempeh ao alho e tomilho, 244
alho-poró
   higienização, 41
   Sopa cremosa de batata e alho-poró, 41
Almoço de domingo, 222-41
   Empadão de massa filo, 227-29
   Enchilada de forno, 233-35
   Escondidinho mexicano, 239
   Festança de nachos, 240-41
   Legumes assados com arroz, 236-38
   Malai kofta da Chandra, 224-26
   Nhoque de batata-doce com couve-de--bruxelas ao creme de estragão, 230-32
amêndoas
   como tostar, 114
   Cookie de amêndoas, 303
   manteiga de amêndoa, 113
   Pasta de amêndoa e pimenta, 113
   substituição para, 90
amendoim e manteiga de amendoim
   Barrinha de amendoim e chocolate, 292-93
   Molho barbecue, 193
   Molho oriental de amendoim, 76
   substituição para 32
   Tofu e couve ao molho de amendoim com curry, 206-07
   Tofu, abacate, manjericão e amendoim, 182-83
anetol, 39
anis-estrelado, 39
armazenagem, 31
arroz
   Arroz colorido com manga, 188
   integral, 42
   Legumes assados com mix de arroz e cereais, 236-38
   macarrão de arroz, 169, 207
   Salada agridoce de arroz com ervas, 86-87

   Sopa de arroz selvagem com seitan, 50-51
   Sopa de batata-doce, curry vermelho, arroz e couve, 42-43
   Sopa de grão-de-bico, arroz e repolho, 40
Arroz colorido com manga, 188
arroz integral, 42. *Veja* arroz
arroz selvagem. *Veja* arroz
aspargo
   Aspargo e seitan com ervas frescas, 180-81
   Salada morna de batata com seitan e aspargo, 216-17
   Salteado de cogumelo e tofu com aspargo, 196
Aspargo e seitan com ervas frescas, 180-81
azeitona
   Cabelo de anjo com azeitona e couve--de-bruxelas, 140-41
   Hambúrguer de lentilha e azeitona, 97
   Pão de azeite, 62-63
   Pizza de verduras, linguiça e azeitona na tigela, 212-13

bacon
   Cheeseburger com bacon, 92
   Risoto de ervilha ao vinho branco com bacon de shiitake, 150-51
banana
   Biscoito de banana e framboesa, 274-75
   Bolo marmorizado de banana, 276-77
   Muffin de banana e nozes, 270-71
Banh Mi, 113
   Banh Mi de shiitake, 112-13
   Hambúrguer Banh Mi, 92
batata
   amassador de batata, 16
   Batata rústica ao alho e curry, 94-95
   batata-inglesa, 36
   Curry de batata-doce, couve-flor e feijão-azuqui, 168
   Nhoque de batata-doce com couve-de--bruxelas ao creme de estragão, 230-32
   para Sopa de letrinhas, 36
   pré-cozida para salada, 72

310 Os segredos veganos de Isa

Salada de batata e grão-de-bico defumado, 72-73
Salada morna de batata com seitan e aspargo, 216-17
Sopa cremosa de batata e alho-poró, 41
Sopa de batata e funcho assados, 54
Sopa de batata-doce, curry vermelho, arroz e couve, 42
Batata com linguiça vegana e chipotle, 256-57
Batata rústica ao alho e curry, 94-95
batata-doce. *Veja* batata
berinjela
    Fettuccine com berinjela e crocante de pão, 133
    Harira de berinjela e grão-de-bico, 46-47
beterraba
    Hambúrguer de beterraba, 90-91
    Salada morna de beterraba assada com molho doce de mostarda, 74-75
Bhindi masala de feijão-fradinho, 166-167
Biscoito com especiarias indianas, 284-85
bistequeira, 17, 90, 211
BLT picante, 104-05. *Veja também* sanduíches
Bolinho de chocolate e cereja, 302
Bolinhos de alecrim, 158-59
Bolo invertido de abacaxi e especiarias, 296-97
Bolo marmorizado de banana, 276-77
bolos
    Bolinho de chocolate e cereja, 302
    Bolo de chocolate e abobrinha, 300-01
    Bolo de laranja com gotas de chocolate, 298-99
    Bolo de chocolate com ganache, 295
    Bolo de limão e mirtilo, 273
    Bolo invertido de abacaxi e especiarias, 296-97
Borscht da babushka, 48-49
brócolis
    Brócolis e seitan ao molho de lentilha, 202-03
    Curry de tofu e brócolis, 165
    Macarrão da Deusa com tempeh e brócolis, 144
    Penne cremoso com tomate seco e brócolis, 132
    Seitan e brócolis ao molho barbecue caseiro, 192-93

Sopa de brócolis com "cheddar", 60-61
Brócolis e seitan ao molho de lentilha, 202-03
brunch. *Veja* Café da manhã, brunch e delícias matinais
burrito
    Burrito de espinafre e feijão na cumbuca, 204-05
    Hambúrguer de burrito, 92

Cabelo de anjo com azeitona e couve-de-bruxelas, 140-41
caçarola. *Veja* Almoço de domingo
Café da manhã, brunch e delícias matinais, 250-77
    Batata com linguiça vegana e chipotle, 256-57
    Biscoito de banana e framboesa, 274-75
    Bolo marmorizado de banana, 276-77
    Bolo de limão e mirtilo, 273
    Mexido de grão-de-bico, 258-59
    Miniomeletes, 255
    Muffin de banana e nozes, 270-71
    Muffin de milho, 272
    Muffin integral de mirtilo, 268-69
    Panquecas de cenoura, 262-63
    Panquecas fofinhas, 260-61
    Rabanada de coco, 264-65
    Tofu mexido à moda mediterrânea, 252-53
    Tofu mexido à moda tailandesa, 254
    Waffle integral, 266-67
caldo de legumes, 19-20
callaloo, 102
capim-limão, 171
"carne vegetal". *Veja* seitan
castanha de caju
    como fazer creme, 22, 49, 142
    como tostar, 180
    creme de castanha de caju, 13, 21-22
    feta de castanha de caju, 71
    substituições para, 32, 33
cerveja belga tipo ale, 157
chá Lady Grey, 110
Chana masala, 164
Chana saag de coco, 162-63
chili
    Chili de dois feijões, 176-77
    Chili tailandês de lentilha, 175
    Hambúrguer de chili, 92

Pasta de amêndoa e pimenta, 113
    pimenta ancho, 118
    pimenta mexicana em pó, 118
Chili de dois feijões, 176-77
Chili tailandês de lentilha, 175
chocolate
    Barrinha de amendoim e chocolate, 292-93
    Bolinho de chocolate e cereja, 302
    Bolo de chocolate com ganache, 295
    Bolo de chocolate e abobrinha, 300-01
    Bolo de laranja com gotas de chocolate, 298-99
    chocolate branco vegano, 288
    Cookie de alecrim com gotas de chocolate, 280-81
    Cookie de chocolate com especiarias e gotas de chocolate branco, 288-89
    Cookie de chocolate, passas e amendoim, 286-87
Chowder vegano, 52-53
Cobbler de pêssego e framboesa, 306-07
coco
    Barrinha de coco e tâmara, 294
    Bisque de abóbora e coco, 58-59
    Chana saag de coco, 162-63
    leite de coco, 13, 33
    óleo de coco, 22
    Rabanada de coco, 264-65
    Sloppy Joe vegano com creme de espinafre ao coco, 102-03
cogumelo
    Banh Mi de shiitake, 112-13
    cogumelo-ostra, 121
    Cozido asiático de cogumelo, 169-71
    desidratado, 22, 44, 96, 171
    Ensopado de seitan e cogumelos silvestres, 154-55
    Estrogonofe de tofu e cogumelo, 138-39
    Fava ao alho e limão com cogumelo, 160
    Fusilli com shiitake e acelga, 130
    Hambúrguer de cogumelo à coreana, 100-01
    Hambúrguer de tofu e cogumelo, 96
    portobello, 196
    Risoto de ervilha ao vinho branco com bacon de shiitake, 150-51
    Salteado de cogumelo e tofu com aspargo, 196
    shiitake, 121, 171
    Sopa de cogumelo, cevadinha e ervas, 55

Sopa picante de cogumelo, 44
Taco picante de lentilha, 118-19
colher de sorvete, 17, 280
colheres, 16, 17
complexidade de sabores, 13
condimentos preparados, 19
congelamento
    ervilha congelada, 36, 150
    grãos, 20
    hambúrgueres, 92
    Linguiça vegana, 245
    milho fresco e milho congelado, 173
    pimenta chipotle, 173
    seitan, 248
    waffles, 266
conservas, 19-20
controle do tempo, 31, 78, 113, 168
    como adiantar etapas, 12
    como assar abóbora-menina e japonesa, 58, 85, 131, 149
    como cozinhar batata no vapor para saladas, 72
    como cozinhar grão-de-bico, 93
    como fazer alho assado, 238
    como fazer quinoa, 69
    como preparar abacate para uso, 110
    como preparar kofta, 226
    como preparar tempeh para uso, 127, 219-20
    como tostar amêndoa e castanha de caju, 114, 180
    creme de castanha de caju. *Veja* castanha de caju
    milho fresco e milho congelado, 189
Cookie de chocolate com especiarias e gotas de chocolate branco, 288-89
Cookie de chocolate, passas e amendoim, 286-87
Cookie gigante de aveia e passas, 282-83
Cookies, biscoitos e barrinhas
    Barrinha de amendoim e chocolate, 292-93
    Barrinha de coco e tâmara, 294
    Biscoito com especiarias indianas, 284-85
    Biscoito de banana e framboesa, 274-75
    Cookie de alecrim com gotas de chocolate, 280-81
    Cookie de amêndoas, 303
    Cookie de chocolate com especiarias e gotas de chocolate branco, 288-89
    Cookie de chocolate, passas e amendoim, 286-87
    Cookie de limão da Norah, 290-91
    Cookie gigante de aveia e passas, 282-83
    sem glúten, 32
couve
    Ensopado de lentilha, quinoa e couve, 156
    Salada de couve com abóbora e lentilha, 84-85
    Sopa de batata-doce, curry vermelho, arroz e couve, 42
    Tigelinha de queijo cremoso de castanha com crocante de couve, 221
    Tofu e couve ao molho de amendoim com curry, 206-07
couve-de-bruxelas
    Cabelo de anjo com azeitona e couve-de-bruxelas, 140-41
    Nhoque de batata-doce com couve-de-bruxelas ao creme de estragão, 230-32
couve-flor
    corte para sanduíche, 114
    Curry de batata-doce, couve-flor e feijão-azuqui, 168
    Massa ao pesto com couve-flor e tofu empanado, 134-36
    Sopa de pesto com nhoque, feijão e verduras, 57
    técnica para assar, 134, 136
couve-manteiga. *Veja* verduras
Cozido asiático de cogumelo, 169-71
cozimento rápido de legumes, 19
    Veja também lentilhas
cremosidade, 13, 22, 57
Curry de tofu e brócolis, 165
curry, 167
    Batata rústica ao alho e curry, 94-95
    Curry de batata-doce, couve-flor e feijão-azuqui, 168
    Curry de tofu e brócolis, 165
    curry em pó, 165
    curry em pó suave, 95
    pasta de curry, 42
    Sopa de batata-doce, curry vermelho, arroz e couve, 42
    Tofu e couve ao molho de amendoim com curry, 206-07
    Veja também ervas e especiarias
curry suave em pó, 95

delícias sem glúten, 32
    Veja também Café da manhã, brunch e delícias matinais; Sobremesas
descascador, 16
Dicas para controle do tempo, 30-31

Empadão de massa filo, 227-29
Enchilada de forno maravilhosa, 233-35
endro
    Ensopado ao endro com bolinhos de alecrim, 158-59
    Sanduíche fresquinho de pepino e abacate, 110-11
enlatados, 19
Ensopado de seitan com cerveja belga, 157
Ensopado defumado à moda inca, 173
Ensopados, chilis e curries, 152-77
    Bhindi masala de feijão-fradinho, 166-67
    Chana masala, 164
    Chana saag de coco, 162-63
    Chili de dois feijões, 176-77
    Chili tailandês de lentilha, 175
    Cozido asiático de cogumelo, 169-71
    Curry de batata-doce, couve-flor e feijão-azuqui, 168
    Curry de tofu e brócolis, 165
    Ensopado ao endro com bolinhos de alecrim, 158-59
    Ensopado de lentilha, quinoa e couve, 156
    Ensopado de seitan com cerveja belga, 157
    Ensopado de seitan e cogumelos silvestres, 154-55
    Ensopado defumado à moda inca, 172-73
    Estrogonofe de tofu e cogumelo, 138-39
    Fava ao alho e limão com cogumelo, 160
    Feijão-branco ao molho de xerez, 161
    Gumbo de quiabo, grão-de-bico e feijão-vermelho, 174
equipamentos para uso em forno, 17
Equipe-se: ferramentas e utensílios, 14-17, 24, 211
ervas e especiarias, 18-19, 23
    com saladas e pratos quentes, 86, 180
    creme de estragão, 231
    masala (mistura de especiarias), 164
    mistura de ervas frescas (para a Sopa de cogumelo, cevadinha e ervas), 55

mistura de temperos (para a festança de nachos), 240
páprica defumada, 245
Tempeh ao alho e tomilho, 244
tempero de pizza, 126
Tofu, abacate, manjericão e amendoim, 182-83
Veja também curry; pimentas picantes
ervilha
   Bhindi masala de feijão-fradinho, 166-67
   congelada, 36, 150
   Risoto de ervilha ao vinho branco com bacon de shiitake, 150-51
   Sopa cremosa de ervilha e nabo, 38-9
   Taco de couve e feijão com salsa de maçã e abacate, 109
   Veja também grão-de-bico
Esconcidinho mexicano, 239
espaguete
   Espaguete com almôndegas de tempeh, 127-29
   Molho delícia para espaguete, 129
   Veja também Massas e risotos
Espaguete com almôndegas de tempeh, 127-29
espátula, 15, 211
espelta em grãos (farro), 78
   como cozinhar e resfriar, 79
espinafre
   Burrito de espinafre e feijão na cumbuca, 204-05
   Chana saag de coco, 162
   como higienizar, 103
   Sloppy Joe vegano com creme de espinafre ao coco, 102-03
estragão
   Nhoque de batata-doce com couve-de-bruxelas ao creme de estragão, 232
estude a receita, 30, 31
Eu, meu irmão e nossa namorada (filme), 261
extrato de bordo, 269

faca de chef, 15, 24
farinha
   de aveia, 32
   de glúten, 21, 248
   de grão-de-bico ("besan"), 21, 154
   roux, 32
farinha de rosca, 20, 161
   Feijão-branco ao molho de xerez, 161

Fettuccine com berinjela e crocante de pão, 133
sem glúten, 32
tofu empanado. *Veja* tofu
feijão e leguminosas, 19
   Burrito de espinafre e feijão na cumbuca, 204-05
   Curry de batata-doce, couve-flor e feijão-azuqui, 168
   Fava ao alho e limão com cogumelo, 160
   Feijão-branco ao molho de xerez, 161
   Gumbo de quiabo, grão-de-bico e feijão-vermelho, 174
   Hambúrguer caribenho de feijão-preto com salsa de nectarina, 98-99
   para uso em chilis, 176
   Sopa de pesto com nhoque, feijão e verduras, 56-57
   Taco de couve e feijão com salsa de maçã e abacate 109
Feijão-branco ao molho de xerez, 161
Festança de nachos, 240-41
feta de castanha de caju, 71
Fettuccine com berinjela e crocante de pão, 133
flores comestíveis, 23
framboesa, 274-75
   Cobbler de pêssego e framboesa, 306-07
frigideira de ferro fundido, 16
frutas
   Acelga chinesa e tofu grelhado ao tahine cítrico, 210-11
   em receitas de sobremesa. *Veja* Sobremesas
   itens básicos, 23
   maçã e purê de maçã, 85, 109, 302
   Seitan de verão com coentro e limão, 189
   Veja também variedades individuais
frutas e hortaliças, 23
frutas vermelhas
   cranberry, 149
   framboesa, 274-75, 306-07
   mirtilo, 268-69, 273
   morango, 304-05
   Veja também frutas
FüD (restaurante em Kansas City), 241
funcho
   Salada de farro, funcho e laranja, 78-79
   Sopa de batata e funcho assados, 54
Fusilli com shiitake e acelga, 130

ganache
   Bolo de chocolate com ganache, 295
   Bolo de laranja com gotas de chocolate, 298-99
glúten, 32
   opções sem glúten, 19, 32, 103, 154
grão-de-bico
   Ensopado defumado à moda inca, 172-73
   farinha de grão-de-bico ("besan"), 21, 154
   Grão-de-bico e escarola ao vinho branco, 197
   Gumbo de quiabo, grão-de-bico e feijão-vermelho, 174
   Harira de berinjela e grão-de-bico, 46-47
   Mexido de grão-de-bico, 258-59
   pré-cozimento, 93
   roux, 32
   Sanduíche de salada de "atum", 106-08
   Seitan ao molho oriental de laranja, 190-91
   Sopa de grão-de-bico, arroz e repolho, 40
   substituto de tempeh, 144
   substituto de tofu, 165
   Wrap de "atum" vegano com abacate, 108
   Veja também ervilhas
Grão-de-bico e escarola ao vinho branco, 197
grãos, 19
   como esfriar grãos para saladas, 70, 79
   congelamento, 20
   Veja também quinoa; arroz
grelhado, 210
   Veja também verduras
grelhados em ambiente fechado, 17, 211
   Acelga chinesa e tofu grelhado ao tahine cítrico, 210-11
   Salada morna de batata com seitan e aspargo, 216-17
   Seitan grelhado, 249
   Tempeh agridoce com polenta grelhada, 218-20
   Tofu grelhado, 171
Guacamole secreto do Pepe, 241
Gumbo de quiabo, grão-de-bico e feijão-vermelho, 174

Hagler, Louise, 11
hambúrgueres
   Banh Mi, 92

Índice 313

Burrito, 92
Caesar, 92
Cheeseburger com bacon, 92
Chili, 92
como moldar, 92
congelamento, 92
Falafel, 93
Hambúrguer caribenho de feijão-preto com salsa de nectarina, 98-99
Hambúrguer de beterraba, 90-91
Hambúrguer de cogumelo à coreana, 100-01
Hambúrguer de lentilha e azeitona, 97
Hambúrguer de tofu e cogumelo, 96
Hambúrguer Tex-Mex, 92
Pizza, 92
Hambúrguer Caesar, 92
Hambúrguer caribenho de feijão-preto com salsa de nectarina, 98-99
Hambúrguer de cogumelo à coreana, 100-01
Hambúrguer de falafel, 93
Hambúrguer de tofu e cogumelo, 96
Hambúrguer Tex-Mex, 92
Harira de berinjela e grão-de-bico, 46-47
Hell's Kitchen (programa de TV), 148
homus
　Tigelinha delícia com homus, 209
　Wrap de tofu com homus de edamame, 116-17
hortaliças
　itens básicos, 23
　verduras crucíferas, 23
　Veja também variedades individuais

importância de se organizar, A, 21, 30-31
ingredientes assados
　abóbora-menina ou japonesa, 58, 85, 131, 149
　alho assado, 69, 238
　amêndoa e castanha de caju torradas, 114, 180
　Legumes assados com arroz, 236-38
　Macarrão ao molho cremoso de pimentão, 126
　Macarrão com couve-flor ao molho de tahine, 200-01
　Massa Alfredo com abóbora assada, 131
　Risoto ao pesto com abobrinha assada, 146-48

Salada morna de beterraba assada com molho doce de mostarda, 74-75
Sanduíche de legumes assados ao romesco, 114-15
Sopa de batata e funcho assados, 54
ingredientes incomuns, 20-22
ingredientes para bolos e doces, 20
itens básicos de cozinha, 14-17
itens básicos de freezer, 20
itens básicos de geladeira, 20, 23
itens essenciais da despensa, 18-23

ketchup, 98
　Veja também molhos
kimchi, 101

laranja
　Bolo de laranja com gotas de chocolate, 298-99
　Salada de farro, funcho e laranja, 78-79
　Seitan ao molho oriental de laranja, 190-91
　Vinagrete de laranja, 78
leites vegetais, 20
　coco, 13, 33
lentilha
　Bolonhesa de lentilha, 142-43
　Chili tailandês de lentilha, 175
　Ensopado de lentilha, quinoa e couve, 156
　Hambúrguer de lentilha e azeitona, 97
　Molho de lentilha e missô, 203
　Salada de couve com abóbora e lentilha, 84-85
　substituto de seitan, 103
　Taco picante de lentilha, 118-19
levedura nutricional, 21, 208
limão-siciliano
　Bolo de limão e mirtilo, 273
　Cookie de limão da Norah, 290-91
　Fava ao alho e limão com cogumelo, 160
linguiça
　Batata com linguiça vegana e chipotle, 256-57
　Linguiça vegana, 245
　Pizza de verduras, linguiça e azeitona na tigela, 212-13
liquidificador, 14
lista de compras, 31

maçã
　para substituir abóbora, 85

purê de maçã, 302
Salsa de maçã e abacate, 109
Veja também frutas
macarrão
　de arroz, 169, 207
　de trigo-sarraceno, 200
　de yakissoba, 184
　Macarrão da Deusa com tempeh e brócolis, 144
　Pad thai, 187
　Salada tailandesa de macarrão, 76-77
　Veja também Massas e risotos
Macarrão ao molho cremoso de pimentão, 126
Macarrão com couve-flor ao molho de tahine, 200-01
Macarrão da Deusa com tempeh e brócolis, 144
madeira
　colher de pau, 17
　espátula, 15
　tábua de madeira, 15
Malai kofta da Chandra, 224-26
manteigas. *Veja* pastas
marquinha de tostado, como deixar 13
masala (mistura de especiarias), 164
Massa Alfredo com abóbora assada, 131
Massas e risotos, 19, 122-52
　Bolonhesa de lentilha, 142-43
　Cabelo de anjo com azeitona e couve-de-bruxelas, 140-41
　Espaguete com almôndegas de tempeh, 127-29
　estrogonofe de tofu e cogumelo, 138-39
　Fettuccine com berinjela e crocante de pão, 133
　Fusilli com shiitake e acelga, 130
　Mac and cheese vegano, 124-25
　Macarrão ao molho cremoso de pimentão, 126
　Macarrão da Deusa com tempeh e brócolis, 144
　Massa Alfredo com abóbora assada, 131
　Massa ao pesto com couve-flor e tofu empanado, 134-36
　Orzilla com tempeh, 145
　Penne cremoso com tomate seco e brócolis, 132
　Pomodoro à puttanesca, 137

Risoto ao pesto com abobrinha assada, 146-48
Risoto da vida real, 148
Risoto de abóbora com cranberry, 149
Risoto de ervilha ao vinho branco com bacon de shiitake, 150-51
Salada tailandesa de macarrão, 76-77
sem glúten, 32
substituição para Sopa de letrinhas, 36
Veja também macarrão
mexidos de tofu, 252-54
milho
    debulhado, 189
    milho fresco e milho congelado, 173
    Muffin de milho, 272
    Yakissoba à moda de Omaha com repolho roxo e milho, 184-85
Miniomeletes, 255
mirtilo
    Bolo de limão e mirtilo, 273
    mirtilo pequeno, 273
    Muffin integral de mirtilo, 268-69
mise-en-place, 30
missô
    Molho de lentilha e missô, 203
    Molho de missô com tahine, 200
    Molho de missô e gergelim, 66
    Sopa pedaçuda de legumes e missô, 45
mixer de mão, 14
molhos, 19
    Brócolis e seitan ao molho de lentilha, 202-03
    Feijão-branco ao molho de xerez, 161
    Malai kofta da Chandra, 224
    Molho barbecue caseiro, 193
    Molho branco, 233, 235
    Molho de amendoim com curry, 206-07
    Molho de lentilha e missô, 203
    Molho delícia para espaguete, 129
    molho de pimenta, 109
    molho de pimenta-malagueta, 104, 09
    molho de pimenta mexicano, 118
    Molho de queijo, 240
    Molho de salada Caesar, 70
    molho de soja, 32, 33
    Molho doce de mostarda, 75
    molho Sriracha, 180
    molho sweet chili, 86
    para enchilada, 233
    para Orzilla com tempeh, 145
    para Pad Thai, 187
    para pizza, 212
    Pico de gallo, 241
    Seitan ao molho oriental de laranja 190-91
    Tofu, abacate, manjericão e amendoim, 183
    Veja também salsa; molhos para salada
Molho barbecue caseiro, 193
    Veja também molhos
molho Sriracha, quantidade, 180
    Veja também molhos
molhos para salada
    Molho de missô com tahine, 200
    Molho de missô e gergelim, 66
    Molho de salada Caesar, 70
    Molho doce de mostarda, 75
    Molho oriental de amendoim, 76
    Molho ranch de abacate, 72
    Molho ranch de pepino, 208
    Salada agridoce de arroz com ervas, 86
    tahine, 257
    Vinagrete de laranja, 78
    Vinagrete diferente, 81
muffin
    Muffin de banana e nozes, 270-71
    Muffin de milho, 272
    Muffin integral de mirtilo, 268-69

nabo
    Sopa cremosa de ervilha e nabo 38-9
nhoque
    Nhoque de batata-doce com couve-de--bruxelas ao creme de estragão, 230-32
    Sopa de pesto com nhoque, feijão e verduras, 56-57

oleaginosas e sementes, 19
    alergias, 32-33, 90
    Veja também amêndoas; castanha de caju; amendoim e manteiga de amendoim; semente e óleo de gergelim; semente de girassol
óleos, 19
    coco, 22
orzo (Orzilla com tempeh), 145

Pad thai para todo dia, 186-87
panela a vapor, 17
panela com capacidade para 2 litros, 16
panela de aço inoxidável (capacidade para 4 litros), 16

panquecas
    Panquecas de cenoura, 262-63
    Panquecas fofinhas, 260-61
pão
    Bolo marmorizado de banana, 276-77
    dicas para o preparo, 63
    Pão de azeite, 62-63
    Veja também muffins; panquecas; biscoitos
páprica defumada, 245
Para comer com as mãos, 88-121
    Veja também hambúrgueres; cookies e barrinhas; sanduíches
Para comer na tigela, 198-221
    Abóbora ao chimichurri, 214-15
    Acelga chinesa e tofu grelhado ao tahine cítrico, 210-11
    Brócolis e seitan ao molho de lentilha, 202-03
    Burrito de espinafre e feijão na cumbuca, 204-05
    Macarrão com couve-flor ao molho de tahine, 200-01
    Pizza de verduras, linguiça e azeitona na tigela, 212-13
    Salada morna de batata com seitan e aspargo, 216-17
    Seitan com batata, 203
    Seitan com batata-doce, 203
    Tempeh agridoce com polenta grelhada, 218-20
    Tigelinha de queijo cremoso de castanha com crocante de couve, 221
    Tigelinha delícia com homus, 209
    Tofu e couve ao molho de amendoim com curry, 206-07
    Tofu empanado com ranch de pepino, 208
pastas
    manteiga de semente de girassol, 32, 90
    Molho romesco, 114
    Pasta de amêndoa e pimenta, 113
    substituto para, 91
pegador, 16
Penne cremoso com tomate seco e brócolis, 132
pepino
    Molho ranch de pepino, 208
    Sanduíche fresquinho de pepino e abacate, 110-11

Tofu empanado com ranch de pepino, 208
pesto
   Massa ao pesto com couve-flor e tofu empanado, 134-36
   Pesto superfantástico, 148
   Pesto superfantástico sem óleo, 136
   Risoto ao pesto com abobrinha assada, 146-48
   Sopa de pesto com nhoque, feijão e verduras, 56-57
Pico de gallo, 241
   Veja também molhos
pimenta chipotle. *Veja* pimentas picantes
pimentão vermelho
   como assar, 126
pimentas picantes
   Batata com linguiça vegana e chipotle, 256-57
   chipotle/jalapeño, 235
   manuseio, 173
   refrigeração, 173
   Taco de cogumelo com chipotle, 120-21
pizza
   coberturas, 212
   Hambúrguer de pizza, 92
   Pizza de verduras, linguiça e azeitona na tigela, 212-13
   tempero caseiro de pizza, 126
planejamento, 12, 30-31, 93
   Veja também controle do tempo
polenta
   Polenta grelhada, assada ou mole, 220
   Tempeh agridoce com polenta grelhada, 218-20
Pomodoro à puttanesca, 137
processador, 14, 107
Puck, Wolfgang, 148
Pudim de pão e morango, 304-05

quinoa, 173
   Ensopado de lentilha, quinoa e couve, 156
   Salada Caesar vegana com quinoa, 68-69

Rabanada de coco, 264-65
ralador, 16, 85
Ramsay, Gordon, 148
repolho
   salpicão de repolho, 121
   Sopa de grão-de-bico, arroz e repolho, 40

Yakissoba à moda de Omaha com repolho roxo e milho, 184-85
Refogados e salteados, 178-97
   Arroz colorido com manga, 188
   Aspargo e seitan com ervas frescas, 180-81
   Grão-de-bico e escarola ao vinho branco, 197
   massa adicionada a, 196
   Pad thai para todo dia, 186-87
   Salteado de cogumelo e tofu com aspargo, 196
   Seitan ao molho oriental de laranja, 190-91
   Seitan de verão com coentro e limão, 189
   Seitan e brócolis ao molho barbecue caseiro, 192-93
   Tempeh giardino, 194-95
   Tofu, abacate, manjericão e amendoim, 182-83
   Yakissoba à moda de Omaha com repolho roxo e milho, 184-85
resfriamento, 114
Risoto de abóbora com cranberry, 149
Risoto de ervilha ao vinho branco com bacon de shiitake, 150-51
risoto, 148
   Veja também Massas e risotos
roux de farinha de grão-de-bico, 32

Salada agridoce de arroz com ervas, 86-87
Salada Caesar vegana com quinoa, 68-69
Salada da fazenda com vinagrete diferente, 80-81
Salada de batata e grão-de-bico defumado, 72-73
Salada de farro, funcho e laranja, 78-79
Salada grega, 71
Salada morna de beterraba assada com molho doce de mostarda, 74-75
Salada tailandesa de macarrão, 76-77
saladas, 64-87
   como resfriar grãos para usar em saladas, 70, 79
   Salada agridoce de arroz com ervas, 86-87
   Salada Caesar vegana com quinoa, 68-69
   Salada da fazenda com vinagrete diferente, 80-81
   Salada de batata e grão-de-bico defumado, 72-73

Salada de couve com abóbora e lentilha, 84-85
Salada de farro, funcho e laranja, 78-79
Salada grega, 71
Salada morna de batata com seitan e aspargo, 216-17
Salada morna de beterraba assada com molho doce de mostarda, 74-75
Salada tailandesa de macarrão, 76-77
Salpicão de gergelim e seitan ao alho, 66-67
salpicão de repolho, 121
Sanduíche de salada de "atum", 106-08
Tabule do mar, 82-83
salpicão
   repolho, 121
   Salpicão de gergelim e seitan ao alho, 66-67
salsa
   Salsa agridoce, 219
   Salsa de maçã e abacate, 109
   Salsa de nectarina, 98
   Veja também molhos
Salteado de cogumelo e tofu com aspargo, 196
Sanduíche de legumes assados ao romesco, 114-15
Sanduíche de salada de "atum", 106-08
Sanduíche fresquinho de pepino e abacate, 110-11
sanduíches, 90-121
   Banh Mi de shiitake, 112-13
   BLT picante, 104-05
   com curry, 108
   Sanduíche de legumes assados ao romesco, 114-15
   Sanduíche de salada de "atum", 106-08
   Sanduíche fresquinho de pepino e abacate, 110-11
   Sloppy Joe vegano com creme de espinafre ao coco, 102-03
   Taco de cogumelo com chipotle, 120-21
   Taco de couve e feijão com salsa de maçã e abacate, 109
   Taco picante de lentilha, 118-19
   Wrap de "atum" vegano com abacate, 108
   Wrap de tofu com homus de edamame, 116-17
Sconed, Jess, 124
seitan
   Brócolis e seitan ao molho de lentilha, 202-03

congelamento, 248
    Ensopado de seitan com cerveja belga, 157
    Ensopado de seitan e cogumelos silvestres, 154-55
    Linguiça vegana, 245
    Salada morna de batata com seitan e aspargo, 216-17
    Salpicão de gergelim e seitan ao alho, 66-67
    Seitan caseiro, 248
    Seitan de grão-de-bico, 190, 249
    Seitan de verão com coentro e limão, 189
    Seitan e brócolis ao molho barbecue caseiro, 192-93
    Seitan grelhado, 249
    Sopa de arroz selvagem com seitan, 50
    substituições para, 103
Seitan com batata, 203
Seitan com batata-doce, 203
Seitan de grão-de-bico, 249
Seitan de verão com coentro e limão, 189
semente de girassol, 107, 108
    Mac and cheese vegano, 124-25
    manteiga de semente de girassol, 32, 90
    para substituir a castanha de caju, 22, 33
    Veja também oleaginosas e sementes
semente e óleo de gergelim
    Molho de missô e gergelim, 66
    Salpicão de gergelim e seitan ao alho, 66-67
    substituto para oleaginosas, 32
    Tofu ao gergelim, 247
    Veja também oleaginosas e sementes
shiitake. *Veja* cogumelos
Sloppy Joe vegano com creme de espinafre ao coco, 102-03
Sobremesas, 278-307
    Barrinha de amendoim e chocolate, 292-93
    Barrinha de coco e tâmara, 294
    Biscoito com especiarias indianas, 284-85
    Bolinho de chocolate e cereja, 302
    Bolo de chocolate com ganache, 295
    Bolo de chocolate e abobrinha, 300-01
    Bolo de laranja com gotas de chocolate, 298-99
    Bolo invertido de abacaxi e especiarias, 296-97
    Cobbler de pêssego e framboesa, 306-07

    Cookie de alecrim com gotas de chocolate, 280-81
    Cookie de amêndoas, 303
    Cookie de chocolate com especiarias e gotas de chocolate branco, 288-89
    Cookie de chocolate, passas e amendoim, 286-87
    Cookie de limão da Norah, 290-91
    Cookie gigante de aveia e passas, 282-83
    Pudim de pão e morango, 304-05
Sopa de brócolis com "cheddar", 60-61
Sopa de cogumelo, cevadinha e ervas, 55
Sopa de letrinhas, 36-37
Sopa picante de cogumelo, 44
Sopas, 34-63
    Bisque de abóbora e coco, 58-59
    Borscht da babushka, 48-49
    Chowder vegano, 52-53
    Harira de berinjela e grão-de-bico, 46-47
    Pão de azeite, 62-63
    Sopa cremosa de batata e alho-poró, 41
    Sopa cremosa de ervilha e nabo, 38-9
    Sopa de arroz selvagem com seitan, 50-51
    Sopa de batata e funcho assados, 54
    Sopa de batata-doce, curry vermelho, arroz e couve, 42-3
    Sopa de brócolis com "cheddar", 60-61
    Sopa de cogumelo, cevadinha e ervas, 55
    Sopa de grão-de-bico, arroz e repolho, 40
    Sopa de letrinhas, 36-37
    Sopa de pesto com nhoque, feijão e verduras, 56-57
    Sopa pedaçuda de legumes e missô, 45
    Sopa picante de cogumelo, 44
Substitua! Minhas modificações preferidas para os alérgenos mais comuns, 32-33
substituto de atum, 82
substituto de gérmen de trigo, 266

tábua de madeira, 15
Tabule fajuto, 82-83
Taco picante de lentilha, 118-19
tacos
    Taco de cogumelo com chipotle, 120-21
    Taco de couve e feijão com salsa de maçã e abacate, 109
    Taco picante de lentilha, 118-19
    Veja também sanduíches

tahine, 144
    Acelga chinesa e tofu grelhado ao tahine cítrico, 210-11
    Molho de missô com tahine, 200
    Molho de tahine, 257
tâmara
    Barrinha de coco e tâmara, 294
tampas de panela, 17
técnica de corte em chiffonade, 53
tempeh
    Açougue vegano (corte em placas, retângulos, cubos e triângulos), 24-29, 104
    como adiantar o preparo, 127, 219
    croûtons de tempeh, 69, 75
    Espaguete com almôndegas de tempeh, 127-29
    grão-de-bico como substituto, 144
    Macarrão da Deusa com tempeh e brócolis, 144
    Orzilla com tempeh, 145
    Tempeh agridoce com polenta grelhada, 218-20
    Tempeh ao alho e tomilho, 244
    Tempeh giardino, 194-95
temperos e especiarias. *Veja* ervas e especiarias
tempos de cozimento, 12
Tigelinha de queijo cremoso de castanha com crocante de couve, 221
tofu
    Açougue vegano (corte em cubos, triângulos e fatias), 25-27
    Brócolis e seitan ao molho de lentilha, 203
    com molho cítrico de tahine, 210
    Curry de tofu e brócolis, 165
    empanado, 136, 208
    Estrogonofe de tofu e cogumelo, 138-39
    grão-de-bico cozido como substituto, 165
    grelhado, 171
    Hambúrguer de tofu e cogumelo, 96
    Massa ao pesto com couve-flor e tofu empanado, 134
    mexido, 252, 254
    Purê de tofu (para dar cremosidade), 13
    Salteado de cogumelo e tofu com aspargo, 196
    Tofu ao gergelim, 241
    Tofu clássico assado, 246

Tofu Cookery (livro), 11
Tofu e couve ao molho de amendoim com curry, 206-07
Tofu empanado com ranch de pepino, 208
Wrap de tofu com homus de edamame, 116-17
Tofu clássico assado, 246
Tofu empanado com ranch de pepino, 208
Tofu mexido à moda mediterrânea, 252-53
Tofu mexido à moda tailandesa, 254
Tofu, abacate, manjericão e amendoim, 182-83
tomate
   para BLT, 104
   Penne cremoso com tomate seco e brócolis, 132

utensílios para bolos e doces, 17

verduras, 23
   Acelga chinesa e tofu grelhado ao tahine cítrico, 210-11
   Bolonhesa de lentilha, 142-43
   crucíferas, 23
   Grão-de-bico e escarola ao vinho branco, 197
   para Chana saag de coco, 162
   Pizza de verduras, linguiça e azeitona na tigela, 212-13
   Seitan de verão com coentro e limão, 189
   Sopa de pesto com nhoque, feijão e verduras, 56-57
   Taco de couve e feijão com salsa de maçã e abacate, 109
   Veja também variedades individuais
Vinagrete diferente, 81
vinagretes
   Vinagrete diferente, 81
   Vinagrete de laranja, 78
   Veja também molhos para salada
vinho branco, 20
   Caldo de vinho branco, 197
   Risoto de ervilha ao vinho branco, 150-51

Waffle integral, 266-67
Warhol, Andy, 36
wasabi em pó, 117
Wrap de tofu com homus de edamame, 116-17
wraps
   "Atum" vegano com abacate, 108
   Homus de edamame e tofu, 116-17
   Veja também sanduíches

Yakissoba à moda de Omaha com repolho roxo e milho, 184-85

CONVERSÃO DE MEDIDAS

Fórmula:

XÍCARA PARA MILILITROS
multiplique por 2,4

XÍCARA PARA LITRO
multiplique por 0,24

Equivalência exata

1 colher (chá) = 4,9 mililitros
1 colher (sopa) = 14,8 mililitros
1 xícara = 236,6 mililitros

Equivalência aproximada

¼ de xícara	60 mililitros
⅓ de xícara	80 mililitros
½ xícara	120 mililitros
⅔ de xícara	160 mililitros
¾ de xícara	177 mililitros
1 xícara	230 mililitros
1¼ xícara	300 mililitros
1½ xícara	360 mililitros
1⅔ xícara	400 mililitros
2 xícaras	460 mililitros
2½ xícaras	600 mililitros
3 xícaras	700 mililitros
4 xícaras	950 mililitros

Compartilhe a sua opinião sobre este livro usando a hashtag **#OsSegredosVeganosDeIsa** nas nossas redes sociais:

 /EditoraAlaude
 /EditoraAlaude
 /AlaudeEditora